KB046338

당신의 직업이 사라진다

당신의 직업이 사라진다

기술 빅뱅 시대,
화이트칼라의 생존 전략

데이비드 서 · 이선 지음

세종
서적

Contents

오늘날 저성장에 직면한 세계 여러 국가는 이를 극복하기 위해 고도의 기술 혁신을 추진 중이다. 미국이 외치는 제조업의 첨단화, 중국의 중국제조 2025, 일본의 로봇 신전략, 독일의 제조업 4.0 전략에 담긴 공통적인 핵심은 모두 로봇 진화에 있다. 혹자는 4차 산업혁명 등과 같은 단어를 두고 강대국의 프로파간다라고 생각할 수도 있다. 4차 산업혁명은 세계경제포럼다보스포럼을 창립한 클라우스 슈밥Klaus Schwab 때문에 국내에서 유행어가 됐다. 2015년 10월에 방한하여 왕성한 활동을 펼친 제러미 리프킨Jeremy Rifkin의 저서 《3차 산업혁명The Third Industrial Revolution》의 인기가 식기도 전에 일어난 일이다. 사실 두 사람이 외친 산업혁명의 증상은 비슷하다.

1차 산업혁명부터 산업혁명이 일어날 때마다 전문가들은 시대의 경계선을 두고 논쟁했다. 그러나 분명한 것은 지금의 자본주의와 이를 지탱해온 기술로는 지속 가능한 성장과 시장의 안전을 보장할 수 없다는 사실이다.

그래서 강대국들은 먼저 변화를 모색한 뒤 후발 주자를 위한 사다리를 치워버리려는 것이다. 산업혁명까지는 아니더라도 전환기가 일어날 때마다 시류를 이해하지 못했던 사람들은 그동안 해왔던 업무 방식을 포기하고 안정적인 일터에서 떠나야만 했다.

독일 국제로봇협회IFR 데이터를 살펴보면 2015년 산업용 로봇의 연간 판매량 수치가 역대 최고 수준을 기록했다는 것을 알 수 있다. 세계 여러 기업이 효율적인 생산을 위해 자동화에 박차를 가한 만큼 반복적인 단순노동에 익숙한 근로자들과 하이테크 경쟁에 뒤처진 기업들의 현황은 나빠졌다. 세계 각국 정부는 저성장을 극복하기 위해 부실기업을 정리하는 중이다. 그 과정에서 무수한 근로자가 직장을 잃었다.

수출 주도형 경제를 지향해온 한국은 세계 경제의 흐름에서 가장 자유롭지 못한 국가 중 하나다. 경기 불황으로 2016년 1년 동안 177만여 명이 해고당한 것으로 추정된다.*¹ 한국 정부는 그동안 수출 강국을 내세우며 친기업 정책을 구축해왔다. 그 결과 한국의 국내총생산GDP 대비 무역 비중은 2015년 84.8퍼센트에 도달했다. 수출 주도형 경제 정책이 국민에게 문제가 되는 이유는 국내 근로자의 임금을 억제하고 중소기업에 대한 지원을 축소한 결과, 내수가 급속히 위축되기 때문이다. 부존자원이 전무한 상태에서의 생산성 증대는 한국처럼 대외무역 의존도가 세계 최고 수준인 수출 주도형 국가에는 국운이 걸린 중요한 문제다. 이러한 상황에서 국내 대기업들은 생산성 증대를 위해 최첨단 산업용 로봇과 로봇 제조 기업들을 급속도로 사들였다.

IFR의 연구 결과를 기준으로 세계에서 로봇 구매력이 큰 상위 5개국은 미국, 중국, 일본, 독일, 한국이다. 한국을 제외한 4개국은 강소 기업이 무수하고, 하이테크 산업을 주도하며, 거대한 내수 시장과 막대한 외환 보유고를 자랑한다. 반면 한국은 재벌만 더 부자가 되었고, 이들이 사업 초기일 때 노동과 자본을 제공해준 상당수 국민은 더욱 가난해졌다. 자본과 마케팅을 앞세워 커피와 빵까지 팔아대는 대기업들 때문에 중소기업들은 혁신의 동기를 상실한 지 오래다. 국내 대기업의 핵심 계층은 저성장에도 생존할 여력이 있지만, 기술적 실업으로 실직한 대다수 근로자의 안위는 갈수록 위축되고 있다.

미국 시장에서 에어백, 엔진 등에 결함이 발견되어 리콜로 곤경에 처한 현대자동차 그룹은 국내 공장에서 파업이 일어나 큰 타격을 받았다. 수출용과 내수용의 품질에 차이가 있다고 문제 제기하는 국내 소비자들은 온라인에서 앞다투어 이들을 비난하고 있다. 보호무역주의자인 도널드 트럼프는 미국 대통령에 당선되자마자 도요타자동차가 멕시코에 공장을 신축할 경우 막대한 세금을 부과할 것이라고 경고했다. 미국 내 일자리 창출에 도움을 주지 않는다면 불이익을 받을 것을 각오하라는 경고였다. 이 때문에 미국에 진출한 우리 기업들도 촉각을 곤두세우고 있다.

한국 경제의 성장률은 2015년 4사분기를 시작으로 1년 동안 0퍼센트대를 기록 중이다. 특히 혁신의 돌파구를 찾지 못한 제조업은 7년 6개월 만에 가장 낮은 성장률(-0.9퍼센트)을 기록했다.[*2] 그동안 국내 기업은 세계 시장에서 다양한 소비 계층의 수요를 파악하고 이를 유연하게 제품에 반영해 매출을 올렸지만, 이제 기초 기술이 부족한 상태에서 응용 기술로 먹고 사는 데 한계가 드러난 것이다.

일부 한국인들을 지배하는 그릇된 고정관념 중 하나는 저성장에 직면하면 일본 기업들이 한국 기업들보다 경쟁력이 떨어져 고전한다는 것이다. 일본 기업들이 한국 기업들의 성장을 경계하는 것은 사실이지만 일본 기업들에는 한국 기업들과 비교할 수 없는 높은 수준의 기초 기술이 넘쳐난다. 한국 기업과 중국 기업 들이 사용하는 기술은 일본이 개발한 기초 기술이다. 일본 기업들도 한국 기업들이 지금은 기초 기술을 연결하고 융합해 재미를 보고 있지만, 경쟁력을 높일 신기술 역량은 전반적으로 부족하다고 인식한다. 요소 기술에서 자체 경쟁력을 키우지 않고 부품을 사서 만드는 제품의 수준은 한계가 있다. 한국이 승자의 여유를 누리기에는 아직 갈 길이 멀다.

2016년 12월에 언론은 국적 선사로서 지난 39년간 전 세계 바다를 누벼 온 한진해운이 끝내 청산될 전망이라고 보도했다. 이는 2017년에 현실이 되었다. 우리는 창조경제를 외쳤던 정권이 들어서면서 다양한 경제 몰락을 목격하고 있다. 한국은 위로는 북한, 삼면은 바다인 사실상 섬나라 국가인데 배들을 모조리 불태워버린 꼴이다. 한진해운의 방만한 경영도 문제가 있었으나 국익을 생각해서 대만과 다른 국가처럼 정부가 나서서 정책 결정을 했어야 했는데 그렇지 못했다. 경제는 정치와 별개로 흐른다는 어느 경제학자의 입방정이 떠오른다.

불과 7~8년 전까지만 해도 현대중공업, 삼성중공업, 대우조선해양과 함께 한국 조선소 '빅4'로 불렸던 STX 조선해양은 지나치게 라인을 확장한 데다 더불어 중국 조선 업체와의 출혈 경쟁에서 패배해 2016년 법정 관리 절차에 처했다. 2016년 1월에는 대우조선해양, 삼성중공업, 현대중공업 모두 단 한 척도 수주하지 못하며 한국 조선 기업 사상 최악의 시기를 겪었다. 연말이 되자 조선업 밀집 지역에서 약 4만 명이 일자리를 잃었다. 2016년에 국내 30대 그룹에서만 1만 4000명이 해고를 당했다. 본격적인 불황은 아직 시작도 안 했다며 이런 일이 더 심화할 것으로 예측하는 경제 전문가들이 있는 한편, 경제는 정치와 별개로 흘러간다며 한국이 세계 여러 나라에 비해 혁신을 주도하고 있으니 경제가 건강하다는 사람들도 있다. IMF 때보다 한국 경제가 어렵지 않다는 말에는 동의한다. 그렇지만 낙관주의자들이 내놓은 여러 통계 자료에는 600만 자영업자들의 고통과, 경쟁에 참여조차 하지 못하고 학자금 대출을 갚느라 아깝게 보내버리는 청년들의 청춘, 육아로 인해 경력을 단절당하는 엄마들의 절망은 담겨 있지 않다.

마치 평범한 학생들이 가득한 교실에 빌 게이츠가 전학을 와서 반 평균 성적이 높아졌으니 학생들의 미래가 괜찮다고 말하는 것 같다. 통계는 사회 현상을 이해하는 데 중요한 도구다. 그러나 통계는 사람의 주관적인 고통을 객관화하지 못한다. 게이츠는 통계로 사기 치는 방법을 알려주는 통계 입문서 《새빨간 거짓말, 통계*How to Lie with Statistics*》를 필독서로 선정했다. 경제 전문가들이 좀 더 적극적으로 아비규환의 현장에 방문해봤으면 좋겠다. 안산, 인천만 가도 중소기업들의 곡소리를 쉽게 들을 수 있다.

2016년 12월, 한국의 실업률은 3.4퍼센트를 기록했다. 청년 실업률은 IMF 사태 이후 최악의 수준이라는 8.5퍼센트다. 또한 2015년까지 11년 동안 경제협력개발기구OECD 회원국 중 자살에 의한 사망률이 가장 높은 국가로 꼽혔다.*3 이 수치에는 채무자에게 협박당해 스스로 목숨을 끊어야만 했던 가장, 꿈과 희망이 모두 사라져 죽는 순간조차 외로워 동반 자살을 모색했던 청년이 포함됐다. 특히 한국의 20대, 30대 사망 원인 1위가 자살이다. 이런 상황에서 맹목적인 행복을 추구하고, 주문을 외치듯 밝은 미래를 말하고, 우리에게 몰려오는 기술 혁신의 실체를 가벼이 여기며 괜찮다고 주장하는 연사들은 사회를 좀먹는다.

부모 세대는 일해서 번 돈을 소비할 여력이라도 있었지만, 청년 세대는 노력과 고생과 투자 비용에 비해 터무니없는 환경에서 일해야 하고, 그마저도 치열한 경쟁에 노출되어 있다. 어른을 무조건 공경하라는 어설픈 사상 때문에 위 세대가 만든 그릇된 사회 문제를 지적하지도 못한다. 이것이 곪아 썩으면 아이들은 죽음을 선택한다. 기성세대는 자신이 해왔던 방식대로 아이에게 경쟁을 강요하지만, 시대는 창의적이며 고도의 전략적 사고가 가능한 소수의 인재에게만 좋은 일터와 비즈니스를 선사하기에 각 가정마다 세대 충돌이 일어난다.

영국 언론 〈인디펜던트independent〉가 방글라데시 사창가의 현황이 담긴 사진을 공개했다. *4 이곳에서는 '노예 소녀'라 불리는 12~14세의 소녀들이 매춘부로 일한다. 소녀들은 절망으로 영혼이 사라진 듯한 표정이다. 온종일 수십 명의 손님을 상대해 버는 돈은 약 1만 2,000원 정도라고 하는데 이마저도 포주가 가로채간다. 방글라데시의 가난한 집안에서 태어난 무고한 딸들은 사창가로 팔려나가거나 장기 밀매의 희생양이 된다. 이 소녀들이 무엇을 잘못했기에 태어나자마자 저주의 늪으로 빠져야 하는가? 이 지옥을 신神도, 유엔UN도 외면하고 있는 듯하다. 소녀를 구원해줄 수 있는 길은 정녕 이 지구 안에서는 찾을 수 없는 것일까?

경제 강국의 일부 시민들은 태생적 가난을 개인의 능력과 노력이 부족해서 발생하는 일로 치부하기도 한다. 누가 이들에게 심연의 어둠을 발견하게 하고 공존의 아름다움을 추구하도록 이끈다면 좋겠지만, 이런 바람은 허상에 가깝다. 막강한 금권을 소유했을 때 70억 인구를 위해 아낌없이 나눠 줄 사람은 누구인가? 사창가를 드나드는 것을 외도로 생각하지 않으며, 단 1만 원도 아까워서 기부하지 않는 것이 일부 사람들의 모습 아닌가. 가난을 사회구조적인 문제로 인식하지 않고, 성장만 하면 분배는 자연스럽게 일어날 것이라고 판단한 정치인과 지식인 들이 권력을 잡으면서 맹목적인 경쟁이 더욱 거칠게 일어난다. 그 결과 한국은 최고 수치의 자살률을 연이어 갱신 중이다.

한국의 높은 자살률이 오로지 경제적인 문제 때문만은 아니겠지만, 개인의 경제력이 각 사회가 정의한 보편적 수준 이하로 떨어질 경우 자존감도 함께 떨어질 수밖에 없다. 너무 빠른 사회의 변화 속에서 우리는 자신을 진정으로 사랑하는 방법을 잃어버렸다. 우리는 이 책에서 지금껏 경제적으로 잘살아왔다는 한국도 언제든지 몰락할 가능성이 존재한다는 사실을 설명할 것이다. 경쟁에 도태된 자들을 향한 비웃음과, 권위를 앞세운 명령과, 체계의 강요로 사람들의 정신은 더욱 황폐해진다. 한국은 방글라데시와 비교할 수 없을 만큼 부유한 나라이면서도 잘산다는 국가보다 더 높은 자살률을 기록하고 있다. 2013년, 한국에서는 인구 10만 명당 28.7명이 자살했는데 이는 헝가리 19.4명, 일본 18.7명, 미국 13.1명, 독일 10.8명, 영국 7.5명, 이스라엘 5.5명보다 높은 수치다.*5

무엇이 문제인가? 한국에서 발생하는 참혹한 경쟁과 후발 주자들의 처참한 삶을 들여다보고 대안을 제시해야 할 사람들이 오히려 이를 외면한다. 터무니없는 포퓰리즘으로 인기를 얻는 정치인, 구체적인 방법은 없고 막연한 이상만 내세우는 오피니언 리더, 특히 청소년의 인기를 먹고 자라면서 그들의 코 묻은 돈을 끌어모아 점점 부자가 되는 연사 등 행복 전도사들에게 사람들은 매번 속고, 또 속았다. 거짓된 자들의 주문부터 이 땅에서 모조리 폐기하지 않는 이상 서민은 더욱 생존하기 어려울 것이다.

지난 세월 세계적인 기업가와 학자 들의 토론 현장을 취재하며 타인이 나의 삶을 구원해주기는 힘들다는 냉엄한 현실과 여러 번 마주했고, 서민으로서 절망감을 느꼈다. 공동체가 함께 정의를 수호하는 것과 창의적인 대안을 가지고 미래를 개척하는 것은 별개의 일이다. 모두가 어려운 상황인 것 같지만 그 와중에도 혁신의 물줄기를 발견해 새 시대를 만들어가는 사람들이 있다. 이 책은 취재 과정에서 깨달은 여러 정보를 통합해 우리가 생각해온 점진적인 사회 변화와 달리 급진적인 혁신이 일어나는 기술 혁신의 본질과 이러한 변화를 준비하는 데 필요한 사유 훈련에 도움이 되는 내용을 담고 있다.

지금껏 우리가 품어온 가치관과 삶의 방식을 완전히 변화시키지 않으면 앞으로 생존하기가 쉽지 않을 것이다. 경쟁은 무조건 나쁜 것도 아니고, 언제나 옳은 것도 아니다. 피하고 싶어도 피할 수 없는, 오늘날 세계 여러 강대국이 벌이는 기술 혁신으로 우리 역시 지금보다 더 고통스러운 일상을 맞이할 수 있다. 그들은 방글라데시와 같은 약소국의 비애에 좀처럼 귀 기울이지 않는다. 우리는 약자를 도우려는 마음과, 언제든지 나락으로 떨어질 수 있다는 경각심을 함께 가져야 한다. 우리에게는 사회적 연대와 건강한 가치관을 수립하면서 산업의 흐름도 함께 읽어내는 사유 훈련이 시급하다.

지금 우리는 위기의 시대를 살고 있다. 동시다발적인 격변은 20세기 산업화 시대의 체제를 어김없이 붕괴시키는 중이다. 그로 인해 언제 나의 일자리가 사라질지 알 수 없게 됐다. 이미 이러한 현상을 두고 서구에서는 미래의 일자리를 대비하라는 경고의 책이 쏟아지고 있다. 그러나 한국의 많은 화이트칼라는 업무에 치여 산재한 정보를 추리기도 힘들거니와, 정치적·경제적 대형 사건들로 인해 의욕마저 급격히 저하된 상태로 혼란기를 겪고 있다. 우리가 처한 위기를 타개하기 위해서는 임시 해결책보다는 왜 이런 현상이 일어나고 있는지, 우리가 처한 잔인한 현실과 문제는 무엇인지 세계의 큰 흐름 속에서 정확하게 파악하는 것이 필요하다. 필자는 지난 3년 동안 이 책을 준비하면서 세계적인 학자와 경영 대가들이 쏟아놓은 많은 정보와 미국 대기업에서의 경험, 취재 내용들을 토대로 꼭 필요한 지식적인 요소들을 압축해서 정리해보았다. 그리고 실제적으로 적용해볼 수 있는 대안 중 하나를 제시해보았다. 사실 이러한 민감한 현안 앞에서 대안을 제시한다는 것은 필자로서는 다소 위험한 시도일 수도 있다. 하지만 미래 시대의 위기는 우리 모두가 함께 풀어가야 한다는 사명감이 필자에게 용기를 주었다. 단 한 사람이라도 이 책을 읽고 미래를 위한 날갯짓을 시작할 수 있다면 이 책은 충분히 그 가치가 있다고 믿는다.

Chapter 1

드론

: 기술력 차이가 몰고 온 살상의 역사

Drone

미지의 영역을 탐험하고 배움 그 자체를 야망으로 삼는
유럽 탐험대의 후예는 오늘날 효율적이고 창의적인 업무를 위한
인공지능을 비롯해 각종 군사 무기를 창조했다.

주술과 과학의 차이

1999년, 아르헨티나와 칠레의 접경지대인 유예예야코 산 분화구에서 동사한 어린이 미라가 발견됐다.*1 '라 돈셀라 La Doncella'라는 이름의 잉카 소녀는 갈색 드레스와 샌들 차림으로 앉아 얼굴을 숙인 채 평안히 잠든 것 같은 모습이었다. 라 돈셀라는 13세로 추정되며, 4~5세로 추정되는 어린이 미라들과 함께 발견됐다. 500년 전 잉카인들은 건강한 어린이를 조상에게 재물로 바쳐야 자신들의 안위를 지킬 수 있다고 믿었다. 사람의 생명보다 공동체의 이익이 더 우선이었다. 잉카 어른들은 옥수수 가루를 발효시켜 만든 치차술을 아이들에게 먹이고 잠들기를 기다려 차가운 구덩이 속에 넣었다. 그렇게 라 돈셀라는 500년 동안 외로운 잠을 자야 했다.

오늘날 15세 아이에게 종교 의식을 행한다며 코카인과 알코올을 마시게 하는 어른이 있다면 그는 당장 해외 토픽에 오를 것이다. 그러나 잉카에서

이것은 이상한 일이 아니었다. 미국 국립과학원은 회보에서 세 아이 중 라돈셀라의 머리카락에서만 유독 다량의 알코올과 코카 잎 성분이 검출됐다고 밝혔다.[2] 우리가 추측할 수 있는 상황은 이렇다. 15세 소녀는 더 어린 아이들보다 인지 능력이 발달해 자신이 위기에 처했다는 것을 알았을 테고, 의식을 치러야 한다는 목적에 사로잡힌 어른들은 소녀를 배려하지 않았을 것이다.

중세 시대 유럽인들도 종교적 근본주의에 함몰되어 있었다. 당대 성직자들은 멀쩡한 여성들에게 마녀라는 허상의 죄를 씌워 자기 권력을 유지했다. 수없이 많은 무고한 사람이 고문받고 처형당했다. 그 당시 유럽인들의 무지하고 잔혹한 행동을 조금이라도 멈추게 한 것은 과학과 기술의 힘이었다. 그들은 뉴턴 역학을 시작으로 악마, 마녀, 유령 등과 같은 추상적인 관념에서 벗어나 실증을 중시하는 문화를 창조했다. 그 결과 찬란했던 잉카 제국과 암울했던 유럽과는 완전히 다른 오늘날의 역사를 만들었다.

이론 물리학계의 석학 미치오 카쿠加來道雄는《미래의 물리학 Physics of the Future》에서 만일 우주인이 16세기의 지구를 탐험한다고 해도 유럽 문명만큼은 정복할 수 없을 것이라고 가정했다. 그 당시 역사와 관련된 자료들을 살펴보면 태초부터 유럽 원정대가 등장하기까지 그 이전의 사람들은 대양과 대산맥을 넘어, 상상할 수 있는 범위 너머의 영역을 탐험하고, 정복하려하지 않는다는 공통의 특징을 발견할 수 있다. 예나 지금이나 기술을 보유한 집단과 그렇지 않은 집단 간에는 상대적인 시간이 존재하지만, 같은 시공간에서 살아가기에 이들 모두 경쟁에서 벗어날 수 없다. 끊임없이 진화하고 적응하는 것은 인간이 살아온 본질적인 방식이다. 그렇기에 기술에 대한 인식의 차이는 생존력과 비례한다.

앞서 말했듯 마녀사냥이나 하던 유럽 문명을 발전시킨 것은 과학과 기술의 발전이었다. 15세기 초 명나라의 3대 황제 영락제는 이탈리아 탐험가 콜럼버스의 탐험선과 비교할 수 없는 대규모 함대를 만들어 세계를 탐험했지만, 중국은 이후 5세기 동안 기술적 정체기를 겪었다. 카쿠는 후속 황제들이 미지의 영역에 대한 관심과 탐험 정신을 발휘하지 않은 것이 문명의 발달을 늦췄다고 판단한다.*3 그래도 중국은 세계 여러 기업에 시장을 허락하고, 적극적으로 그들의 기술을 학습했다. 한국은 G2로 부상한 중국보다 기술적으로 우위에 있다고 말할 수 있는가?

명나라가 주춤하는 사이 유럽 탐험대가 15, 16세기에 걸쳐 전 세계를 휘젓고 다녔다. 이때가 인류의 연결 사회를 이끄는 시발점이었다. 이들의 움직임은 국민의 창의력이 국력과 비례하고, 기술 간 격차를 좁히지 못하는 국가는 곧 끔찍한 살상의 피해를 입는 숙명의 굴레를 탄생시켰다. 미지의 영역을 탐험하고 배움 그 자체를 야망으로 삼는 유럽 탐험대의 후예는 오늘날 효율적이고 창의적인 업무를 위한 인공지능을 비롯해 각종 군사 무기를 창조했다. 새로운 기술 혁신에 대해 무지하고, 단순 오락이나 향락에 빠진 사람들이 지금 한국 사회의 기득권에 가득하다면 우리 사회는 열강의 침략에 또다시 고난받을 수도 있다.

잉카 문명을 송두리째 파괴하기 위해 필요한 수는 고작 168명이었다. 1532년 11월 16일, 잉카 제국의 14대 황제 아타우알파Atahualpa를 만난 스페인 탐험가 프란시스코 피사로Francisco Pizarro는 잉카인이 태양신처럼 모셨던 왕을 8개월간 인질로 삼아 잉카 제국을 통제했고, 황금을 갈취한 후 처형했다.*4 재레드 다이아몬드Jared Mason Diamond는 《총, 균, 쇠Guns, Germs, and Steel》에서 168명의 스페인 탐험대가 8만 명이라는 대군을 이끌던 잉카의 왕을 손쉽게 제거하는 장면을 실감 나게 표현했다. 그는 아타우알파를 생포한 것이 유럽 원정대가 잉카 제국을 몰락시키는 데 결정적인 역할을 했다고 분석한다.

그의 주장이 사실이라면 이는 인공지능과 기계화의 문명에 마주한 21세기 화이트칼라 종족에게 중대한 교훈을 선사한다. 잉카인들은 자신들의 신을 쉽게 죽이는 외계인을 만났다. 피사로는 자기최면에 빠져 스스로를 신으로 여겼던 아타우알파를 떡 주무르듯이 통제했다. 두려움에 떠는 리더가 이끄는 군대는 오합지졸일 수밖에 없었다. 한국의 화이트칼라 역시 자신의 관념을 지배하는 세계가 어느 수준인지 파악하지 않는다면 강력한 소프트웨어의 발전이 자신을 위협하는 일에 대해 인지하지 못할 것이다. 우리는 과거 잉카인과 유럽 원정대의 판이한 생존 전략을 참고해 생존의 역사를 지혜롭게 연장시켜야 한다.

죽음을 과학으로 극복하려는 사람들

잉카인들이 인간에 불과한 아타우알파를 신으로 인지했다는 것은 수직적이고 폐쇄적인 사고 체계에 젖어 있었다는 것을 의미한다. 자신이 인지하는 세계에 함몰되어 외부 세계의 변수를 고민할 겨를이 없었던 것이다. 잉카인은 자신들 앞에 놓인 세계가 영원할 것이라고 생각했기 때문에 당장 눈앞에 보이는 기회나 두려움에 구속될 수밖에 없었다. 20세기부터 지금까지 일반적인 기업 문화는 대부분 단기 계획이 장기 계획보다 우위에 있는 것을 당연시했다. 그 결과 고루한 강령이 혁신을 압도했고, 조직을 위한 혁신이 아닌 개별적인 생존에 내부 경쟁이 몰렸다. 편협한 이기심은 공동의 협동을 몰아낸다.

몰락한 잉카의 역사는 매일 일정한 시간에 출근하고, 매월 일정한 월급을 받고, 시간이 지나면 조직에서 승진해 성과를 얻을 수 있다고 믿어온 한국의 화이트칼라에게 중대한 교훈을 선사한다. 눈에 보이는 조직의 명령과 체계가 지속될 것이라 믿는 화이트칼라가 가진 인식의 중대한 한계점을 잉카인에게서 발견할 수 있다. 만약 우리가 1890년대에 살았다면 1908년에 세계 최초의 양산차를 생산한 포드처럼 엄청난 규모로 대량 생산을 하는 기업 조직을 상상하기 힘들었을 것이다.

런던 비즈니스 스쿨의 게리 하멜Gary Hamel 교수는 오늘날도 마찬가지의 법칙이 신경제에 적용됨을 강조한다. 그는 21세기 기업 환경을 두고, 모든 것이 대척점에 있으며 균형이란 없는 듯 보이는 세상에 살고 있다고 했다. 그는 오늘날 같은 격변기에는 오랜 명맥을 유지한 정치 지배층은 힘을 잃고, 신망 있는 기관들은 불신을 사며, 한 세기 동안 인기를 끈 비즈니스 모델은 그 효과를 잃는 등 모든 것이 위기에 빠진다고 강조했다.*5 또한 종업원이란 개념도 20세기 초의 노력이 대대적으로 성공했기에 탄생한 것이라고 지적했다.

게리 하멜은 20세기 초 사람이 타임머신을 타고 현재로 와 조직이 인간의 자의식을 억누르고 온순한 종업원으로 바꾸려는 모습을 본다면 마르크스주의자가 아니라 하더라도 놀랄 것이라고 가정했다.*6 그의 지적대로 톱니바퀴 같은 조직에서 개성을 억누르고 살아온 근로자들은 인간의 자연스러운 본능을 잃어야만 했다. 그러나 아이러니하게도 다시 인간의 본능을 일깨워 그동안 소수 권력자가 망쳐놓은 대량 생산의 피해, 자연 파괴 등 복잡한 문제를 해결해야 할 때가 됐다. 열정을 내뿜게 하는 웹의 특성을 갖춘 글로벌 규모이지만 적은 수의 사람들이 존재하는 기업에서 매너리즘에 빠진 화이트칼라가 일한다는 것은 쉬운 일이 아니다. 그러나 이러한 변화를 받아들여야 한다.

경제·경영 전문가 돈 탭스콧Don Tapscott은 경제 패러다임을 바꾼 집단의 지성과 지혜를《위키노믹스Wikinomics》에 담았다. 뛰어난 소수가 만들던 이코노믹스의 시대는 저물고, 인터넷만 있으면 평범한 사람들의 집단 지성이 세계를 변화시킬 수 있다는 것이 이 책의 핵심 주장이다. "정식 직원 다섯 명이 관리하는 위키피디아는 브리태니커 백과사전보다 10배 더 방대하고, 정확도 면에서는 거의 비슷하다."*7

미치오 카쿠의 주장을 현대 사회에 적용해보자. 여전히 비과학적인 생각과 편협한 사고로 좁은 세계에 갇혀 사는 사람들이 우리 주변에 가득하다. 추상적인 것들에 장대한 의미를 부여하느라 시간을 낭비하지 않는 사람은 만나기 쉽지 않다. 그들은 오늘날 세계 선두 기업들의 연구실에서 죽음을 인간의 필연적인 숙명으로 받아들이지 않는 도전들을 실행하기 바쁘다. 그들은 질병과 노화의 원인을 과학적으로 찾아내 해결하려 한다.

앞으로 필자들이 자세히 설명할 이러한 변화는 단순하고 반복적인 업무에 익숙한 사람들이 즐비해 있는 기존의 수동적인 조직의 일자리를 급속도로 앗아갈 것이다. 심각한 문제는 이러한 변화의 중심에 있는 상당수 화이트칼라가 태풍의 눈 속에 있는 것처럼, 자신이 속한 환경의 변화를 인지하지 못한다는 사실이다. 지구 곳곳에 자신들의 일터를 위협하려는 혁신가들이 고군분투하는 동안 넥타이 부대는 여전히 회사 주변의 고깃집에서 시끌벅적한 회식을 하는 중이다. 직장에서 생존하기 위해서는 어쩔 수 없다는 말도 이해가 가지만, 기술 혁신을 주도하는 사람들은 이러한 상황 속에서도 경쟁을 멈추지 않는다.

구글의 공학 부문 책임자 레이 커즈와일Dr. Ray Kurzweil은 《특이점이 온다 The Singularity Is Near》에서 너머를 알 수 없을 정도로 커다란 단속적 변화가 이뤄지는 시점을 특이점singularity이라고 표현했다. 그는 현재의 발전 속도로 한 세기가 걸릴 발전을 실제로는 25년 만에 이룰 수 있다며, 기하급수적인 기술 발전에 주목했다.*8 그런데도 그가 만난 사람들은 상수를 반복적으로 더해서 증가하는 선형적인 관점으로 미래를 보고 있었다.

우리가 지금부터 언급할 다양한 변화의 굵직한 특징은 단순하고 반복적인 업무에 익숙한 화이트칼라에게 치명적인 위협이 된다. 그러나 선형적인 관점을 가진 사람들에게 이러한 관점을 설명하면 공통적인 반응을 보인다. 한국에서도 많은 화이트칼라가 기술적 실업에 막연한 두려움을 가지면서도 여전히 비효율적인 야근, 회식, 각종 부대 행사에 쫓아다니며 세월을 낭비한다. 이런 일상에 파묻혀 일하는 근로자를 만날 때 느끼는 섬뜩함은, 시대는 이제 특이점을 통과해 두 번째 르네상스를 맞이할 텐데 모든 사람이 고도로 창의적일 수는 없다는 데서 온다.

난생처음 본 종족에 관한 두려움은 스페인 원정대에게도 있었다. 그들은 8만 명의 잉카 군사들을 바라보며 바지에 오줌을 지리기도 했다. 그러나 스페인 원정대의 총과 화약이 뿜어내는 불빛과 총성에 놀란 잉카 군대가 유럽인을 상대하기란 어려웠다. 미지의 영역에 대한 두려움은 누구나 가지고 있으나, 그것을 즐기고 시행착오를 겪어본 문명의 힘은 그로써 더욱 강력해진다. 십자가를 든 스페인 원정대는 가는 곳마다 반기를 드는 원주민을 무참히 살해하고, 그들의 재산을 약탈하고 정신까지 말살했다.

유럽 원정대는 다양한 원주민들이 각기 신으로 생각했던 지도자나 정령의 상징들을 모조리 파괴했다. 잉카인들에 이어 기독교 정신을 강요받은 태즈메이니아인들은 우울증에 걸려 후손을 낳지 않는 방법으로 민족 정체성을 급속히 축소시켰다. 유럽 원정대의 후예는 20세기 전반까지 아프리카의 많은 국가를 식민화하면서 무고한 희생자들을 잔인하게 살상했다. 유럽 원정대들이 다녀간 지역의 역사를 돌아보면 그들은 그야말로 식민지 약탈자라고 할 수 있다. 이들은 개척할 때 발생하는 끔찍한 사건들을 현지인의 슬픈 역사 따위로 치부하며 개의치 않았다.

최첨단 기술과 막대한 자본, 치밀한 정치력을 보유한 유럽 탐험대의 후예들은 아프리카, 태평양, 아메리카를 넘어서 우주의 영토까지 호기심을 확장하는 중이다. 이러한 움직임은 잠시 후 소개할 채텀 제도의 원주민 모리오리족처럼 눈앞의 자기 영토를 지키려는 현대 사회의 원주민, 즉 수많은 화이트칼라에게 치명적인 위협이 된다. 당신은 어떤 시선으로 외부 세계를 바라보는가?

원주민에게 위협이 됐던 것이 유럽 원정대가 가져온 총, 균, 쇠라면 21세기 화이트칼라에게 위협이 되는 것은 유럽 원정대의 후예가 창조한 드론, 인공지능, 자동화, 지구 온난화 등이다. 21세기 화이트칼라는 태즈메이니아인들이 그랬던 것처럼 후손에 대해 그리고 국가의 미래에 대해 무감각해지고 있다. 당신을 진정으로 위협하는 것은 무엇인가?

레이 커즈와일은 많은 사람이 직관적으로 현재의 발전 속도가 미래에도 계속될 것이라 생각한다고 지적한다. 과학적으로 검증되지 않은 직관에 이끌려 미래의 변화 속도를 최근의 속도 정도로 생각한다는 것이다. 그의 지적대로 우리가 미래를 상상할 때 현재의 변화 속도를 보면서 이를 추정하는 것이 격변의 본질을 이해하지 못하게 하는 가장 큰 장애물임을 알 수 있다.[*9] 이제 과거 문명의 진화 속도 차이가 빚은 살상의 역사를 좀 더 진지하게 받아들일 때다. 오늘날 동시다발적인 격변은 20세기 산업화 체제를 어김없이 붕괴시키는 중이기 때문이다. 국가 간, 인종 간 기술 격차가 가져온 살상의 역사는 이제 기업들의 경쟁으로 기록된다. 산업화 시대에 우위를 점했던 노동자들은 자신이 고수하던 일자리에 대한 통념을 유연하고 냉철하게 분석해야만 한다.

2016년에 세계경제포럼WEF이 발표한 〈직업의 미래〉 보고서는 인공지능의 발달, 기계화로 인해 2015~2020년에 사무·행정 직군에서 화이트칼라 일자리 약 475만 개가 사라질 것이라고 예측했다. 이러한 수치는 곧 단순하고 반복적인 일에 익숙한 기업 내 계층이 미래에 계속 일하기 어렵다는 것을 보여주고, 많은 화이트칼라의 일자리가 자동화에 취약하다는 것을 깨닫게 한다. 우리는 이 책에서 사무·관리 직군에서 벌어지는 현상과 생존 전략을 집중적으로 논의하려 한다. 먼저 대량 해고의 원인을 추적할 때 우리의 본성을 이해하는 것은 무척 유용하다.

인간의 파괴 본성

아프리카에서는 암사자 무리가 톰슨가젤이나 들소 등을 사냥하는 장면을 목격할 수 있다. 방금 전까지 살아서 아프리카 초원을 달리던 한 생명은 사자의 송곳 같은 이빨과 발톱에 갈가리 찢긴 채 맹수의 한 끼 식사로 전락하고 만다. 악어에게 복부를 물린 얼룩말은 쏟아지는 자기 내장을 보며 기겁하기도 한다. 유튜브에서 이런 장면을 본 일부 네티즌은 악어를 포악한 사냥꾼이라며 손가락질한다. 먹이사슬 하층의 동물들이 도륙당하는 장면은 인간이 보기에 자칫 잔인한 광경일 수 있다. 그러나 과거부터 발 디딘 곳마다 다양한 동물을 몰살한 인간이 악어의 생존 본능을 감정적으로 판단해 비난해서는 안 된다. 미국너구릿과 동물 라쿤은 산 채로 가죽이 벗겨져 인간 옷의 재료가 된다. 동물자유연대는 온몸의 가죽이 벗겨진 라쿤들이 바닥에 널려 있고, 그 옆에서 털을 손질하는 사람들의 모습이 담긴 사진을 공개했다. 인간은 언제나 자기보다 약한 대상에 잔인함을 보인다.

축산업자들은 송아지를 수개월 동안 좁은 우리에 가둬 움직이지 못하게 한다. 근육이 약해야 부드러운 육질을 맛볼 수 있기 때문이다. 고급 레스토랑에서 값비싼 송아지 스테이크를 즐기는 사람은 송아지가 고기가 되어 식탁에 오르기까지 벌어지는 끔찍한 상황을 굳이 떠올리지 않는다. 그러나 만약 자신이 기술 개발의 속도를 따라가지 못해 무자비한 전쟁의 희생자가 되거나 해고를 당한다면 어떨까? 강자들이 자유시장 경제, 자연도태설을 운운하며 약한 자의 추락을 방관해야 한다는 말에 동의할 수 있을까?

산업의 흐름과 인류의 파괴 역사를 살펴보면 인간은 인간을 비롯해 많은 종을 멸종시켰으며 공존을 지향하지 않았다는 무수한 사실과 마주하게 된다. 우리는 단순한 약육강식의 실체를 강조하기보다 경쟁의 본질과 인간의 본성을 고민해보려 한다. 그것이 생존을 위한 첫 번째 질문이 될 수 있기 때문이다.

먼 바다에서 배 한 척이 육지 근처로 다가오고 있다고 상상해보자. 배 안에는 굶주린 사자들이 우리 안에 갇혀 있다. 근처 초원에서는 따사로운 햇볕 아래 수많은 양이 한가롭게 풀을 뜯고 있다. 배가 초원 쪽에 다다를수록 굶주린 사자들은 극도로 흥분한다. 사자들에게는 천국이 따로 없다. 초원을 향해 달려가고 싶지만 쇠창살이 가로막고 있다. 사자들은 미친 듯이 쇠창살을 긁는다. 배가 정박하고 우리가 열리자 사자들은 맹렬한 속도로 양들을 향해 돌진한다. 순식간에 아비규환과 같은 피의 전쟁이 시작된다. 사자의 날카로운 발톱과 송곳니에 부드러운 양의 피부는 속수무책으로 찢겨나간다. 무참히 도륙당하는 새끼를 보며 어미 양이 울부짖는다. 그러나 어미 양도 곧 죽음을 맞이한다. 너무 잔인한 상상인가? 하지만 이것은 지금까지 인류의 역사에서 끊임없이 반복되어온 장면이다. 모양새와 개념은 시대마다 달랐지만 말이다. 안타깝게도 인류의 역사에는 과학 기술의 발전을 맛본 강자들이 잔인하고 효율적인 전략으로 약자를 살상한 사건이 가득하다. 그것은 사자가 돼지나 양을 잡아먹는 것과 비교할 수 없을 만큼 잔혹하다. 오늘날 미국 아마존의 드론은 상품을 배달하지만, 중동에서 미군의 드론은 사망 선고를 배달하는 것처럼 말이다.

뉴질랜드 동남쪽에 열 개의 작은 섬들이 모인 채텀 제도에는 양처럼 온순한 2000여 명의 모리오리족이 수 세기 동안 살았다. 모리오리족은 분쟁이 일어나면 결투보다는 물자 교환을 하며 평화로운 협상을 시도하는 것을 미덕으로 생각했다. 이것은 외부 세계로 뻗어갈 수 없는 제한된 환경과 자원의 한계를 인지하고, 나름 풍성하고 지속적으로 만족할 수 있는 시스템으로 진화한 것이라고 볼 수 있다. 사실 외부 세계로부터의 침입을 제외한다면 유토피아나 다름없지 않은가! 좁고 척박한 966제곱킬로미터의 채텀 제도와 달리 26만 8021제곱킬로미터의 면적을 가진 뉴질랜드는 농업이 가능한 토양이 존재했다. 농사를 지으면 음식을 보관할 수 있으므로 인구 증가에 도움이 된다. 인구가 증가하면 계급이 탄생하고, 그다음에는 분쟁이 생긴다. 부와 명예를 축적하고자 하는 탐욕도 자라난다.

사자처럼 상대 종족을 도륙하며 잔인하고 치열한 경쟁을 거쳐 생존해왔던 마오리족은 부족의 인구가 10만 명이 넘자 방대한 뉴질랜드조차 좁다고 느끼기 시작했다. 마오리족 900명은 바다 건너편 미지의 영역에 눈길을 돌렸다. 누군가가 먼저 채텀 제도의 풍성한 과일과 어장을 목격한 후 마오리족에게 이 사실을 알렸다. 그리고 1835년 11월과 12월 두 차례에 걸쳐 총과 곤봉으로 무장한, 사자처럼 굶주린 마오리족 900명이 배를 타고 채텀 제도로 향했다. 마오리족은 눈에 보이는 모리오리족을 닥치는 대로 죽였다. 그들은 살아남은 소수의 모리오리족을 노예로 삼았다. 생존한 모리오리족은 마오리족이 자신들을 양 떼 죽이듯 몰살하는 것에 경악했다.*10

록히드 마틴Lockheed Martin사가 개발한 헬파이어Hellfire는 전차, 벙커, 동굴, 함선 등을 파괴할 수 있는 로켓이다. 유튜브에 공개된 헬파이어의 적군 파괴 장면은 기술 격차가 보여주는 끔찍한 살상을 고스란히 드러낸다.*11 고화질 카메라를 탑재한 미군 헬기는 적들이 트럭에 타는 것을 상공에서 지켜보다가, 적이 사정거리에 접근하자 사정없이 헬파이어를 발사한다. 그러자 마른하늘에 날벼락 치듯 일부 트럭 탑승자들이 불꽃과 함께 흔적도 없이 사라진다. 헬파이어는 그들이 죽는 순간 자신을 공격한 존재가 무엇인지 분별할 틈을 주지 않는다. 우리는 이제 이러한 변화를 지나치게 낙관하는 것은 아닌지, 경쟁의 본질에 대한 추상적인 분노에만 빠져 있는 것은 아닌지, 아예 아무것도 모르는 것은 아닌지 스스로 분별해야 한다.

동료의 죽음을 목격한 탑승자는 대경실색해 부상당한 몸을 이끌고 도망치려 안간힘을 쓰지만, 이어지는 기관총 세례를 피할 재간이 없다. 결국, 트럭이 있던 자리는 순식간에 잔해 더미가 쌓인 무덤으로 변한다. 마치 비디오 게임 같지만 이것은 현실이다. 만약 우리가 트럭에 탄 사람들이라고 상상해보라. 모골이 송연해질 것이다. 지금 이 순간에도 미국 등 선진국에서는 계속해서 기술 혁신을 이용해 최첨단 무기들을 개발, 생산하고 있다.

사망 선고를 배달하는 드론

드론을 떠올리면 아마존의 택배 서비스나 방송용 촬영 장비를 떠올리기 쉽다. 많은 기업이 드론이 가져다줄 혜택과 이익을 홍보하기 바쁘지만 사망 선고를 배달하는 드론에 관해서는 침묵하기 일쑤다. 드론뿐 아니라 오늘날 등장하는 주요 기술들이 사용자의 필요를 충족시키기에 유용하다고 말한 결과, 소비자는 언젠가 자신이 이용하는 물질문명 때문에 일자리를 잃는다는 생각을 하기 어렵게 됐다.

아프가니스탄 빈민촌 상공에 출몰한 드론 폭격기에 조종사는 없었다. '약탈자'라는 이름의 드론 프레데터Predator는 미국 뉴멕시코 주 캐넌 공군 기지의 비좁은 컨테이너에서 명색이 파일럿이지만 온종일 마우스만 쥐고 모니터 화면에서 적을 찾아내는 조종사가 지휘한다. 프레데터는 그들이 원하는 대로 지구 반대편에서 자유롭게 활보한다. 캐년 공군 기지에서 아프가니스탄 빈민촌까지는 약 1만 킬로미터 거리이지만 프레데터를 이용하면 아프가니스탄 대지에서 일어나는 모든 일을 들여다볼 수 있다. 프레데터에 헬파이어가 탑재되자 미 공군은 가공할 만한 파괴력을 가지게 됐다.

아프가니스탄 사람들이 '드론'이란 단어를 들었을 때의 반응은 미국 사람들과 다르다. 그들에게 드론은 저승사자와 같다. 드론의 변천사를 살펴보면 어떤 특정 기술이 주목받을 때 기업이나 정부가 외치는 표면적인 형상 이면을 들여다볼 줄 알아야 한다는 것을 깨달을 수 있다. 그 기술이 자신과 공생하는 것인지 아니면 살상당할 위험이 있는 것인지 분별해야 한다.

2015년 8월 18일, 수니파 무장 세력 IS의 2인자가 드론을 이용한 미군의 공습으로 사망했다. 미 국방부는 시리아, 우크라이나, 남중국해 등 작전 지역에 드론의 출격 횟수를 더욱 높일 계획이라고 발표했다. 드론이 적이 됐을 때 발생하는 문제는 총을 든 나의 전투력이 보잘것없음을 인정해야 한다는 것과 무고한 이웃과 어린아이까지 학살당한다는 것이다. 2016년 5월, 미국 정부는 아프가니스탄 정부와 15년째 내전 중인 탈레반의 최고 지도자 물라 아크타르 무하마드 만수르가 미군 드론의 공격으로 사망했음을 발표했다. 드론이 만수르를 태우고 가던 택시를 공격 목표로 삼았을 때, 아내와 자녀, 장애를 가진 동생의 생계까지 책임지며 묵묵히 살아가던 택시 기사 무하마드 아잠의 억울한 죽음은 고려되지 않았다.

2007년부터 5년간 미군의 드론 조종사로 활동한 브랜던 브라이언트 Brandon Bryant는 혼자서 1623명을 죽였다. 브라이언트가 조종하는 프레데터가 보내주는 현장의 모습은 실시간이 아니라 수 초 정도 지난 후의 것이다. 예를 들어 미사일 발사 수 초 전에는 파괴하려는 지역에 아이가 보이지 않았지만, 버튼을 누른 후 아이가 나타나 드론 조종사를 당황하게 하는 것이다. 브라이언트는 무고한 사람을 죽이면서 생긴 정신병으로 퇴역했다. 그는 현재 미국 사회를 향해 드론의 끔찍한 만행을 설파하는 중이다. 그러나 드론 공격으로 인한 무고한 죽음은 줄지 않고 있다. 미군에게는 적이지만 자식에게는 한없이 인자한 아버지가 아이와 함께 영상에서 사라지는 모습을 목격하는 것 같은 무자비한 경우가 부지기수다.

레타 테일러Letta Tayler 는 인권 단체 휴먼라이트워치Human Right Watch에서 기자로 활동했다.*12 2009년 12월에 아라비아 반도에서 미군의 드론 공격으로 죽은 사람 55명 중 41명이 민간인이었다.*13 그녀는 이를 두고 현재 전 세계 드론 공격 사망자 3분의 1은 민간인이며, 이는 명백한 국제법 위반이라고 비난했다. 또한 미국 정부가 드론으로 죽은 사람의 수를 파악하는 방식이나 수치를 비밀스럽게 관리하는 것 역시 문제라고 지적했다.*14

2016년 7월 1일 미국 국가정보국Director of National Intelligence은 2009년부터 2015년까지 이라크, 시리아, 아프카니스탄 등지에서 총 472번의 드론 공격을 시행했으며 이를 통해 2581명의 적군을 사살했다고 밝혔다.*15 같은 기간 동안 무고한 민간인 64~116명이 목숨을 잃었다. 미국 정부가 밝힌 수치는 비영리 뉴스 제공 기관 조사보도국Bureau of Investigative Journalism, BIJ이 밝힌 것보다 적다. BIJ 조사 결과 파키스탄에서만 2016년 5월에 424회 드론 공격이 자행됐고, 총 2499~4001명이 사망했으며, 민간인은 424~966명, 어린이는 172~207명 학살당했다.*16

미국 국방성은 드론의 공격으로 사망한 사람 중에서 입대할 수 있는 연령층의 남자가 있으면 전부 적군 수치에 포함했다. 2012년 1월에서 2013년 2월 사이에 사망한 200명 중 35명만 목표된 사람들이었다. 이 기간 중 대략 5개월 동안의 공격에서 생긴 90퍼센트의 사망자는 목표된 사람들이 아니었다.*17 2015년 온라인 매체 〈더 인터셉트The Intercept〉는 "드론 보고서"에서 아프가니스탄에서 드론 공격으로 사망한 사람 중 약 90퍼센트가 당초 미군이 목표하지 않았던 무고한 사람이었다고 폭로했다.*18 2012년 10월에 로버트 테일러Robert Taylor는 드론 공격으로 죽은 사람의 98퍼센트가 민간인이라고 주장했다.*19 부시 대통령 시절에 드론 공격으로 사망한 사람들 중 3분의 1 이상이 들판에서 뛰놀아야 할 어린이들이었다.*20

종합 시사 주간지 《뉴 리퍼블릭New Republic》은 드론으로 무고한 사람들이 죽었음에도 왜 피해자 수치를 정확히 파악하는 것이 어려운지에 관해 보도했다. 그들은 여러 기관마다 다른 희생자의 수치들을 종합해 분석했다. 그 결과 파키스탄 같은 경우 드론 공격으로 인한 사망자 8~17퍼센트가 무고한 민간인이라는 결론이 나왔다.*21 여러 보고서의 확실한 공통점은 군사용 드론 기술이 혁신에 혁신을 거듭해도 무고한 희생자 수는 꾸준하다는 사실이었다. 드론의 감시 속에서 살면 심각한 불안 상태에 놓여 병에 걸리고 일상생활을 못 하게 된다는 보고서도 등장했다.*22 그렇다면 군대는 이런 이유로 드론의 군사적 이용을 중단할까?

드론이 지배하는 서구 사회에서는 미국의 적이 미국인을 죽이면 '테러', 미국이 아프카니스탄인을 죽이면 '전쟁'이라 부른다. 진실은 드론 공격으로 무고한 사람들이 희생당했다는 것이다. 민간인 오폭 논란이 끊임없이 일어나는데도 유럽 원정대의 후예들이 세운 미국 정부는 2019년까지 드론 공습의 횟수를 50퍼센트 더 늘리기로 결의했다. 첨단 기술을 시연해 후발 주자에게 공포를 심어주는 것이 성공하면 철 지난 무기를 팔아 막대한 이익을 얻을 수 있기 때문이다. 공포를 창조할 수 있는 역량은 곧 자본이다. 기술과 자본력을 숭배하는 이들은 돈이 되는 일이라면 기술 발전으로 상대편의 문명이 파괴되고, 일자리가 증발한다는 사실 따위는 개의치 않는다.

비효율적인 포탄 낭비를 경계하는 미군의 리더들은 드론을 이용한 공습이 전면전에 비해 비용도 적게 들고 적들을 손쉽게 제거할 수 있다고 판단한다. 과학의 발달로 강국의 군대는 점점 인력을 대규모로 감축하고 그 대신 파괴력이 강한 포탄 개발에 힘을 모을 것이다. 화이트칼라의 단순하고 반복적인 업무를 비효율적이라고 생각하는 사람들이 만들어내는 소프트웨어 기술처럼 말이다. 이러한 종류의 혁신가들 때문에 전략적인 시간 관리는 더욱 중요하게 됐다.

돈과 시간, 효율적인 물질 축적을 고민하는 혁신가들은 리엔지니어링을 구축하는 과정에서 소프트웨어가 기업의 모든 프로세스를 고객 만족에 집중하는 데 도움을 준다고 생각한다. 선두 기업의 흐름을 창조하는 사람들은 산업화 시대에 나온 복잡하면서 융통성 없는 조직을 반대한다. 경영 사상가 톰 피터스Tom Peters는 이러한 형태의 조직을 가리켜 뚱뚱한 서류철 같다고 힐난했다. 신기술과 막대한 자본으로 무장한 대기업들은 세계 경제에 불확실성을 선사한다. 변화를 반대하는 모든 사람이 혁신을 일으키는 기업들의 로비를 방문해 러다이트 운동을 하면 지금과 같은 경제 격변이 멈춰질까?

비교적 아프가니스탄보다 평화로운 나라에 사는 우리가 미국을 비롯한 강대국이 개발하는 무언가를 주시해야 하는 이유는 분명하다. 우리야말로 과거 뉴질랜드의 모리오리족을 말살시킨 마오리족의 모습을 통해, 호모 사피엔스의 잔인성을 인정하는 것부터 시작해 생존을 위한 전략을 모색할 막간의 여유가 있기 때문이다. 우리가 드론에 노출된 군인이라면 그 실체를 있는 그대로 분석하고, 이것이 초래하는 미래를 연결과 융합의 시선으로 예측하는 것이 지혜로운 일이다. 마찬가지로 자본주의에서 생존하기 위해서는 신자유주의를 이끄는 세력의 굵직한 특징을 이해하는 것이 필요하다.

2016년 11월 일론 머스크Elon Musk는 CNBC와의 인터뷰에서 미래에는 로봇이 사람들의 직업을 대체하고, 정부가 국민에게 월급을 주는 시대가 올 것이라고 전망했다. 그는 컴퓨터, 지능형 기계, 로봇 등이 만드는 자동화가 노동 시장에 막대한 변화를 일으킬 것으로 판단한다. 이러한 물결로 생기는 기술적 실업에는 대안이 존재하기 어렵다. 결국 머스크는 미래에 상당수 근로자가 '기본 소득universal basic income'을 받는 처지와 비슷한 방향으로 흘러갈 가능성이 높다고 강조했다. 한국에서 머스크가 이런 주장을 펼쳤다면 "종북 좌파"라고 손가락질당했을 것이다.

독일 철학자 괴테의 말처럼 진실이 아주 단순하다는 사실에 인간은 짜증을 낸다. 그것을 실제로 인간에게 유익하게끔 적용하기 위해서는 충분한 노력을 기울여야 하기 때문이다. 감성적인 정의를 외치거나 추상적인 행복만 이야기하다가는 몰살당하기 쉽다. 무엇이 우리를 위협하는지 살펴보고, 우리를 대변하는 정치인이 기술적 실업자가 될 국민을 위해 구체적으로 어떤 대안을 제시하는지 감시하려면 냉철한 두뇌로 우리를 위협하는 주요 기술을 적극적으로 학습해야 한다.

마차의 시대가 끝나고 자동차의 시대가 왔을 때 마부에게 운전면허증이 필요했듯이, 산업화 시대가 저물고 창조 경제 시대로 진입했을 때 기술적 실업을 방지하기 위해 화이트칼라가 취해야 할 생존 전략은 무엇일까? 20세기 산업화 시대의 성장과 달리 21세기는 최첨단과 저성장이 결합한 격변의 시대다. 운전면허증 정도의 재사회화로는 좋은 일자리를 얻기 힘들다. 경제 전문가들은 산업화 시대 제조업이 대부분 정점을 찍고, 3분의 1 수준으로 소멸하고 있다고 한다. 기술 변화의 속도 그리고 그 흐름을 창조하는 인재와 일반 화이트칼라 사이의 역량 격차가 줄어들지 못하는 근본적인 원인은 무엇일까?

문명의 차이가 낳은 비극

평화롭고 수평적인 인간관계를 중시했던 모리오리족은 무기 개발을 시도하지 못했다. 아이를 거세해서 인구를 통제하는 행동이 그들의 전략이었다. 그들은 이처럼 간단하면서도 자율 통제적인 발상으로 사회의 안정을 추구했다. 이와 달리 마오리족은 이미 방대한 영토에서 치열한 인간관계를 겪으며 정치의 힘을 깨달았다. 그 경쟁에서 승리를 맛본 사람들은 패배자들에게 쟁취한 식량 덕분에 인구를 증가시킬 수 있었고, 패배자들을 죽여 인구를 줄였기에 성욕을 통제할 필요가 없었다.

마오리족은 세력을 확장하는 데 필요한 것은 당연히 상대를 무참히 짓밟는 잔인함과 효율적인 살상 무기라고 생각했다. 따라서 누군가 마오리족이 모리오리족의 어린이까지 살해했다고 비판하자 이해할 수 없었던 것이다.

마오리족은 사자가 양을 사냥하는 것처럼 본능적으로 행동한 것뿐이기 때문이다. 이와 달리 모리오리족이 평화를 추구했던 이유는 한정된 토지 안에서 분쟁이 일어나면 모두에게 손해라는 사실을 알았기 때문이다. 이러한 모리오리족의 생존 철학은 변수가 등장하기 전까지는 유토피아나 다름없었다.

화이트칼라가 매달 월급을 기대하는 것처럼 모리오리족의 섬에는 생선과 과실이 풍성했기에 그들의 이상적인 목표는 하루하루 점진적인 성과를 추구하며 성실하게 사는 것이었다. 모리오리족이 자신들보다 두 배 이상 적은 수의 마오리족이 침입한 것에 무방비 상태였던 것은 그간의 사회구조에서 배어 나온 문화적 유산이었다. 모리오리족이 외부 변화에 조금만 더 민감하게 반응해 대비했더라면 치욕스러운 역사를 기록하지는 않았을 것이다.

하지만 뛰는 마오리족 위에 나는 유럽인이 있었으니, 모리오리족이 느꼈던 두려움을 마오리족 역시 느끼게 되는 사건이 일어났다. 호주 멜버른 남동부에 위치한 태즈메이니아 섬에는 근대 구석기 시대 사람들이라고 불리는 태즈메이니아인이 살았는데, 그들은 영국 탐험대가 태즈메이니아에 도달하기 전까지 평화로웠고, 고립된 상태였다. 그러다가 18세기 중반에 영국 런던 왕립협회가 후원하는 탐험대를 지휘한 제임스 쿡James Cook 선장이 몰고 온 학살극은 마른하늘에 날벼락 치듯 태즈메이니아에 들이닥쳤다.

역사학자들은 18세기에 호주, 뉴질랜드 등 태평양의 여러 섬을 답사한 영국 탐험대에게 가장 끔찍한 학살을 당한 원주민으로 태즈메이니아인을 지목한다. 유럽인이 과학을 명분 삼아 마지막 남은 태즈메이니아인들의 사체까지 강탈했기 때문이다. 쿡이 태즈메이니아에 방문한 이후 그곳에서 1만 년 이상을 산 원주민이 몰살당하기까지는 100년도 채 걸리지 않았다. 보통 과거의 중대한 사건은 시간이 흐른 뒤 이를 지켜볼 여유가 있는 사람들에 의해 분석된다. 그렇지만 그렇게 과거로부터 교훈을 얻고도 언제나 상당수 인류는 삶의 변화를 일으키지 못하며, 기술 문명의 흐름에 둔감한 채로 살 아간다. 하지만 역사는 시대의 변화를 인지하지 못한 사람들에게 일어난 무수한 참상들을 기록해두었다.

태즈메이니아의 비옥한 토지와 아름다운 풍경을 목격한 네덜란드, 영국, 프랑스 등의 유럽 탐험대는 19세기 때 더 많은 사람을 이끌고 와 사자가 양 을 사냥하듯이 호주 원주민, 뉴질랜드 마오리족, 태즈메이니아 원주민을 학 살했다. 태즈메이니아 원주민은 1876년에 절멸했고 호주 원주민과 마오리 족 인구는 90퍼센트가량 줄었다. 적을 향해 곤봉을 휘두르거나 돌멩이만 던질 줄 아는 사람이 말을 타고 총, 대포를 다루는 사람을 이길 수는 없다. 소수 집단이 다수를 손쉽게 장악한 역사는 무수한 사람의 핏값을 치르며 21세기를 살아가는 인류에게 분명한 시사점을 남겼다. 예루살렘히브리대 학교 교수 유발 하라리Yuval Noah Harari는 18세기 당시 유럽, 아시아, 아프리 카 강대국들 사이의 기술 격차가 크지 않았는데 어떻게 유라시아 변방에 있던 유럽만이 태평양 연안의 섬들을 점령했는지 의문을 품었다. 그는 그 해답으로 현대 과학과 자본주의가 결합한 정복의 사고방식을 지목했다.

미치오 카쿠는 동양과 서양의 문명이 오늘날과 같은 격차가 벌어진 이유 를, 유럽은 과학과 기술을 장려했지만 중국과 이슬람은 향수에 빠져 발전 을 멈췄기 때문이라고 말했다.*23 그는 16세기 유럽의 물리학자들이 중력,

전자기력, 약한 핵력, 강한 핵력의 작동 원리를 다른 문명보다 먼저 알아차린 것이 경쟁 우위의 원동력이라고 본다. 그는 긴 안목으로 봤을 때 과학은 "부를 창출하는 엔진"이라고 했다.[24]

유럽 제국주의를 이끌었던 사람들의 공통적인 사고는 무지를 인정하는 데서 출발했다.[25] 그들은 정복의 가치를 단순히 영토와 노예에 한정해 생각하지 않았다. 몰랐던 세계를 보고 관련된 지식을 얻는 설렘도 귀한 가치로 받아들였다. 지식을 탐욕스럽게 습득한 것은 지식의 진화가 또 다른 자원과 자본을 축적하는 데 유용한 도구라는 것을 알았기 때문이다. 이러한 흐름은 인류사가 끝날 때까지 멈추지 않을 것이다. 이것을 받아들이고 미래를 예측하는 것부터가 생존을 위한 기본 전략이다.

19세기 독일의 저명한 철학자 쇼펜하우어는 역사상 예술과 문학의 세계에서 그릇된 주의와 주장이 유행한 사례는 이루 헤아릴 수 없을 만큼 잦았다고 지적했다. 그는 어느 시대든지 잘못된 방법과 수법이 유행하고 환영받았다고 비판했다.[26] 쇼펜하우어의 말처럼 인간이 진리와 마주할 수 없는 이유는 스스로 진리의 길을 걷고자 하는 의지가 부족하고 거짓을 전하는 아둔한 자들을 현명한 존재로 착각하기 때문이다. 진정한 지성인은 그런 종류의 사람들을 경멸한다.

쇼펜하우어와 같은 지성인들은 거짓된 사람들이 확산시키는 유행과도 같은 외침을 오류이자 불명예로 여겼다. 그는 세상 도처에 저능하고 아둔한 인간들이 북적거리고 있다는 점을 명심하라고 조언했다.[27] 이러한 모습은 오늘날 한국 사회에서도 쉽게 찾아볼 수 있다. 지금 당장 대형 서점에 가서 베스트셀러 목록을 확인해보라. 기술 격변의 잔인한 현실을 외면한 채 자기 치유를 위한 주술에 가까운 얄팍한 책들이 가득하다.

이러한 책들은 위로가 필요하지 않은 사람들, 경쟁에 어느 정도 대비할 수 있는 사람들의 사유 영역을 침범해 그들을 바보로 만든다. 위로는 온종일 극심한 가난과 대학 등록금 부채에 허덕이는 청년들에게 필요한 것이다. 반면 직장에서 생존해 진입 문턱을 높이는 데만 신경 쓰는 화이트칼라에게 필요한 것은 사유의 힘, 즉 현실을 그대로 읽고 스스로를 구제할 수 있는 전략적인 판단을 기르는 힘이다. 종교 전도사, 행복 전도사, 부동산 부흥 전도사 등이 이러한 문제를 해결하기에는 한계가 있다.

신이 되고 싶은 사람들

18세기 중반까지 서양인들은 교회 지붕에 무섭게 내리치는 번개를 보고 자신들의 신앙심이 부족하다고 생각했다. 그 당시 교인은 교회의 설교에 일말의 의문이나 비판의식을 가질 수 없었다. 그런 이들이 목조 건물인 교회가 번개를 맞고 불타는 장면을 목격했으니 얼마나 큰 공포를 느꼈겠는가. 그러나 미국 건국의 아버지라 불리는 벤저민 프랭클린은 신의 분노라고 여겼던 번개에 의구심을 품었다. 경험상 번개는 전기 에너지의 이동이 보여주는 현상에 불과하다고 생각했기 때문이다. 그는 이를 방법론적인 사고로 증명해 보이길 원했다.

1750년, 프랭클린은 오랫동안 편지를 주고받으며 영감을 나눴던 친구 피터 콜린슨Peter Collinson에게 전깃불을 길들일 수 있다는 가설을 설명했다. 자신이 실험해본 결과 바늘처럼 날카로운 부분이 하늘을 향하도록 3미터 길이의 쇠막대를 지붕에 설치하면 번개의 전깃불을 통제할 수 있다는 것이다.*28 신의 영역을 침범하자는 이 발상은 미국 필라델피아에서 시작되어 영국 해협을 거쳐 프랑스까지 퍼졌다. 과학 저술가 스티븐 존슨Steven Johnson은 1752년 프랑스에서 피뢰침 이론에 관한 실험이 성공함으로써 프랑스와 프랭클린이 전설적인 유대 관계를 형성할 수 있었다고 말한다. 프랭클린이 콜린슨에게 편지를 보낸 지 5년 후, 유럽과 미국의 교회 지붕은 상당수가 뾰족한 첨탑으로 바뀌었다. 성도는 더 이상 번개를 두려워하지 않았으며 죄의 구속감에서 조금 더 해방시켜준 것은 신이 아니라 프랭클린이라는 사실, 즉 과학의 힘을 인정하기 시작했다. 그리고 그들은 교회 밖의 방대한 자원과 막대한 인력에 침을 흘리게 된다.

2014년에 미 해군은 10년이 넘게 연구한 결과 마침내 무게 10킬로그램인 포탄을 초속 2킬로미터음속의 여섯 배의 속도로 발사할 수 있는 레일건을 만들어냈다. 미군이 이 레일건을 실전에 배치한다면 중국과 러시아 등 미국과 충돌하는 여러 강국에 치명적인 위협이 된다. 레일건은 발사를 위해 두 개의 레일 사이에 놓인 발사대에 강력한 전류를 흘린다. 이때 형성되는 자기장의 추진력을 이용해 포탄을 초고속으로 발사하는 것이다. 프랭클린의 후예들은 2.5세기 만에 선조들은 상상도 못했던, 전기를 통제할 수 있는 힘을 쟁취했다.

1941년 12월 7일 아침, 일본군이 미국 하와이 주의 오아후 섬 진주만을 기습적으로 공격했다. 할리우드 감독 마이클 베이Michael Benjamin Bay는 이 사건을 영화 〈진주만〉에 담았다. 이때 미군 1178명이 다치고 2304명이 사망했는데, 상당수의 젊은 군인이 침몰하는 전함에 갇혀 익사했다. 군함 21척이 격침되거나 심각하게 파손됐고, 전투기 350대가 전파되거나 파손됐다.

이는 미국이 2차 세계대전에 참전하게 된 계기가 됐다. 영화에서는 1942년 4월 2일에 미 해군 항공모함 USS 호넷호가 일본군에 보복하기 위해 출격을 준비하는 장면이 나온다. 쌍발 중형 폭격기 노스 아메리칸 항공의 B-25 미첼이 도쿄를 기습 폭격하기 위해 갑판 위에서 출격을 준비하는 장면이다. 실제 2차 세계대전에서 활약한 B-25는 1마일 활주로에서는 이륙이 수월하지만, 비좁은 항공모함에서 16대의 전투기를 동시에 출격시키려면 467피트의 낮은 높이에서도 이륙할 수 있어야 했다. 짧은 거리에서 최고 속도로 달려야만 바다에 추락하지 않고 이륙이 가능하다.

2차 세계대전 당시 공중 급유기의 안전 검증이 통과되지 못했기에 일본의 400마일 근해까지 항공모함이 전투기를 실어 접근해야 했다. 영화에서는 전투기의 중량을 줄이기 위해 전투에 필요한 무기를 제외하고 기체 내 장비들을 모조리 탈거하는 장면이 인상적이다. 〈진주만〉은 그 당시 미군의 군사 기술을 고스란히 묘사했다. 반세기 후 미 공군은 적기가 육안으로 식별이 가능한 상태에서 공중전을 펼치거나 항공모함 갑판에 긴 활주로가 필요 없도록 진화했다. 록히드 마틴사와 보잉사가 제작한 F-22 랩터는 수직 상승이 가능하고, 멀리 떨어진 적기를 끝까지 쫓아갈 수 있는 최첨단 레이더를 미사일에 장착했다. B-25의 최고 속도는 시속 438킬로미터다. 5세대 전투기 F-22 랩터의 최고 속력은 마하 2 이상이라고 알려졌지만, 그 이상의 속도는 기밀이다.

F-22 랩터는 공개적인 곳에서는 시속 1600킬로미터 정도로만 비행하다가 가끔 시속 2000킬로미터를 거뜬히 넘긴다. 항속거리는 3000킬로미터다. 또한 공중 급유기를 통해 자유롭게 적진을 누빌 수 있게 됐다. 여러 비

밀 병기를 비롯해 '독사'라는 별명을 가진 AIM-9 열 추적 미사일 2기, 시속 3200킬로미터로 적기를 파괴하는 AIM-120 레이더 유도 미사일 6기도 기본 탑재됐다. 프랫 앤 휘트니 F-119처럼 음속보다 더 빠르게 움직이면서 연료를 절약하는 최첨단 엔진 개발을 위해 오늘도 미국 엔지니어들은 고군분투 중이다. 이들은 외관의 형태를 조정하면서 은폐 기능을 향상시키려 노력한다. 전투기 외부의 모든 형태가 같은 각도를 이루면 적의 레이더가 기체를 거울처럼 인식해 그 뒤에 숨은 랩터를 발견하지 못한다. 4세대 전투기 러시아의 수호이 3과 프랑스의 다소 라팔은 미국의 F-22 랩터에 대응하기 어려운 실정이다.

한국 공군이 1960년에 운행을 시작해 베트남전쟁 때 사용한 구식 전투기 맥도넬더글러스 F-4 팬텀을 보유하고 있던 2016년 2월, F-22 랩터 네 대가 한반도 상공에 출몰했다. 기술 혁신에 안일한 태도를 보이면 그 파급력의 반대편에 서 있을 때 몰살당한다는 사실을 잊어서는 안 된다. 선두 기업은 끊임없이 후발 주자와 격차를 벌리기 위한 연구에 몰두한다. 이들은 화이트칼라를 위협하는 인공지능의 발전에도 막대한 투자비를 쏟아붓는다.

할리우드 액션 영화 〈아이언맨〉 시리즈의 주인공 토니 스타크는 총탄이 빗발치는 적진에서 최첨단 무기가 탑재된 방탄 슈트를 입고 종횡무진하며 상대를 손쉽게 파괴한다. 아이언맨은 미국이 지향하는 첨단 기술의 미래를 고스란히 담고 있다. 탐구 정신이 충만한 벤저민 프랭클린의 후예들이 미국 통합특수작전사령부Special Operation Command, SOCOM에 모여 있다. SOCOM 개발자들은 아이언맨의 슈트에서 영감을 얻어 총탄의 위험에서 자유롭고 무게가 가벼운 방탄 갑옷 '타로스Tactical Assault Light Operator Suit, TALOS'를 개발하는 중이다.

토니 스타크의 실제 모델이자 매주 100시간씩 일한다는 불요불굴의 상징적인 기업가 일론 머스크는 정전기의 불꽃에도 신비함을 느꼈던 17세기 유럽인은 상상조차 할 수 없는, 전기의 움직임을 자유자재로 통제하는 힘을 가졌다. 전기 자동차 기업 테슬라를 설립한 머스크가 무일푼에서 세계적인 기업가로 성장할 수 있었던 원동력은 유년 시절 어둠에 대한 두려움을 물리친 일에서 시작됐다.

머스크는 어둠을 극도로 두려워했다. 불현듯 귀신이 나타날 것만 같은 어둠을 물리쳐준 것은 천사가 아니라 과학이었다. 초등학교 시절, 하루 열 시간 이상 책을 읽었던 소년은 빛의 입자가 결여될 때 나타나는 현상이 어둠이라는 사실을 깨닫고 그 너머의 다양한 세계를 알고자 미친 듯이 새로운 지식을 습득했다. 22세기를 향할수록 이러한 탐험 정신은 인간의 위대함을 보여주는 증표가 될 것이다.

탐구 정신으로 포장된 자본의 움직임

2014년 10월, 페이스북 CEO 마크 저커버그Mark Elliot Zuckerberg가 삼성전자 경영진과 만나기 위해 방한했다. 비행기에서 내린 저커버그는 청바지에 회색 티셔츠 차림이었다. 막대한 재력과 달리 소박한 옷차림으로 유명한 그는 벤처를 꿈꾸는 청년들의 본보기다. 저커버그는 방한에 앞서 7대 인도네시아 대통령 당선인 조코 위도도Joko Widodo와 인터넷 관련 협력 방안을 논의했다. 이 청년 기업가는 전 세계의 나이 든 정치가들과 기업 리더들을 만

나며 페이스북의 비즈니스 확장에 앞장서고 있다.

2015년 3월, 페이스북은 영국의 드론 기업 어센타Ascenta를 2,000만 달러에 인수했다. 연구 개발이 순탄하지는 않지만 드론의 다양한 활용 방안을 모색 중이다. 2014년 4월, 구글은 미국의 항공 기업 드론 개발 업체 타이탄 에어로스페이스Titan Aerospace를 인수했다. 이들은 태양열을 이용해 5년간 운행할 수 있는 드론을 개발했다. 효율적인 살상 작전에도 용이한 드론은 여러모로 새로운 성장 동력으로서 주목받고 있다. 미군은 현재 드론에 인공지능 탑재까지 시도하는 중이다. 참고로 인간처럼 세상을 인지하는 인공지능이 당장 실현될 듯 이야기하는 매체의 주장은 진실이 아니다. 이 점은 뒤에서 자세히 설명하겠다. 여전히 드론 조종은 인공지능이 아닌 사람이 수행해야 하는 영역이다.

소셜 미디어의 영향력을 연구하는 미국 사우스플로리다대학교 교수 켈리 번스Kelli Burns는 페이스북의 경영 방침을 우려한다. 2016년 5월에 그녀는 페이스북이 스마트폰으로 주고받는 고객의 대화까지 엿들을 수 있다는 가능성에 걱정을 표했다.*29 페이스북이 고객의 모든 온라인 활동을 추적하려 시도하고, 사용자가 페이스북에 중독되어 스스로 개인 정보를 제공하면서 '빅브라더'가 탄생할지도 모른다고 생각하는 것이다.

21세기에 현존하는 여러 기업 중 창의적이며 탐구 정신이 강한 사람들이 모인 기업으로 페이스북을 떠올리기 쉽지만, 페이스북이 사용자 정보를 과도하게 탐닉한다는 사실을 함께 인지하기는 힘들다. 소셜 미디어 기술의 편의성도 중요하지만 사생활과 익명성 등도 그 못지않게 소중하다. 우리는 숨을 수 있는 자유를 보장받아야 한다. 그러나 많은 사람이 편리함에 기대다가 언제든 약점이 잡혀 자율성을 잃을 것이라는 사실은 간과한다.

애석하게도 어떤 기술이 태동할 때 모든 사람이 그 장면을 포착하고 민첩하게 고민해 인류에게 이익이 될지 해가 될지 가릴 수는 없다. 그러나 대항해 시대를 주도한 유럽 원정대가 저지른 사건들은, 스스로 미지의 영역을 구축하거나 변화에 민감하게 반응한 소수의 사람이 기존의 판을 흔들어 안정을 추구하던 상당수 사람을 뿌리째 흔들었다는 사실을 보여준다.

1794년 봄, 영국의 화학자이자 정치인 조지프 프리스틀리Joseph Priestley 가 대서양을 횡단하는 삼손호에 탑승했다. 그 당시 대양을 횡단하는 일은 목숨을 거는 일이었다. 16세기에서 18세기 사이에 괴혈병으로 사망한 선원만 약 200만 명이다.*30 프리스틀리의 아내 매리 프리스틀리Mary Priestley 는 풍랑으로 흔들리는 선실에서 뱃멀미를 했다. 승객들은 몰아치는 폭풍우와 난데없는 용오름을 보며 대경실색했다. 번개가 신의 노여움이 아니라는 사실은 이해하기 시작했지만, 바다의 모든 기운이 하늘로 솟구치는 듯한 모습을 보자 사람들은 또다시 신의 분노라고 떠들었다.

스티븐 존슨은 삼손호가 침몰할 뻔한 상황에서도 유일하게 낙천적으로 대응한 사람이 바로 61세의 조지프 프리스틀리라고 말한다.*31 젊은 시절 런던에서 벤저민 프랭클린과 토론하며 과학적 통찰을 즐겼던 프리스틀리는 최악의 상황에서도 새로운 것을 배울 수 있는 순간을 놓치고 싶지 않던 것이다. 배가 제아무리 흔들린다 하더라도 프리스틀리는 대서양에 온도계를 담가보며 지구의 에너지 순환에 대한 과학적 고찰을 했다. 그와 같은 탐구 정신이 정치와 자본, 군대를 만나면 무슨 일이 벌어질까? 유럽 원정대가 과학을 사랑한 역사를 살펴보면 두뇌를 사용하기보다 평범한 일상을 즐기는 사람에게 더 끔찍한 역사의 서막이 열린다는 사실을 알 수 있다.

1747년, 영국 의사 제임스 린드James Lind가 괴혈병이라고 불리는 선원들의 질병을 치유하고자 시작한 연구는 아이러니하게도 호주 원주민들을 몰살하는 초석이 됐다. 괴혈병에 걸린 선원들의 목숨을 앗아간 것은 장거리 여정에는 휴대하기 쉬운 비스킷과 말린 쇠고기가 적격이라는 비과학적인 생각이었다. 자신이 걸린 질병에 의문을 품지 않고 과일과 채소를 먹지 않았던 선원들은 비타민 C 결핍으로 사망했다. 이러한 깨달음은 린드가 괴혈병 환자들을 두 집단으로 나누어 한편에는 감귤류를 먹으라고 지시한 덕분에 얻은 것이었다.

그 당시 영국 해군은 린드의 실험 결과를 신뢰하지 않았지만, 지리학자인 제임스 쿡은 그 실험에 주목해 자기 선원들에게 소금에 절인 양배추를 먹게 했다. 그 결과 쿡의 선원과 승객은 괴혈병으로부터 무사했다. 이제 자유롭게 미지의 영토를 개척할 수 있게 된 것이다. 이는 마치 21세기의 미국 군대가 해외 파병 시 1인당 연간 100만 달러의 비용을 소진하고, 총탄 낭비를 줄이기 위해 드론의 발전에 적극적으로 동참하는 모습과도 같다.

린드가 발견한 효과적인 괴혈병 치료법은 영국이 세계의 대양을 지배하며 많은 지역의 원주민을 학살하는 단초가 됐다. 영국인을 살리는 기술 혁신은 그들에게는 한줄기 빛과 같은 희망이었던 반면, 호주 원주민과 뉴질랜드 마오리족에게는 재앙이었다. 인구의 90퍼센트가 말살됐고 간신히 생존한 일부는 영국인의 노예로 살아야 했다. 린드의 탐구 정신이 호주 원주민과 마오리족으로서는 판도라의 상자를 연 꼴이었다. 비타민 C 결핍을 해결하고자 시도한 혁신은 마치 인간의 단순노동을 없애고 창의적인 사유 활동을 증진하고자 만든 군사 기술이나 소프트웨어가 초래할 역사를 예언하는 듯하다.

완전한 로봇 시대를 우려하는 사람들

2015년 11월, 세계지식포럼에서 열린 〈2050 메가트렌드〉 세션을 취재했다. 세션에 참여한 돈 탭스콧, 티에리 드 몽브리알Thierry de Montbrial, 네이선 블레차르지크Nathan Blecharczyk, 제이슨 폰틴Jason Pontin, 해리 덴트Harry Dent 는 다가올 미래에 대해 토론했다. 자동화, 기계화는 한국인에게 익숙한 단어이며 일상적으로 보고 듣는 부분이기도 하다. 이들이 제시한 20~30년 후 미래 사회의 핵심적인 특징은 비현실적으로 여겨지는 인공지능 기술의 발전, 즉 완전한 로봇 시대의 도래다.

그들의 강연을 들어보니 로봇은 기본적으로 사람이 하기 싫어하는 일을 하도록 만들어졌다는 본질을 깨달을 수 있었다. 비전문가의 시선으로 인공지능에 대한 이야기를 들을 때 조심해야 할 허상을 발견하기도 했다. 이와 관련해 2장에서 인공지능과 관련된 목소리에 많은 거품이 존재한다는 사실을 설명하겠다. 한국 독자에게 《위키노믹스》로 유명한 돈 탭스콧은 로봇공학의 부상이 격동을 일으켜 지구촌 트렌드가 될 것이라며, 미래에는 제약과 자동차 운전, 의료 진단에서 치료까지 모두 로봇이 수행할 것이라고 판단했다. 그와 대화를 나눠보니 현재 인간의 우려와 달리 인공지능은 실수나 사고도 거의 없을 것이라는 관점을 가지고 있었다.

2016년 3월에 열린 인공지능 알파고와의 대국에서 구글은 이세돌에게 상금 100만 달러를 걸었다. 1국, 2국, 3국 모두 이세돌의 예측과 달리 그가 패배했다. 이세돌은 언론과의 인터뷰에서 심한 압박감과 부담감 때문에 대처가 미흡했던 것을 패배 요인으로 분석했다. 이세돌은 긴장했지만 기계는 긴장하지 않았다. 빠른 속도로 더 나은 해답을 찾았을 뿐이다. 제이슨 폰틴은 고도로 발전한 하이테크와 기계화로 기계가 단순한 패턴을 습득하는 현 단계를 곧 넘어설 것이라고 주장했다. "우주의 난해한 패턴까지 학습할 수 있고, 각종 모델링까지도 할 수 있게 될 것이다." 그는 이러한 현상이 자동화 기술로 이어져 인간의 일자리를 거의 없앨 것이라고 예측했다.

무슨 이유로 선진 기업들은 최첨단 기술 발전을 내세우며 세계 노동 현장의 변화를 이끄는 것일까? 어떤 산업의 어떤 사람들이 인공지능에 위협당할까? 유럽 원정대의 후예들이 세운 미국에서 추구하는 기술 혁신의 본질은 무엇일까? 우리는 이러한 질문을 화이트칼라에게 던지며 대안과 시대상을 조명하려 한다. 선두 주자가 탐구 정신을 내세우며 투자를 게을리하지 않는 자본의 움직임을 포착하는 것이 생존의 필수 전략이기 때문이다.

인공지능artificial intelligence, AI이라는 용어는 1956년, 미국 다트머스대학교 학회에서 컴퓨터 과학자 존 매카시John McCarthy가 처음 사용했다. 신이 자신을 닮은 형상을 창조하고자 인간을 만든 것처럼, 유럽 원정대의 후예들 역시 분신을 만들려는 시도를 계속해왔다. 1996년에 IBM은 인간과 체스 실력을 겨룰 AI 컴퓨터 '딥 블루Deep Blue'를 제작해 그 당시 세계 체스 챔피언 가리 카스파로프Garry Kasparov와 대결했으나 패배했다. 그러나 이듬해 IBM은 딥 블루의 성능을 개선한 '디퍼 블루Deeper Blue'로 끝내 가리 카스파로프를 이겼다. 그렇다고 알파고가 인간의 멸종을 불러올 기술이라고 보도한 일부 언론의 기대처럼 AI가 발전한 것은 아니다. 전문가들은 여전히 컴퓨

터는 시력과 청력이 사람보다 우수해도, 보는 것과 듣는 것을 이해하기는 어렵다고 지적한다.*32

카스파로프를 이겼다고 해서 진정한 AI가 탄생한 것은 아니다. 사람은 체스를 둘 경우 말이 움직이는 경우의 수 '10의 120승'을 고려한다. 전문가들은 디퍼 블루가 경우의 수를 단시간에 분석하는 컴퓨터 메모리 용량이 증가했기 때문에 승리했다고 주장한다. AI를 오래 연구한 사람들은, 일부 언론과 명사가 호도하는 것처럼 알파고가 인간을 물리치기 위해 바둑의 경우의 수 '250의 150승'을 고려해 스스로 학습했다고 보지 않는다.

2011년, IBM은 딥 블루에 이어 AI '왓슨Watson'을 개발해 미국의 퀴즈 쇼인 〈제퍼디Jeopardy〉에서 최장 기간 우승자였던 켄 제닝스Ken Jennings를 물리쳤다. IBM이 인간의 뇌를 흉내 냈다고 출시한 트루노스TrueNorth는 왓슨의 핵심 칩이다. 2014년에 발표한 2세대 뇌 모방 칩의 성능은 인간과 비교했을 때 설치류 수준이라는 것이 업계의 판단이다. 2015년의 IT 업계 전문가들은 왓슨이 1초에 책 100만 권 분량의 빅데이터를 이해하고 분석할 수 있다고 판단한다. 단순하고 반복적인 일을 신속하게 처리할 수 있는 AI의 등장이 화이트칼라를 위협하는 본질이다.

MIT 슬론 경영대학원 교수 에릭 브린욜프슨Erik Brynjolfsson과 앤드루 매카피Andrew McAfee는 미국에서 수백만 개의 일자리가 자동화되었지만, 20세기 내내 직업을 가진 미국인들은 늘어났다고 분석했다. 그러나 그들은 이런 사실 이면에는 대부분의 노동자가 기술 발전으로 이득을 본 구조는 아니라는 불편한 경제 법칙이 숨어 있다고 말했다.

미국의 IT 사상가 니콜라스 카Nicholas Carr는 1990년대 초반과 2009년에 일어난 경기 침체 때마다 사람들 사이에 기술적 실업이라는 두려움이 확산됐다는 특징을 발견했다. 그는 경기가 하락할 때마다 항상 일자리를 앗아가는 프랑켄슈타인 같은 괴물이 여느 때와는 다르게 등장하는 것이 우려스럽다고 했다. IT 전문가들은 AI의 발달로 경제학자의 일자리가 소멸될 것이라고 예측했다. 동시에 이런 종류의 주장은 추상적이거나 AI 현황의 명백한 한계를 설명하지 않을 때가 많다. 일반인들이 오해할 수 있는 주장을 남발하는 전문가는 대중을 도리어 더 혼란스럽게 한다.

분명한 것은 인간과 동등하거나 더 뛰어난 지능을 만들려는 사람들이 없었으면 좋겠다는 사실이다. 그러나 AI와 같은 기술을 개발하며 산업의 발전 방향을 급선회해버리는 유럽 원정대의 후예들이 존재하기 때문에 격변의 성격을 이해하려는 노력이 필요하다. 과거 노동 현장에서 정의했던 인재상이 변한다는 것을 깨달아야 미래에도 생존할 수 있다. 제러미 리프킨은 《노동의 종말 The End of Work》에서 21세기 중엽쯤이면 블루칼라 계층은 역사에서 소멸할 것으로 예측했다. "제3차 산업혁명과 더 높은 기술 능률을 향한 끊임없는 행진의 희생물이 될 것이다."[33] 우리는 이제 화이트칼라가 사라질 차례에 이르렀다고 생각한다.

화이트칼라의 숲을 찾아온 역사학자

영국의 철학자 버트런드 러셀로 추정되는 연사가 천문학에 관한 대중 강연을 했을 때다. 청중석의 한 노인이 강연을 마친 그에게 터무니없는 소리를 한다고 질타했다. 그녀는 지구가 거대한 거북의 등 위에 얹힌 평평한 판이라고 주장했다. 그리고 우주는 이러한 형상의 거북들이 무한히 쌓인 탑이라는 것이다. 이것은 크리스토퍼 콜럼버스 시대에 일어난 일이 아니다. 노인의 인식은 콜럼버스 시대의 사람들이 지구가 평평하다고 믿었던 것에서 전혀 발전하지 않았다. 오늘날 신기술들은 인류가 그동안 생각해왔던 많은 주장을 무력화했다.

그러나 여전히 각기 다양한 영역에서 노인과 같은 시선으로 세상을 바라보는 사람들이 많이 존재한다. 물리학자 스티븐 호킹Stephen Hawking은 노인의 주장을 현대인들은 우스꽝스럽게 여길 테지만, 우리가 그녀보다 우주의 구조에 대해 더 잘 알고 있다고 자부할 수 있는지 반문한다.*34 만약 노인이 수평선에서 다가오는 배를 바라보며 돛대가 왜 먼저 보이는지 의문을 품었다면 그런 주장을 하지는 않았을 것이다.

마크 저커버그는 죽기 전에 반드시 읽어야 할 책 중 하나로 유발 하라리의 《사피엔스Sapiens》를 지목했다. 이 책의 무엇이 세계적인 명성을 떨치는 젊은 기업가를 열광시켰을까? 인류의 역사를 전지적인 관점에서 서술해 인간의 사고와 소비 패턴, 경제와 기술의 미래를 예측하는 데 도움이 된다고 판단했을 것이다. 《사피엔스》는 훌륭한 책이다. 그러나 끝부분은 다소 이상하다. 이 책은 총 20장으로 구성되어 있고, 1장부터 19장은 인지혁명과 농업혁명 등 인류의 역사에 관한 내용으로 가득하다. 그리고 저자는 마지막 20장 '호모 사피엔스의 종말'에서 인류의 미래를 예측한다. 그는 호모 사피엔스가 생물학적 한계를 극복하기 위한 방법으로 생명공학, 사이보그 공학, 비유기물 공학에 몰두한다고 했다.*35

2016년 5월, 한국 화이트칼라가 집중적으로 모여 있는 서울 광화문 인근에 유발 하라리가 방문했다. 그는 서울 시청에서 박원순 시장과 인공지능의 발전으로 인한 노동 소외와 불평등 문제에 대해서 90여 분간 토론했다. 이상하다. 그는 인공지능 전문가가 아니다. 필자(이선)는 이날 오후에 있었던 하라리의 강연을 취재하면서, 그에게 화이트칼라의 미래에 관해 질문하고 대화를 나눌 수 있었다(이에 관한 답변은 뒤에서 설명하겠다). 여기서도 상당수의 청중들이 인공지능이 불러올 미래에 대해 질문했다.

하라리는 서울에 오기 전 들린 남미 등 여러 나라에서도 AI에 관한 질문을 많이 받았다고 했다. 우리는 왜 역사학자에게 AI에 관한 질문을 던질까? 그리고 어떻게 역사학자는 과학혁명의 미래를 단언하듯 예측할 수 있을까? 이러한 모습에서 우리가 얼마나 많은 순간, 정보 접근에 문제점을 가진 채 세상을 바라봤는지 섬뜩함을 느낀다. 때로 우리는 절을 찾아가 예수의 구원론을 묻는 것처럼 세상을 인식하고는 한다.

인간은 누구나 잘못된 정보나 생각을 가질 수 있다. 중요한 것은 '나도 틀릴 수 있다'는 가능성을 열어놓고 항상 탐구하는 자세로 임하는 것이다. 틀렸다는 것을 인지했을 때는 고집스럽게 방어하거나 부정하지 않고 열린 마음으로 겸허히 받아들이는 자세가 필요하다.

이인식 인공지능문화포럼 대표는 〈매일경제〉의 과학 칼럼에서 하라리가 호모 사피엔스의 미래에 영향을 미칠 제3의 방법으로 언급한 비유기물 공학은 오류에 가깝다고 지적했다.*36 이 글을 읽어보면 하라리가 인류의 미래에 막대한 영향을 끼칠 것으로 소개한 유전 프로그래밍, 컴퓨터 바이러스, 블루 브레인 프로젝트는 적절하지 않은 사례임을 알 수 있다.

이인식 소장은 아직 시기는 모르지만, 컴퓨터가 스스로 자신의 프로그램을 설계할 수 있다면 더는 소프트웨어 기술자가 필요 없을 것이라고 예측한다. 또한 유전 알고리즘GA을 약간 수정하면 컴퓨터 프로그램을 진화시킬 수 있다고 말한다. 그리고 이러한 알고리즘이 유전 프로그래밍이라고 설명한다.*37 AI를 직접 제작하는 전문가들의 의견까지 함께 종합해보면, 하라리가 내세운 것들이 인류의 미래보다는 기계의 기능 향상에 관련된 기술임을 알 수 있다.

다양한 학문의 영역에서 새로운 실험 결과들이 쏟아진다. 이것들은 기존의 강성했던 이론을 철퇴시키기도 한다. 이런 와중에도 살아남은 이론은 많은 사람으로부터 더욱 두터운 신뢰를 얻는다. 그러나 호킹은 "언제든 새로운 관찰 결과가 이론과 일치하지 않는다면, 우리는 그 이론을 수정하거나 폐기해야 한다"고 강조했다.*38

이론 물리학자 데이비드 봄David Joseph Bohm의 《창조적 대화론On Dialogue》을 읽다 보면 '커뮤니케이션'이라는 단어의 본질에 집중하게 된다. 이는 정보나 지식을 타인에게 가능한 한 정확하게 전달한다는 의미를 내포한다. 정보의 홍수 속에 살아가는 우리는 오류에 맞서야 한다. 《창조적 대화론》은 이것이 가능해야만 생각 없는 집단 활동으로 흐르기 쉬운 대화를 지적인 유대감을 공유하는 창조적인 장으로 바꿀 수 있다고 강조했다.

인간은 늘 불완전한 존재다. 진리라고 외쳤던 많은 것이 오류로 밝혀졌다. 격변에 노출될수록 자신을 향한 위협과 기회를 정확히 이해하려는 노력이 그 어느 때보다 필요하다. 필자(이선)는 작가로서 각 영역의 진정한 대가를 취재하면서, 어떤 주장을 펼칠 때는 단어 하나를 쓰더라도 그 배경을 정확히 이해해야 한다는 사실을 깨닫는 중이다. 미디어의 홍수로 인해 과장과 오류가 가득한 세상을 살아가는 현대인에게 필요한 지식을 전달하는 것이 작가의 사명이자 책무라고 생각하기 때문이다.

지식을 쌓기만 하고 축적한 지식을 사유할 줄 모른다면 우리를 둘러싼 현상의 진실을 볼 수 없다. 내가 보고자 하는 방향과 관련된 지식이 무엇인지 분별도 하지 않고 제멋대로 생각하면 편견과 아집에 빠진 오류가 진리라는 결론에 도달해버린다. 지식을 얻는 것과 사유하는 것 간의 균형은 매우 중요하다. 우리 사이에 존재하는 문제의 본질을 정면으로 마주해야 한다. 그래야 실제 자신이 속한 시대의 흐름을 이해하고, 문제를 발견하고, 개선할 수 있다. 자신을 짓누르는 오류와 아집을 깨트리기 위해서 필요한 것은 관찰과 비판적 사고다. 유연한 사고, 한계를 뛰어넘는 상상력과 냉정한 판단력, 정확한 분석을 추구하는 태도. 바로 지금 화이트칼라에게 가장 필요한 것들이다.

두뇌에 난시가 걸린 사람들

평일 낮에 광화문 일대를 지나다 보면 빌딩숲 일각에 삼삼오오 모여 담배를 피우며 짧은 휴식을 즐기는 화이트칼라 무리를 쉽게 볼 수 있다. 빳빳하게 다린 하얀 와이셔츠와 목에 건 사원증은 안정된 미래를 보장하는 성공의 상징처럼 보인다. 그들은 이제 더 이상 토익 점수나 자격증 개수에 연연하지 않아도 되고, 면접을 망쳤다고 머리를 쥐어뜯지 않아도 된다. 수백 대 일의 경쟁을 뚫고 당당하게 화이트칼라 제국에 입성했기 때문이다.

대다수 화이트칼라는 초등학교 때부터(아니, 요즘은 산후조리원부터) 시작된 부모의 전폭적인 지원과 열망 속에 명문 대학에 입학하고, 대기업 입사라는 고지를 어렵게 점령했을 것이다. 어쩌면 그들 중 누군가는 이제 '고생

끝, 행복 시작'이라는 믿음과 함께 할부로 뽑을 새 차의 카탈로그를 보고 있을 수도 있고, 또 다른 누군가는 넓은 전셋집을 찾고 있을지도 모른다.

결론부터 미리 말하자면 지금 이들을 포함한 대다수 한국인은 서구의 신자유주의를 받아들인 한국 경제라는 개미지옥에 빠져 있다. 그 누구도 소수의 권력자들이 뿌려놓은 미디어, 금융 시스템 등에서 자유롭지 못하다. 어쩌면 사유하는 방법을 잃은 우리에게는 고유한 정신이 삭제되어 있는 것인지도 모른다. 2014년 1월에 경제 전문지 〈포브스Forbes〉는 세계 최상위 85명의 부자가 가진 재산이 하위 35억 명의 것과 같다고 밝혔다.[39]

화이트칼라 시민인 그들은 여유롭게 담배를 피우며 뙤약볕이 내리쬐는 광화문 광장에서 열리는 시위를 무심히 바라본다. 그들은 시위대를 보며 저들이 자신과 같은 '근로자'라고 생각하지 않는다. 대신 교통 체증을 일으켜 여러 사람에게 불편을 주는 '노동자' 무리라고 생각한다. 여러 언론 매체를 통해 그들의 정체는 파업하는 '근로자'가 아닌 '노동자'라고 습득했기 때문이다. 이런 사람들은 사회 깊숙이 자리 잡은 부조리에 항거하기보다 순응을 요구한다. 안정을 추구하며, 인간의 삶에는 언제나 죄악이 자리 잡고 있으니 그것을 받아들이고, 실질적인 이득을 위해 노력하자고 말이다. 이런 논리라면 이들 역시 누군가로 인해 희생당할 때 연대의 안전망을 요청할 수 없게 된다.

KBS 출신 최경영 기자는 한국 언론이 파업하는 직장인을 노동자라고 부르는 이유는 정부나 기업이 국민들의 인식을 조종하기 위한 목적이 있다고 지적했다. '빨갱이 노동자', '업무 방해 노동자', '폭력과 불법 점거를 서슴지 않는 노동자' 등 기업과 정부에 반하는 근로자에 대해 부정적인 인식을 심어주기 위한 의도가 숨어 있다는 것이다.*40 개미지옥 밑에서 개미를 기다리는 명주잠자리의 애벌레 개미귀신처럼 말이다.

대중은 요즘 정치 문제뿐만 아니라 인공지능을 포함한 4차 산업혁명에 관련된 소식으로 혼란스러울 것이다. 우리 주변에서 일어나는 여러 가지 사건을 바라볼 때 우리가 접하는 정보의 진위 여부를 파악하는 것은 쉽지 않다. 우리에게 닥친 위기의 실체가 무엇이며 언제쯤 탈출을 시도해야 살아남을 수 있는지 아무도 알려주지 않는다. 점점 더 빨라지는 변화의 물살 속에서 스스로 살아남아야 한다. 이를 위해서 제일 먼저 필요한 감각은 현재 처한 위기 상황을 객관적이고 유연하게 인지하는 통찰력이다. 이 책에서 우리는 급변하는 기술 혁신의 굵직한 특징을 짚어보고, 오랫동안 일하며 생존할 수 있는 미래를 위해 필요한 것들이 무엇인지 설명하려 한다.

1950년대의 어느 날, 123명의 남성들이 아시 패러다임을 실험하기 위해 한자리에 모였다. 5~7명이 한 조를 이루었는데, 각 조에는 실험의 진짜 목적을 아는 한 명이 숨어 있었다. 참가자들은 시각 테스트를 받았다. 왼쪽 카드에는 세로 선이 그려져 있었고, 오른쪽 카드에는 각각 길이가 다른 세 개의 선이 그려져 있었다. 참가자들은 이 두 개의 카드를 동시에 보면서 왼쪽과 똑같은 길이의 선을 오른쪽에서 골라야 했다. 초등학생이라도 쉽게 풀 수 있는 단순한 문제였다.

실험 결과는 흥미로웠다. 피험자들은 처음 여섯 번은 정답을 말했지만, 각 조에 숨은 한 사람이 오답을 말하자 점점 오답 쪽으로 방향이 기울기 시작했다. 그 이후 열두 번은 이구동성으로 오답을 외쳤다. 실험 대상자 가운데 3분의 2는 쉽게 정답을 찾을 수 있는 상황에서도 한 번 이상 오답을 내놓으며 다수 의견을 따랐다.

이것은 마치 밤하늘에 뜬 달을 보며 저것이 달이라는 것을 알면서도 주변 사람들이 화성이라고 외치는 데 동조하는 것과 같다. 상식적인 범주를 넘어서는 실험 결과지만, 두뇌가 난시에 걸리면 일반인들이 쉽게 범하는 오류다. 특히 직장에서는 이런 일들이 빈번하게 일어날 수 있다.

폴란드계 미국인 사회심리학자 솔로몬 아시Solomon Asch는 인간이 자율적인 존재라는 통념에 반대하는 이론을 〈의견과 사회적 압력Opinions and Social Pressure〉에서 소개했다. 그는 어떠한 상황에서든 신념을 고수할 것 같은 개인이라도 다수의 의견에 직면하면, 진실이 아님을 알지라도 사회적 분위기에 순응한다는 것을 아시 패러다임 실험을 통해 증명했다. 물론 모든 실험 대상자가 집단의 의견에 동조한 것은 아니다. 여기서 눈여겨봐야 할 것은 아무리 집단의 의견이 강하게 몰아쳐도 신념을 유지하는 사람이 있다는 것과 일단 집단의 주장에 무너지기 시작한 사람들은 실험을 마칠 때까지 동일한 패턴을 보인다는 것이다.*41

아시의 이론이 인간 세계의 모든 부분에 적확하게 적용되는 것은 아닐지라도, 인간이 연대할 때 속한 조직의 특성에 따라 개인의 가치관이 변화할 수 있다는 가능성을 보여주는 것은 사실이다. 기업이 추진하는 '구조조정'이란 단어 역시 대규모 실직이라고 표현하지 않는 이유는 이것이 희생당하는 상당수 근로자의 고통과 허탈감, 분노를 상쇄하는 데 도움이 되기 때문이다.*42

누군가의 목적대로 생각을 조종당하지 않으려면 자신이 속한 세상을 최대한 넓게, 깊게, 차갑게 바라보는 것이 중요하다. 작금의 한국 정치를 살펴보면 이 점을 더욱 실감하게 된다. 매번 자본가, 정치인, 종교 지도층에게 속고 속으면서 분노만 되풀이하고, 또다시 같은 자들에게 힘을 실어주는 행위를 반복하는 사람을 치유할 수 있는 것은 뛰어난 정신과 의사나 학자가 아니다. 오로지 진실을 알고자 하는 노력뿐이다. 하지만 안타깝게도 이런 사람들은 고집스럽게 자신이 형성한 진리 체계를 믿고 파멸의 늪으로 빠진다.

2005년, 인천국제공항은 개항 5년 만에 국제공항협회가 주관하는 세계공항서비스평가Airport Service Quality, ASQ에서 세계 1위에 올랐다. 그리고 2009년까지 5년 연속 세계 최고의 지위를 차지했다. 이는 ASQ 역사상 최초의 기록이다. 인천공항은 그 이후에도 2015년까지 11년간 최정상의 자리를 지켜왔다. 공기업인 인천국제공항은 한때 일부 민간 기업과 정치인이 민영화를 추진해 논란이 있었다. '민영화'라는 단어는 국민의 큰 사랑을 받는 공항을 공기업의 부실 경영으로부터 탈피시키자는 긍정적인 분위기를 연출한다. 일부 국민은 공기업의 부채를 자신의 세금으로 충당하는 일에 반감을 갖기 때문에 연일 언론이 쏟아내는 '민영화 추진'이라는 보도에 매력을 느끼기도 한다. 개미지옥 상층부에 있는 이들은 하층부에서 당장 잡아먹히는 개미들을 자신과 같은 처지라고 여기지 않는다.

이와 같은 혼란은 앞으로 자본가들이 기업 내부에 기계를 들이는 대신 사람들을 거리로 내쫓을 때 벌어질 일들과 비슷하다. '자동화'란 말은 효율성을 내세운 기업이 근로자의 퇴출을 신속히 처리한다는 의미를 내포한다. 잔인함에 비해 부정적인 느낌은 약하다. 대중에게 매몰찬 기업 이미지를 생성하지 않기 위해 다양한 전략으로 빠르고 광범위하게 효율성을 내세운 미디어 공작이 앞으로 일어날 것이다.

투자 전문가 윤석천은 민영화는 '사유화'보다 훨씬 긍정적인 뉘앙스를 풍긴다며 민영화의 진실을 저서 《경제기사가 말해주지 않는 28가지》에 담았다. 이 책은 상당수 시민이 공기업이라고 생각하지만 민간이 경영하는 서울지하철 9호선, 민자 발전소에서 전기를 구매해 천문학적 적자를 기록했던 한국전력공사 등 민영화의 폐해를 상세히 다룬다. 사유화는 공기업을 소수가 강탈하는 현실을 상기시킨다.

그러나 아시 패러다임에서 깨달을 수 있듯이 왜곡된 시선으로 세상을 바라보기 시작한 사람들은 자신이 처한 위기의 본질을 이해하기 어렵다. 독일의 철학자 니체는 "하루의 3분의 2를 자기 마음대로 쓰지 못하는 사람은 노예!"라고 했다. 니체의 주장대로라면 화이트칼라는 대부분 현대식 노예인 셈이다. 그렇지만 화이트칼라를 '노예'란 단어로 표현한다면 많은 사람이 분노할 것이다. 그렇다고 니체가 지적한 본질적인 현상이 쉽게 변할 수는 없지 않은가?

나라를 팔아먹어도 자칭 보수 정당을 지지하겠다는 노점상에서 일하는 중년 여성의 인터뷰 장면이 인터넷을 돌며 네티즌의 공분을 샀다. 민주주의 사회에서 자신이 선호하는 정당과 정치인을 지지하는 것은 자유다. 그러나 군대에서 고생하며 복무를 하고, 새벽부터 나와서 부지런히 장사하면서도 먹고사는 문제에서 자유롭지 못한 사람들이 권력과 부를 움켜쥔 정치인의 꿈을 대신 이뤄주려 한다. 현재 상당수 국회의원과 그들의 아들들은 군 복무를 회피했다. 늘 서민 곁에 있겠다는 정치인들은 외국 은행에 계좌를 두고 해외 부동산을 가지고 있다. 작금의 한국 정치가 보여주듯이 어느 사회든 정치·경제 엘리트가 한쪽 발을 다른 곳에 담그고 있다는 것은 곧 리더들이 사회공동체에 온전히 집중하지 않는다는 말이다. 이는 언제나 불평등한 사회, 부패한 사회의 원인이 된다.

미국 언론인들 사이에서는 공통의 가치관으로 받아들여지는 말이 있다. 그들은 엄마가 사랑한다고 말하는 것조차 회의주의적인 시선으로 분석해야 한다고 강조한다. 이들은 미국 아이들이 투표장에 갈 때 어떠한 선택을 하더라도 꼭 자기가 주체가 되어 공동의 실패나 성공을 겪어보도록 하기 위해 다각도로 언론을 이해하는 훈련을 시킨다. 그들은 미국 대통령도 이러한 비판에서 벗어날 수 없다고 생각한다. 의심하고, 또 의심하자.

평생직장 개념은 이미 무너진 지 오래

어마어마한 경쟁률을 뚫고 사원증을 목에 건 승리자에게는 어울리지 않는 표현이겠지만, 몇몇 사람은 내심 고개를 끄덕일지도 모른다. 대기업에 입사한 후 주변의 기대와 스스로의 만족을 위해 돈을 마구 지출하다 월급날이 되면 허탈해지는 경험을 떠올리면서 말이다. 또는 참신한 아이디어가 상사의 한마디에 묵살되거나, 승진을 위해서 영혼까지 팔았던 적을 떠올리며 꽤 진지하게 수긍하는 이도 있을 것이다.

과거를 돌아보면 화이트칼라들은 늘 옆 사람과 경쟁하면서 목표를 향해 달렸다. 그 와중에 꿈이나 비전, 자기성찰이나 자기계발, 변화하는 사회와 세계의 흐름을 읽는 것 등은 실질적인 필요에서 항상 뒤로 미뤄졌다. 화이트칼라로 입성한 후에도 여전히 새로운 업무에 치여 심도 깊은 개념적 사고는 '열심히 일한 당신'에게서 찾아보기 힘들다. 그저 이 안정된 조직에서 떨어져나가지 않고 오래오래 살아남는 것이 일생일대의 과제로 주어졌을 뿐이다. 그런 그들에게 자신의 정체성을, 그리고 앞으로 다가올 미래를 곰곰이 사고해보라고 한다면 무리한 요구일까?

자신 역시 노동자라는 단어에 귀속되어 있다는 사실을 간과한 일부 화이트칼라는 안타깝게도 아시 패러다임에서 나타나듯 기업이나 정치권력이 조장하는 압력에 순응하기 쉽다. 그 결과 격변을 분별하지도 못하고, 그것이 초래하는 위협을 연결과 융합의 시선으로 이해하지도 못한다. 그렇게 시간이 흐를수록 시야는 좁아지며, 결국 눈앞의 작은 이익을 좇다가 더 큰 세력의 먹잇감이 되거나 희생물이 된다. 이미 일부 화이트칼라가 예감하고 있듯이 이들의 미래는 어둡다. 1997년 외환 위기 때 있었던 '대량 해고'보다 더 끔찍한 일들이 노동자와 근로자 모두에게, 마치 중국에서 몰려오는 미세 먼지처럼 뿌옇게 다가오고 있다.

성실하게 소득을 모아 주택을 구입하는 것은 건강한 자본주의를 상징한다. 한국의 절대적인 주택 가격 자체는 선진국보다 낮다. 그러나 그 이면을 들여다보면 많은 한국인이 정작 중요한 영역에 에너지를 쏟을 틈도 없다는 것이 드러난다. 경제정의실천시민연합이 조사한 결과에 따르면 2016년 서울의 아파트 가격은 국가별 소득 수준으로 따졌을 때 밴쿠버, 런던, 도쿄, LA, 뉴욕 등보다 높아 세계 최고 수준이다.*43 우리는 분명 이상한 나라에 살고 있다. 일부 아파트에는 방사성 물질이 가득한 시멘트를 사용한 것이 드러났고, 자재를 빼돌려서 층간 소음 문제가 늘어나고, 온통 발암 물질로 칠해놓은 방에 종일 있다가 아토피에 걸리는 등 어처구니없는 아파트의 실체가 밝혀져도 가격은 더 오른다.

입주자의 심신이 파괴되는 것을 수치화한다면 명백한 손해일 것임에도 아파트에 열광하는 암 환자는 갈수록 늘어나니 병원만 더 돈을 번다. 21세기에 개인이 생존력을 기르는 것은 부동산에 집중하는 것보다 두뇌를 사용해 인공지능과의 경쟁에서 살아남을 수준으로 진화하는 것이다. 부존자원이 전무한 우리나라에서 사람들은 움켜쥐지 못할 것을 탐닉하다 결국 지금과 같은 기술 혁신이 특이점에 도달할 때 많은 것을 잃을 것이다.

화이트칼라의 평생직장 개념은 이미 무너진 지 오래다. 수많은 구직자가 입사하고 싶어 하는 대기업 삼성전자는 최근 30대 초반 직원들까지 희망퇴직자 대상에 올렸다. 40~50대 직장인들의 전유물인줄로만 알았던 희망퇴직 연령대가 30대까지 내려온 것이다. 삼성 그룹의 열세 개 계열사는 2014~2015년까지 직원 5700여 명을 줄였다. 두산 인프라코어 역시 2015년 12월에 20대 신입 사원을 대상으로 희망퇴직을 실시하려고 했지만 여론을 의식해 철회했다.

이러한 현상은 몇몇 특정 대기업만의 상황이 아니다. 세계적인 기업들과의 치열한 경쟁에서 출구를 찾지 못한 상당수 한국 기업들은 불안감에 떨다가 현재 누리는 특권을 유지하고자 인건비를 줄이고, 그동안 벌어들인 현금을 풀지 않을 것이다. 또한 이 같은 속내를 감추기 위해 여러 미디어를 동원해 근로자의 올바른 사유 활동을 방해할 것이다. 그 결과 우리는 격변하는 미래로부터 위협받고 있는데도 거대한 쓰나미가 일기 전처럼 현실은 고요하기만 하다.

2014년을 기준으로 OECD가 조사한 한국의 자영업자 비율은 26.8퍼센트다. 이는 OECD 평균 15.4퍼센트보다 높고 그리스, 터키, 멕시코, 브라질을 잇는 수치다. 국세청이 제시한 자료에 따르면 2004년부터 10년 동안 개인 사업자 창업은 949만 개, 폐업은 793만 개를 기록했다. 자영업 생존율이 16.4퍼센트에 불과한 것이다. 개인 창업자 대부분은 은퇴한 화이트칼라다. 은퇴한 화이트칼라는 아직 자녀가 대학생으로 가족 부양에 많은 돈이 필요하지만 달리 할 수 있는 일을 찾기는 어려운 것이 현실이다.

막다른 골목에서 궁여지책으로 초기 자본금이 적고 비교적 창업이 수월할 것 같은 치킨집을 선택하지만, 2년 4개월 이상을 버텨야만 수익을 낼 수 있는 냉혹한 현실을 감당하기란 어렵다. 2년 4개월은 한국에서 창업한 가게의 평균 생존 기간이다. 이 기간을 버티지 못하면 수십 년간 벌어놓은 돈과 퇴직금을 모두 잃고 빚까지 안게 된다. 그야말로 진퇴양난의 위기다.

기원전 5세기 무렵에 소크라테스는 인간이 행복하기 위해서는 진정한 자아를 발견해야 한다고 했다. 일부 인류는 고대 그리스 시대부터 치열한 자아 성찰을 통해 '나는 누구인가?'에 대한 답을 찾기 시작했다. 19세기에 활약한 덴마크 철학자 키르케고르의 저서 중에 가장 대중적인 작품이라고 평가받는 《죽음에 이르는 병》은 인간이 절망에 빠지는 원인으로 진정한 자아를 발견하지 못한 것을 지목했다. 절망과 희망 사이에서 자아의 실체를 발견하는 일은 자신이 쌓은 허상이라는 벽을 맹렬하게 부수는 행위다. 진정한 자아를 발견하기 위해서는 쓰나미와 같은 사건이나 연속적인 사유 환경이 필요하다.

이런 형태의 업무 현장에서는 중장기적인 시야보다 당장의 성과에 주목하게 된다. 부당한 지시와 억울한 누명을 상사 대신 짊어지고 가야 해도 참아야 했다. 한참 갚아야 할 아파트 대출금, 자동차 할부금의 고통이 더 컸기 때문이다. 빌딩 속 창문으로 따사로운 햇살이 들어와도 좁은 책상 앞을 벗어나지 못하지만, 전력 낭비를 방지한다고 에어컨 온도를 낮추지 않아 땀이 비 오듯 흐르지만, 그래도 버틸 수 있었다. 자기 앞에 놓인 책상을 보면서 조직에 속해 있다는 안도감을 더 크게 느꼈기 때문이다. 자신이 회사에 있어야 회사가 엉망이 되지 않을 것이라는 환상을 품기도 했다. 하지만 진실은 기업에게 효용 가치가 사라진 화이트칼라는 필요 없다는 차가운 현실이다.

21세기 화이트칼라에게 진정한 자아 찾기란 사치처럼 보인다. 화이트칼라는 지속적인 노동을 위해 개성과 비판의식을 억눌러야 했다. 산업화 시대 직장에서는 상사의 눈치를 살피며, 질 낮은 회의를 수동적으로 경청해야 했다. 상사가 참석한 회의일수록 부정적인 반응을 삼가야 했으며, 실질적인 역량 개발보다 사내 정치를 잘해야 승진할 수 있었다. 뿐만 아니라 조직 문화 속에서 시간 낭비를 묵인해야 했고, 수직적 지도력에 익숙한 직원을 대할 때는 경영에 관해 의문을 제기하기보다 수용적인 태도를 보여야 했다. 생존을 위한 필요악이라며 등산, 회식, 야근으로 시간을 보내야 했다. 숙취 해소 음료를 종류별로 마시면서 이것이 업무인지 술과의 전쟁인지 모를 때도 있었지만, 경쟁에서 살아남았다는 사실로 자위했다. 사내 경쟁에서 살아남은 자들은 정치 역량이 뛰어난 사람이라고 칭송받았다.

피터 드러커Peter Ferdinand Drucker와 함께 20세기 현대 경영의 창시자로 알려진 톰 피터스는 자신이 일관성 없는 사람이라고 평가받는 것을 명예훈장처럼 여긴다고 말했다. 그런 지적을 자기가 변화했다는 객관적인 평가라고 받아들이기 때문이다. 그는 2020년쯤이면 우리가 아는 선진국 화이트칼라 업무의 90퍼센트가 사라질 것이라고 예측했다. 피터스는 산업화 시대 화이트칼라의 업무에 대해, 그들이 들으면 불쾌해하겠지만 그 업무는 한심한 일이었다고 서슴없이 지적했다. "42층에 앉아 40년 동안 9시부터 5시까지 일하며 책상 왼편에서 오른편으로 메모를 전달하던 그 시절, 이게 삶인가. 그건 형편없는 삶이다."*44

역사학자로서 유발 하라리에게 얻을 수 있는 통찰은 있다고 생각한다. 다양한 직업의 변천사 등 인류 역사의 긴 흐름을 꿰뚫고 있기 때문이다. 그에게 명령과 체계에 익숙한 화이트칼라를 위해 필요한 생존 의식은 무엇인지 물었다. 하라리는 화이트칼라에게만이 아니라 전 직종에 걸쳐 대량 실업 현상이 빠르게 확산하는 중이라고 강조했다. "한국과 같은 사회에서는 평생직장(연금)과, 대학에 가서 취업을 위한 학습을 한 후 그것을 가지고 노동 현장에서 활용한다는 두 가지 개념이 존재했다. 그러나 신기술이 급속하게 등장하기 때문에 이러한 개념은 오늘날 경제 현황에 맞지 않는다. 입사하고자 하는 기업의 직종 자체가 사라지기 때문이다. 청년 때 입사해서 일하기 시작하면 은퇴할 때까지 지속적으로 경제활동을 할 수 있으리라는 기대를 충족할 수 없는 것이 현실이다."

"평생 직업을 갖기 위해서는 다양한 직무와 학습에 익숙해야 한다. 이런 것이 개인에게 엄청난 스트레스로 작용할 수 있지만 어쩔 수 없다. 경제의 격변을 있는 그대로 받아들이는 것이 현실적인 판단이다. 생존을 위해 필요한 기술에는 늘 자신이 새로워지기 위한 인식 체계와 적극적인 행동이 필요하다. 특정 정체성이나 사고를 고수한다면 변화에 적응하는 유연성이 떨어진다. 만약에 내가 보험 중개인이라는 정체성을 고수한다면 AI가 그 일자리를 앗아갔을 때 생존을 위한 막간의 사고도 할 수 없다. 격변의 시대에 생존을 위해서 누군가의 성공 방식을 자신에게 일방적으로 적용하려 시간을 낭비하지 말고, 진정한 자신을 발견하는 것이 중요하다."

수시로 고장을 일으키는 낡은 엔진, 자본주의

산업혁명 후 도래한 정보화 시대에는 기업의 효율적인 관리를 위해 정보와 지식을 갖춘 사람들이 국가의 경제 원동력으로 조명받았다. 그래서 게리 하멜의 지적대로 직접 생산하기보다 자신의 시간을 파는 것, 작업을 시간에 맞추는 것, 정확한 간격에 따라 먹고 자는 것, 똑같은 일을 반복하면서 오랜 나날을 인내로 보내는 것 같은 관료제 문명이 태동했다. 관료제가 촘촘히 발달할수록 화이트칼라가 추구하는 인생은 점진적이었다. 그래서 입사 후 노년기까지 벌어들일 수익을 미리 예상할 수 있었다.

그런데 자신의 삶을 평균 수명보다 짧게 만들지도 모를 사고, 질병 등의 변수를 고민하기는 어렵다. 화이트칼라가 안도하는 상황은 자신이 존재하는 경제적 틀이 지속 가능하리라는 믿음하에 가능했다. 이것이 최선이고 최고의 가치였다. 하멜은 1세기 전 경영 대가들이 주도한 기업의 세계는 변화에 유연하게 반응하는 것이 아니라 오로지 통제를 목적으로 한 조직이 주를 이뤘다고 지적했다. 그는 격변기에 진입한 현대 기업 조직들이 조직화·계층화·관습화가 덜된 조직을 구축하지 않으면 갈피를 잡지 못한 채 소멸할 것으로 예측했다.*45

2013년에 한국 기업인들을 대상으로 열렸던 게리 하멜의 강연 현장을 취재했다. 그는 건강한 재무 관리와 뛰어난 기술진을 보유했던 인텔, 휼렛

패커드, 델, 노키아 등이 강자의 자리에서 물러난 원인은 모바일로의 전환을 감지하지 못해서라고 지적했다. 또한 한국의 기업가들을 향해 지금처럼 기업의 성공이 깨지기 쉬운 유리잔과 같은 적이 없었다는 점을 강조했다. 앞으로 한국 언론은 해고와 가난이라는 참혹한 현실을 덮기 위해 구조조정, 노동자 파업 등 추상적인 단어를 남발할 것이다.

톰 피터스의 《초우량 기업의 조건In Search of Excellence》은 초판이 발행된 1982년에만 700만 부 이상이 팔렸다고 추산되며 20세기 3대 경영서 중 한 권으로 선정됐다. 그 당시 많은 기업가가 그를 초청해 기업 문화를 재구축했다. 경영 대가의 생각을 이해하는 것이 중요한 이유는 기업 경영의 미래를 예측하는 데 중요한 도구가 되기 때문이다. 출간 5년 후 피터스가 지목한 초우량 기업들의 3분의 2가 왕좌에서 내려왔다.

경영 저술가 스튜어트 크레이너Stuart Crainer 가 세운 선탑 미디어Suntop Media 와 경영개발유럽재단European Foundation for Management Development, EFMD 은 2년마다 세계 경영 대가 중에서 가장 큰 영향력을 발휘하는 50명Thinkers 50을 선정한다. 여기서 2001년에 5위를 차지했던 톰 피터스는 2011년에 24위를 끝으로 순위에서 사라졌다. 명성이 예전 같지 않다. 경영의 세계를 들여다보면 기업이나 개인 모두 왕좌의 주인공은 끊임없이 변한다.

시류에 편승하지 못한 집단은 실직이라는 거센 파도를 헤쳐나가기 힘들다. 우리가 안전하다고 여겨 어렵게 올라탄 대기업이라는 배가 이제는 좌초당하거나 파손되어 형체도 없이 사라질 위험이 높다는 것이다. 경영의 세계가 항상 유동적이라는 현실을 인지하는 것은 개인의 생존을 위한 필수 요건이다.

수십 년 동안 직장에서 배운 것이 임기응변인 사람은 특별한 가치를 직접 생산하기보다 자기 시간을 파는 것에 익숙하다. 이들은 의심하는 태도가 창의성의 중요한 속성이라는 것을 글로만 배웠다. 기업의 조직 구조가 직원의 사기를 저하시키고, 성과를 오히려 떨어뜨린다는 것을 신입 사원 때는 그나마 감지했다. 그러나 월급과 기업의 간판이 나를 지켜줄 것 같다는 두려움 섞인 오판의 축적으로 인간의 내적 동기에 대한 고찰은 시도하지 못했다. 불연속적인 환경 변화에 둔감해지면서 시간은 하염없이 흘렀다. 어느덧 명령과 체계에 익숙해졌고 이를 벗어나는 사람들을 좀처럼 이해하지 못하게 됐다.

산업화 시대에도 지식을 쌓고, 개발하는 일을 신중하게 계획하며 실행하는 사람들이 있다. 하버드대학교 경영대학원은 기업 세계의 인재들을 불러모아 2년 동안 500건 이상 기업 사례를 분석했다. 하버드대학교 경영대학원 교수 마이클 포터Michael Eugene Porter는 선두 기업이 통찰을 얻기 위해 앞다투어 초청하는 귀빈이다. 2015년에 그는 싱커스 50 가운데 1위로 선정됐다. 마이클 포터는 기업에서 조언 요청을 받으면 60대의 나이에도 도서관에서 스무 시간 정도 집중해서 자료를 파고들었다고 한다. 미국 종합 경제지 《포춘Fortune》의 편집장 제프 콜빈Geoff Colvin은 《재능은 어떻게 단련되는가?Talent Is Overrated》에서 마이클 포터처럼 한 분야의 대가에 도달한 사람들의 공통적인 특징은 엄청난 양의 정보를 서로 연결하는 체계적인 사고 구조를 가졌다는 점이라고 지목했다. 자기 분야에 대한 폭넓은 이해력과, 외부 세계를 자기 세계와 융합하는 사고는 기술 격변의 시대에 생존하기 위한 필수 역량이다.

하지만 상당수 화이트칼라에게 연결과 융합을 위한 업무 현장은 존재하지 않는다. 하위 계층일수록 상사가 과도하게 간섭하고 비효율적인 지시를 내리므로 이것들을 해결하느라 정신이 없고, 상위 계층이라면 승진이 주는 쾌감에 젖어 과거에 겪은 고생만 떠올리고 분노를 부하 직원에게 쏟아내느라 정신이 없기 때문이다. 분주하기만 하고 사유 기능은 부재한 일상의 축적은 창의력의 기본인 비판적 사고 능력을 말살시킨다. 무비판적이고 전략적이지 못한 활동을 멈춰야 하는데, 도리어 AI의 역량을 따라잡겠다고 활동성을 더욱 첨예화한다. 정말로 화이트칼라는 조금도 사유할 시간을 확보할 수 없는 구조에서 살아왔을까?

경영 사상가의 아버지 피터 드러커는 1967년에 발행한 《피터 드러커의 자기경영노트*The Effective Executive*》에서 시간은 가장 희소한 자원임을 지적하며, 성공하는 지식 근로자는 업무 현장에서 실질적인 자기 시간을 측정하는 것을 중요시한다고 말했다. 또한 자유재량 시간을 관리하지 못하면 아무것도 관리하지 못한다고 강조했다. 이러한 행위 속에는 자기 업무의 우선순위를 분석하고, 비생산적인 활동을 줄여나가는 체계적인 방법이 담겨 있기 때문이다. 인생에서 가장 중요한 일, 업무에서 자기 자신과 조직 모두를 성공시킬 수 있는 일을 생각해내기 위해서는 어느 정도 연속적인 시간이 필요하다.

스튜어트 크레이너는 애플, 구글, 페이스북 등 현존하는 선두 기업들에 영향력을 행사하는 경영 대가를 선정하는 일을 한다. 그는 경영자들이 명확한 메시지를 갈망하지만, 2001년부터 그런 것은 존재하지 않는다고 지적한다. 오늘날 경영은 경영자에게 끊임없는 변화와 발전을 요구하는 시대로 진입했기 때문이다. 예컨대 50세의 변호사가 직업의 근본 원리에 대해 고민하며 그 지식을 업데이트하기 귀찮아하는 모습은 더 이상 허용되지 않는다는 것이다. 그렇게 하다가는 일자리를 잃을 것이라고 크레이너는 경고한다. 그는 매 순간 끊임없이 지식을 업데이트하며 사고의 유연성, 그리고 연결과 융합의 시야를 갖춰야 생존할 수 있다고 강조한다.

그러나 아시 패러다임이 보여주듯이 한번 조직 문화에 순응해 조직으로부터 일용할 양식과 소규모 권한, 자존심을 제공받으면 그곳에서 탈출하기 힘들다. 이 책은 이런 유형의 사람들이 겪을 끔직한 미래를 제시하고, 생존을 위해 필요한 사유거리를 모색한다. 산업화·정보화 시대가 끝나고 창조경제 시대가 시작됐다. 관습이란 무섭다. 여전히 기존의 세계에 머물러 있는 화이트칼라가 많다. 게리 하멜은 오늘날 자본주의를 "수시로 고장을 일으키는 낡은 엔진"으로 정의했다.*46 필자들은 지금부터 무엇이 수세기 동안 지속 가능할 것 같았던 관료주의를 소멸시키는지, 그리고 그 속에서 매 순간 분투하는 화이트칼라에게 닥치는 위기는 무엇인지 소개하고자 한다.

2000년대 들어 구조조정의 희생양이 된 미국 화이트칼라의 자화상을 그린 소설 《호모 오피스쿠스의 최후Then We Came to the End》가 인기를 끌었다. 경영 사상가 다니엘 핑크Daniel Pink도 이 책을 필독서로 추천했다. 저자 조슈아 페리스Josha Ferris는 가상의 인물을 통해 화이트칼라의 보편적인 특징을 세밀하게 묘사해 독자의 공감을 얻었다. 한국 화이트칼라의 처절한 일상을 섬세하게 표현해 인기를 얻었던 드라마 〈미생〉과 비슷한 장르다.

애석하게도 이러한 작품들은 시대를 조명하며 화이트칼라의 고통을 전달하는 데는 성공했지만, 화이트칼라를 힘들게 하고 그들을 해고와 가난이라는 늪에 빠지게 하는 근본적인 원인을 자세히 짚지는 않는다. 따라서 거시적인 생존을 위한 대안을 모색하기에는 한계가 있다. 우리는 이 작가들처럼 동시대에 공감대를 일으키는 능력은 부족하지만, 세계 경제의 흐름 속에서 객관적인 태도로 화이트칼라가 처한 현실과 사유거리를 공유하고자 한다.

《총, 균, 쇠》에는 아즈텍과 잉카 제국의 대군이 소수의 스페인 원정대에 정복당했듯이 인류 문명 간의 불평등은 무기, 병균, 금속에서 유래했다는 내용이 담겨 있다. 과거 여러 문명을 파괴했던 원인이 총, 균, 쇠라면 21세기 한국의 화이트칼라를 위협하는 것은 인공지능, 온난화, 그리고 중국 경제와 실리콘 밸리의 동향 등이다. 우리는 이것들에 대해 설명하며 격변하는 시대의 굵직한 특징을 담아내려 한다.

인공지능

: 기술 변화에 대해 의문을 품지 못할 때 일어날 일들

AI (Artificial Intelligence)

기술이 가져오는 부작용을 점검할 수 없을 만큼
빠른 속도가 바로 오늘날 로봇 기술이 주는 위협의 본질이다.

케인스가 예언한 유토피아는 오지 않았다

케인스는 1930년에 〈내 후대의 경제적 가능성〉이란 제목으로 대공황을 겪는 영국인들에게 희망적인 수필을 남겼다.[*1] 그는 100년 후 인류는 노동 현장에서 최저 생계비나 일자리 부족 문제로 걱정할 일이 없을 것이라고 장담했다. 수필에는 '기술적 실업technological unemployment'이란 단어가 등장하는데, 케인스는 인류가 일부 독자들은 들어보지도 못한 질병에 걸릴 것이라고 언급했다. 그것이 바로 기술 발달 흐름을 따라가지 못한 사람들의 실업이다. 그는 기술이 인간의 노동력을 침해할 것이며 인간보다 더 뛰어난 일을 해내리라 예측했다.

그러나 케인스는 이러한 현상이 대공황처럼 일시적일 것이라고 확신했다. 그는 곧 많은 사람이 성장과 번영의 시대를 누릴 것으로 봤다. 케인스는 자신의 사상이 자유시장 경제 사상을 수월하게 이겨낼 수 있다고 생각한 것 같다. 그는 독자들에게 기술의 발달로 얻게 된 풍족한 시대에 여가를 어떻게 하면 아름답게 보낼지 상상하라고 했다. 케인스는 여러모로 훌륭했지만 그의 예측은 과녁을 빗나갔다. 지금 세계 각국은 높은 구조적 실업으로 몸살을 앓고 있다.

2016년 6월 23일, 영국은 43년 만의 유럽연합EU 탈퇴를 두고 국민투표를 시행했다. 노년층과 저학력층은 탈퇴를, 청년층과 고학력층은 잔류를 선호하며 여론이 팽팽하게 갈렸다. 탈퇴를 원하는 영국인은 이민자의 영국 유입으로 자국민 실업률이 증가하고 경제적 불균형이 심화된다는 것을 이유로 들었다. 투표 결과 영국의 EU 탈퇴가 결정됐고 곧바로 유럽과 미국, 아시아 증시가 일제히 급락하면서 단 하루 만에 전 세계 주식시장의 시가총액 2조 800억 달러약 2,440조 원가 증발해 주식시장 역사상 최악의 날로 신기록을 세웠다.

6월 27일에 파운드화의 가치는 12퍼센트나 하락하여 1985년 이후 최저치인 파운드당 1달러 32센트까지 하락했다.*2 브렉시트가 확정되면서 스코틀랜드의 독립 움직임도 거세지고 있다. 스코틀랜드는 압도적으로 EU 잔류를 지지했기 때문이다. 과연 21세기 인류가 케인스의 말대로 유토피아를 맞이할 수 있을까?

세계 여러 나라의 불평등을 가속시키는 원인으로는 상당수 근로자가 감당할 수 없을 정도인 기술 혁신이 한몫한다. 그동안 화이트칼라는 기업 내외에 산재한 정보를 취합하고 분석해 기업의 이익 창출에 도움이 되는 지식을 경영자에게 제공하는 역할을 했다. 선진 국가의 화이트칼라는 인도나 필리핀 등 저렴한 노동력으로 무장한 화이트칼라와의 임금 경쟁에서 바짝 긴장해야 했다. 또한 날마다 진화하는 컴퓨터가 업무를 더 빠르고 폭넓게 수행할 수 있다는 사실도 인정해야 했다.

기술 발달에 따른 경쟁의 본질이 나날이 변해감에도 불구하고 많은 사람이 기계와의 대결을 근시안적으로 준비하는 것이 현실이다. 2014년 5월, 한국경제연구원이 한국 성인 2000명을 대상으로 '2014년 기업 및 경제 현안에 대한 국민 인식 조사'를 실시했다. 조사 결과 기업과 기업인에 대한 응답자들의 호감도는 전년보다 상승한 것으로 나타났다. 답변을 살펴보면 응답자들의 인식이 모순됨을 발견할 수 있다. 응답자의 42퍼센트가 우리 사회에 기업가 정신이 필요하다고 지적했지만, 직업 선호도에서는 공무원이 43퍼센트를 차지했다. 이는 2013년보다 약 9퍼센트 상승한 수치다.

세상이 진화할 때 발생하는 기회비용의 대가를 치르지 않고 남들이 만들어놓은 성공의 흐름에 편승하겠다는 인식은 과연 유효할까? 로봇과 인공지능의 진화를 살펴보면 이러한 인식을 고수한 화이트칼라의 미래는 디스토피아일 가능성이 높다. 웹의 폭발적인 진화로 사람이 감당할 수 없을 만큼 데이터가 증가하는 시기를 목격한 경영자가 고용에 의문을 품기 시작했기 때문이다. 전 세계 모든 데이터를 축적해 직원 한 명의 관점보다 다변적인 세상을 보여주며, 기회 창출을 위한 통찰까지 저렴하고 신속하게 제공해주는 소프트웨어를 더 신뢰하게 됐다는 말이다.

기술은 실직자로 몰린 근로자의 안위를 고민하지 않는다

1977년에 설립된 젝스 투자 리서치Zachs Investment Research는 전문 투자가들을 위해 재정 데이터와 분석 연구를 제공하는 기업이다. 오토메이티드 인

사이츠Automated Insights는 빅데이터의 패턴을 분석해 사람이 읽을 수 있는 서술 능력을 갖춘 알고리즘을 개발하는 미국 기업이다. 젝스 투자 리서치가 제공한 데이터를 AP통신이 오토메이티드 인사이츠의 알고리즘을 이용해 기사를 만들어 배포하는 것이다.

오토메이티드 인사이츠는 2013년에 300만 건의 기사를 작성했는데, 모든 주류 언론사가 내보낸 기사의 양보다 많았다. 2014년에는 10억 건의 기사를 생성하는 프로젝트를 실행 중이다. AP통신과 같은 국제 통신사가 로봇 기사를 이용했다는 소식은 세계 언론에서도 화제가 됐다. 기사 생산량 증대는 언론사의 영향력 확대에 중요한 요소이기 때문이다.

덕분에 로봇 저널리즘 기술력을 갖춘 기업들이 점점 영향력을 넓히고 있다. 미국에서 2010년에 설립된 내러티브 사이언스Narrative Science는 '퀼Quill'이라 불리는 AI 플랫폼을 주력 사업으로 삼고 있다. 퀼은 고객의 빅데이터를 사람보다 뛰어난 수준으로 분석해 핵심 정보를 추려내고, 사람에게 통찰력을 제공하는 콘텐츠를 생성한다. AI와 같은 신기술의 탄생과 그것이 초래할 미래를 추측해보면, 기업 내 중간관리층이 빠르게 축소되리라는 것을 알 수 있다.

사람은 데이터를 잘못 해석해 오류 콘텐츠를 만들 가능성이 있지만, 퀼은 프로그램된 제한 속에서 콘텐츠를 완벽하게 해석하고, 사람이 생각하지 못한 부분들을 인간의 언어로 제공한다. 즉 데이터를 분석해 단순히 전달하는 것이 아니라, 그 의미까지 전달하는 수준으로 진화한 것이다. 기업은 생산성 위주로 전략을 재편하는 경향이 있다.

18세기에 활약한 정치경제학자 아담 스미스의 표현처럼 20세기까지 경제의 발전은 분업에 의지해왔다. 그러나 21세기는 다르다. 경쟁에 직면한 기업일수록 살아남기 위해 분업의 영역을 축소시키는 빠른 혁신을 추구한다. 이때 실직자로 몰린 근로자의 안위를 고민할 여유가 없다는 것이 문제의 본질이다. 좀 더 많은 돈을 효율적으로 버는 일에 집중해야 하기 때문이다. 소프트웨어 자동화와 예측 알고리즘이 발전을 멈추지 않는다면, 단순하고 반복적인 업무로 일생을 보내온 화이트칼라가 고등교육을 받았다 해도 노동 현장에서 존재하기는 힘들 것이다.

국제노동기구ILO가 조사한 실업에 관한 연구 결과에 따르면 매년 강제적 실업자가 늘어나는 추세다.*3 ILO는 2013년 전 세계 실업자가 2억 200만 명이 넘는 것으로 예측했다. 이 수치는 2012년보다 500만 명이 늘어난 것이다. 2011년에는 노동 인구 네 명 중 한 명이 후진적인 업무 환경의 영향으로 구직 활동을 중단했고, 2008~2009년에는 세계를 강타한 경제 위기가 있었다.

2009년 중반에 미국은 경기 침체에서 서서히 회복되기 시작했다. 그러자 많은 사람이 경제 성장의 움직임에 따라 실업 문제도 해소되기를 기대했다. 그러나 일자리 창출 속도는 특이할 정도로 더뎠다. 반대로 높은 실업률은 떨어질 줄을 몰랐다. 미국 노동부가 제공한 자료를 보면 2009년에 실업률은 9.9퍼센트였다. 2010년부터 2014년 9월까지 실업률은 매년 감소해 5.9퍼센트까지 떨어졌으나, 외형적인 수치만 개선됐을 뿐 실질 임금은 오히려 하락한 것으로 드러났다.

케인스가 지목한 2030년까지 14년 정도 남은 시점인 2016년 3월 당시 한국은 이세돌 9단과 구글 딥마인드가 개발한 AI 바둑 프로그램 알파고의 대국으로 여론이 뜨거웠다. 대국 전 시가총액 5,000억 달러약 607조 원에 근접한 구글이 대국에 내건 12억 원은 기업 운영에 차질을 주지 않는 적은 비용이다. 3연패 뒤 1승을 거둔 이세돌은 빠른 속도로 진화하는 AI에 맞서 인간의 대단한 역량을 보여줬고, 그 혜택은 모두 구글이 차지했다.

이번 대회로 지구촌 사람들에게 인공지능의 원조라고 각인된 왓슨의 브랜드 영역을 알파고가 공략했다. 스마트폰보다 기원이 익숙한 노인까지 이제 구글을 알게 됐기 때문이다. 알파고와 이세돌이 다섯 판의 대국을 벌이는 동안 구글의 시가총액은 58조 원 이상 늘어 5,000억 달러를 돌파했다.

애플과 마이크로소프트는 영국의 AI 스타트업인 보컬IQ VocallQ과 스위프트키 SwiftKey를 각각 막대한 비용을 들여 인수했다. 이처럼 전 세계 주요 IT 기업들이 AI 기술 개발에 박차를 가하고 있다. 특정 기술에 기업 간 열기가 뜨거운 이유는 투자가의 환심을 얻어 자본을 확충하기 위함도 있다는 것을 인지해야 한다.

기술력의 급진적인 격차는 후발 주자에게 공포심을 느끼게 하고 돈을 끌어온다. 구글이 기술을 시험하고, 브랜드를 널리 알리기 위해 마련한 바둑 이벤트에서 우리는 승패에 연연하기보다 인간과 기계의 대결을 좀 더 진중한 태도로 지켜봐야 했다. 구글은 최첨단 기술을 주도하는 막대한 브랜딩을 국내외에서 저렴한 비용으로 운영하는 데 성공했고, 알파고는 이세돌의 기술을 습득해 빠르게 진화할 수 있는 기회를 얻었다.

일반적으로 어떤 특정한 사건이 공론화될 때 많은 희생자가 등장한다. '농구의 신'이라 불리던 마이클 조던이 부친 사망의 충격으로 농구계를 떠나 야구 선수로 활동했을 때, 그는 평범한 운동 능력을 보여주며 마이너리

그를 벗어나지 못했다. 컴퓨터가 인간의 인지와 패턴 능력을 추월한다는 것에 막연한 경계심을 가졌던 사람에게 새로운 산업의 물결은 농구 천재가 야구 선수로 직업을 전환하는 것보다 높은 수준의 생존 역량을 요구할 것이다. 그러나 기존의 노동 시장에 막대한 충격을 가져올 기술 혁신이 일어남에도 여전히 화이트칼라의 관심은 시들하다.

광속과 같은 기술 혁신, 그것을 추격하기 힘든 화이트칼라

2015년 6월, 독일 프랑크푸르트 북부의 폭스바겐 공장에서 기계로 인한 사망 사건이 발생했다.*4 로봇 팔이 난데없이 나타나 생산 설비에서 일하던 22세 청년을 자동차 부품 집듯 가볍게 들어 올린 후 금속판에 내리꽂은 것이다. 기계가 인간을 의도적으로 죽인 것처럼 보이는 이 사건으로 유럽 여론이 떠들썩했다. 폭스바겐 측에서는 로봇의 결함보다 직원의 실수에 사건의 원인이 있을 것이라고 주장했다. 사건의 진위 여부를 떠나 서구 네티즌들은 이 사고를 '로봇 살인 사건'으로 정의하며 기술 발달에 따른 미래의 위험성을 둘러싸고 뜨거운 공방을 벌였다.

미국 하버드대학교 로스쿨과 휴먼라이트워치는 2016년 4월 스위스 제네바에서 열린 3회 유엔 무기 회담CCW에 맞춰 살인 로봇의 탄생을 막아야 한다는 보고서를 공개했다. 이 회담에서는 AI와 기계가 결합되어 발생하는 파급력에 대한 성찰과 인간의 생존을 위한 제도가 시급히 구축되어야 한다는 내용이 나왔다. 상당수 한국인이 알파고로 이제야 AI의 위험성을 인지하기 시작했을 때 서구 사회는 이미 오래전부터 이 문제를 두고 씨름해 온 것이다.

서구에서는 이미 AI로 인한 기술적 실업에 정부가 적극적으로 대응해 자동화에 세금을 부과해야 한다는 연구가 진행 중이다. 브리스틀대학교의 알란 윈필드Alan Winfield 교수는 인공지능 기술은 정부 지원금을 바탕으로 개발한 기초과학 연구에 기반하는 것이므로, 이에 대한 혜택을 모두가 누려야 한다는 논리를 펼쳤다.*5 자동화에 세금을 부과하자는 그의 발상은 현실적이다. 인공지능은 화이트칼라의 일자리를 급속히 대체한다. 업무가 자동화되는 속도보다 이에 대응하는 근로자의 전략이 현저히 늦기 때문에 자동화에 세금을 부과하자는 것이다.

숙련 직업군의 경우 임금이 낮고 퇴직금이 적거나 없기 때문에 인공지능과 같은 기술이 초래하는 격변에 더욱 취약하다. 특히 이들은 재취업을 위해 교육받을 기회를 찾기 어렵기 때문에 정부와 정치인들은 기술 변화가 몰고 올 시장의 변화를 고심하며 국민과 함께 대응 전략을 모색해야 한다. 개인의 열정과 노력만으로는 도저히 해결할 수 없는 판도라의 상자가 열렸기 때문이다.

윈필드를 비롯해 기술 발전에 회의적인 태도를 가진 사람들은 AI의 위협이 더 큰 문제로 확대되기 전에 미리 대응해 해결하려 해왔다. 그런데도 그들은 AI의 부정적인 파급력을 통제할 자신감을 잃어가고 있다. 이세돌과 알파고의 대국 이후 AI의 기술 변동에 관심을 잃어가는 사람들, 단기적인 성과에 집중하는 사람들에게 일어날 잠재적인 위협은 과연 어느 정도 속도로 진화할지 궁금하다.

1968년 당시 체스의 고수 데이비드 레비David Levy는 10년 안에 컴퓨터가 자신을 이기는 일은 없을 거라고 천명했다.*6 그리고 10년 후인 1978년에

레비는 인공지능과의 대결에서 승리하며 자신의 생각이 옳았다는 것을 증명했다. 그러나 그는 인공지능의 진화 속도에는 무감각했다. 1988년, IBM의 인공지능 딥 소트Deep Thought는 그랜드 마스터인 벤트 라슨Bent Larsen을 제물 삼아 체스의 고수를 처음으로 꺾었다. 이듬해 딥 소트는 레비마저 4대 0으로 물리쳤다.

그 뒤 IBM은 1986년부터 세계 체스 랭킹 1위였던 가리 카스파로프를 대결 상대로 선정해 연구 개발에 박차를 가했다. 1989년에 열린 첫 번째 대결에서 딥 소트는 무참히 배패했다. 이후 딥 소트에서 업그레이드된 딥 블루가 드디어 1996년에 카스파로프와의 첫 번째 경기에서 승리했다. 그러나 카스파로프는 딥 블루의 수를 감지해 이후 3승 2무를 거뒀다.

카스파로프는 2005년에 은퇴하기까지 줄곧 세계 랭킹 1위를 유지했다. IBM의 인공지능 개발자들은 카스파로프와의 체스 경기에서 인공지능이 승리해야만 자신들을 향한 회의적인 시선을 비웃어줄 수 있었다. 유럽 원정대의 후예답게 지독한 승부욕으로 창의적인 연구를 계속한 그들은 결국 목표를 달성했다. 1997년 5월, 2승 3무 1패로 딥 블루가 승리한 것이다. 딥 블루는 세계 최초로 체스 챔피언을 이긴 인공지능 컴퓨터가 됐다.

미국의 전자공학자이자 노벨 물리학상을 수상한 잭 킬비Jack Kilby가 1958년에 발명한 직접 회로는 컴퓨터의 처리 능력을 고도로 진화시키는 초석이 되었다. 1965년에 인텔의 설립자 고든 무어Gordon Moore는 반도체 직접 회로의 성능이 18개월마다 두 배로 증가한다고 주장했다. 이것이 바로 기술 개발 속도에 관한 법칙으로 유명한 '무어의 법칙'이다. 마틴 포드Martin Ford는 현재 인간 업무의 상당 부분을 자동화할 수 있는 소프트웨어의 발전을 체감하려면 무어의 법칙이 보여주는 발전 속도의 의미를 제대로 분석해야 한다고 강조한다.

마틴 포드는 1958년 이래 컴퓨터의 역량이 두 배로 늘어나는 일이 27번이나 반복됐다고 지목하면서, 저서 《로봇의 부상*Rise of the Robots*》을 통해 기술 발전의 속도를 체감할 수 있는 계산 과정을 소개했다. 그는 시속 10킬로미터로 운전을 시작한다고 가정하고, 1분마다 속도를 배로 올린다고 상상해보라고 한다. 처음 1분 동안 달린 거리는 167미터지만, 27분이 지나면 차는 시속 13억 4200만 킬로미터로 달리며 1분 동안 2200만 킬로미터를 주행한다.[7] 포드는 화성이 지구에 가장 가까이 접근할 때를 기준으로, 시속 10킬로미터로 운전을 시작한 후 27분이 지나면 3분 이내에 화성까지 갈 수 있다고 계산했다.[8] 급진하는 기술 세계를 조금만 들여다봐도 과연 누가 이토록 빠른 속도를 이해할 수 있을지 의문이 든다.

제아무리 전문가라 한들 미래를 쉽게 예측할 수 없는 이유도 그 때문이다. 2016년 3월 이후 한국의 포털 사이트에서 사람들이 알파고에 대해 열정적으로 검색하는 걸 발견하기는 어렵다. 포드가 주장한 계산법을 떠올려 볼 때 상당수 한국인이 인공지능에 관심이 없는 이 순간에도 우리에게 큰 위협이 될 기술은 진화를 멈추지 않고 있다는 것이 심각한 문제다.

켄 제닝스는 미국 ABC의 텔레비전 퀴즈 쇼 〈제퍼디*Jeopardy*〉에서 74번이나 우승하며 최장기간 왕좌를 지켰다. 브래드 러터*Brad Rutter*는 가장 많은 상금을 받아간 출연자다. 2011년 2월에 이들의 아성을 무너뜨린 것은 사람이 아니라 인공지능이었다. 이들은 IBM의 슈퍼컴퓨터 왓슨과 벌인 퀴즈 게임에서 패하며 기술 격변을 실감했을 것이다. 1997년에 카스파로프가 딥 블루와의 체스 게임에서 패했다는 사실을 그제야 상기하면서 말이다.

일부 경제학자들은 AI와 같은 신기술로 인해 새로운 레저의 황금시대에 들어섰다고 섣불리 예측했다. 그들은 AI의 도움으로 인간이 잡일에서 해방되어 좋아하는 일에 쓸 시간을 갖게 됐다고 생각했다. 하지만 제닝스는 이러한 주장에 우려를 표명했다. 그는 컴퓨터가 지식을 쌓고 기억하는 업무에서 인간보다 나아진다면 상당수 중산층이 붕괴할 것이라고 예측했다.*9 어떤 요인이 제닝스의 예측을 현실로 만드는 것일까?

냉장고 같은 메인프레임 컴퓨터에서 퍼스널 컴퓨터에 이르기까지

기술 혁신으로 인한 시대적 변화는 우리가 인식하는 것보다 훨씬 더 빠르게 진화하고 있다.

1980년에 필자(데이비드 서)는 미국 코넬대학교 공과대학에 입학하여 컴퓨터공학을 전공했다. 그 당시 컴퓨터공학과는 활성화 초입 단계였고, 퍼스널 컴퓨터가 세상에 나오기 전이었기 때문에 일반인들에게 컴퓨터란 생소한 물건이었을 뿐 아니라 구경하는 것조차 쉽지 않은 시기였다. 코넬대학교 컴퓨터공학부는 1965년에 공과대학과 인문대학에 함께 소속되어 연계된 형태로 시작됐다. 1957년에 코넬대학교에서 사용한 첫 번째 컴퓨터는 IBM 650이었다. 그때 교수들과 대학원생들이 사용한 프로그래밍 언어는 BLIS Bell Labs Interpretive System였다. 그 후 컴퓨터공학부가 신설된 후 1977년에 컴퓨터공학과에서 자체 컴퓨터를 구입했는데, DEC Digital Equipment Corporation, 디지털 기계 회사란 뜻으로 회사 이름에 디지털이 들어간 것이 특징이다이 만든 미니컴퓨터 PDP 11/60이었다.

코넬대학교 컴퓨터공학과 수업에서 사용하는 컴퓨터는 IBM^{International} **Business Machine, 문자 그대로 번역하면 국제 사업용 기계 즉 계산기란 뜻** 메인프레임 컴퓨터였다. 그때 IBM이라는 이름은 메인 컴퓨터의 대명사였다.

대형 냉장고들이 줄줄이 선 것 같은 메인프레임 컴퓨터는 특수 냉방 시설이 갖춰진 넓은 방에 설치되어 있었고, 컴퓨터 전문가가 이것을 따로 관리했다. 프로그래머는 컴퓨터실 밖에 있는 거실 같은 공간에서 키펀치 머신_{Key Punch Machine}을 이용해 프로그램을 짰다. 키펀치 머신은 손바닥만 한 크기의 타자기 같은 것으로, 작고 긴 빳빳한 종이에 구멍을 뚫어주는 기계였다. 쉽게 말해 지금의 컴퓨터 키보드 역할을 하는 기기였다. 모니터가 없으니 점자책을 보듯 구멍 뚫린 것을 보고 프로그램을 읽어야 했다.

지금은 키펀치 머신 자체가 사라졌으니 무용지물인 능력이지만 그 당시만 해도 키펀치 머신 구멍을 보고 프로그램을 읽을 수 있는 사람은 탁월한 프로그래머로 인정받았다. 키펀치 머신으로 프로그램을 짜면 한 줄 분량이 카드 한 장이다. 그래서 A4 용지 한 장이면 보통 60개 정도의 카드가 만들어졌다. 여러 장의 카드가 흐트러지지 않도록 조심스럽게 쌓아서 컴퓨터 오퍼레이터에게 전해주면 그는 그것을 키펀치카드 리더기에 넣어서 돈을 후루룩 세듯 읽어냈다.

그렇게 입력된 프로그램은 다시 배치 매니저_{Batch Manager}에 의해 메인프레임 컴퓨터에서 실행되었다. 그렇게 차례대로 메인 컴퓨터에 입력하면 출력이 되어 내 손에 들어왔다. 그 과정은 매우 더디고 길었다. 출력물을 기다리는 프로그래머가 여러 사람이어서 내 차례가 돌아오는 동안 식사를 하거나 볼일을 보러 다녀와도 될 정도였다. 요즘은 컴퓨터로 몇 분 안에 처리되는 과정이 그때는 한 시간이 넘게 걸렸던 것이다.

얼마 후 키펀치 머신이 사라지고 터미널terminal이 들어왔다. 터미널은 스크린과 키보드가 연결되어 있어서 이것과 컴퓨터를 연결해 사용하는 시스템이었다. 키펀치 머신은 여러 명이 찍어도 컴퓨터와 소통할 수 있는 선이 하나밖에 없었는데, 터미널이 등장하면서 컴퓨터에 접속할 수 있는 선이 많이 늘어났다.

필자가 대학을 졸업하기 전에 DEC에서 벡스VAX라는 새로운 미니컴퓨터가 출시됐다. 미니컴퓨터는 IBM 메인프레임 컴퓨터보다 크기도 작고 저렴했다. 메인프레임 컴퓨터가 수십 억 원이었다면 미니컴퓨터는 수억 원 정도였다. 하지만 미니컴퓨터 역시 냉장고 몇 개를 늘어놓은 크기였다.

IBM에서도 미니컴퓨터를 만들긴 했지만 워낙 메인프레임 컴퓨터가 선두 주자로서 회사의 성장세를 주도했기 때문에 주력 상품으로 쉽게 전환되지는 못했다. 히타치Hitachi나 유니시스Unisys 등 다른 경쟁사가 있었지만 워낙 고가의 제품이라서 구매자들은 안전한 IBM을 선호했다. 그러다 보니 미니컴퓨터 시장의 선두 주자는 DEC이었다.

그 후 DEC은 미니컴퓨터보다 작은 마이크로 벡스Micro VAX를 출시했다. 마이크로 벡스는 지금 사용하는 일반적인 데스크톱 컴퓨터의 두세 배 정도 크기로 작았다. 또 가격대도 몇 천만 원 선으로 내려가 컴퓨터 시장에서 선풍적인 인기를 끌었다. 지금까지 컴퓨터는 회사 차원에서 구입해야 했지만 마이크로 벡스는 한 부서에서 구입할 수 있었던 것이다.

마이크로 벡스는 흑백 텔레비전 같은 모니터와 키패드가 세트인 터미널을 사용했다. 그러다 보니 프로그래밍하는 데 훨씬 수월했고, 독립된 냉방 시설도 필요하지 않아서 컴퓨터실 없이 사용할 수 있었다. 그 당시 벡스, 마이크로 벡스, 미니컴퓨터는 시스템 운영 체계로 VMS를 사용했다. 신입 사원이었던 필자는 프로그램을 만들면서 컴퓨터 관리도 함께 맡았다. 컴퓨터가 한번 다운되면 많은 일이 마비되기 때문에 업그레이드나 오퍼레이팅 시스템을 초기에 설치하는 일 등이 전문가의 일로 취급됐다.

퍼스널 컴퓨터는 1970년도에 등장해서 1980년도 중반부터 확산되기 시작했다. 1980년대 퍼스널 컴퓨터 회사들로는 애플, DEC, HP, IBM, Tandy 등이 있었다. IBM 메인프레임 컴퓨터는 IBM 회사에서 만드는 부속들만 호환되도록 제조했다. 하지만 퍼스널 컴퓨터 시장에서는 달랐다. 시장의 여러 복잡한 경쟁을 통해 진화하면서 IBM은 전략적인 판단으로 여러 회사가 만든 부품들이 호환 가능하도록 만들었다. 그로 인해 누구든지 각각 다른 회사의 컴퓨터 부속들을 구입해서 조립해 쓸 수 있었다.

퍼스널 컴퓨터 시장은 결국 DEC의 마이크로 벡스를 위협했다. DEC은 미니컴퓨터도 만들고 있었기 때문에 퍼스널 컴퓨터 시장에 본격적으로 뛰어들긴 했어도 기술적·마케팅적 관점에서 지속적으로 이를 적시 적소에 강하게 밀어붙이지 못했다. 결국 현금 3조 원을 쥐고 있던 탄탄한 기업 DEC은 퍼스널 컴퓨터의 보급과 함께 컴팩Compaq이라는 상대적으로 작은 퍼스널 컴퓨터 회사에 넘어가고 말았다. 그 당시 많은 사람은 이 과정을 보고 황소가 쥐에게 먹혔다고 표현했다. 컴팩은 그 후 HP에 인수 합병됐다.

21세기의 기업 사무실에는 컴퓨터 선이 각자의 책상 밑으로 깔려 있지만, 필자가 초기에 AT&T 벨 연구소에서 일할 때만 해도 컴퓨터 선이 쭉 깔린 방에 프로그래머들이 모여서 일해야 했다. 그 후 전화선을 통해 멀리서도 일할 수 있는 컴퓨터 모뎀이 생겼다. 그러고는 몇몇 고위직들이 집에서도 업무를 할 수 있도록 개인 터미너가 배급됐다. 즉 모뎀 전화선을 터미널로 연결해 컴퓨터를 쓸 수 있게 된 것이다. 하지만 속도가 매우 느렸다. 지금 각 가정에 들어오는 컴퓨터는 기가 BPS지만, 처음 모뎀이 나왔을 때는 300BPS였다. 메가가 100만이고, 기가는 10억이다. 한마디로 300과 10억의 차이가 나는 것이다. 300BPS에서는 아무리 애써도 타이핑 속도가 빠를 수가 없었다. 단어 몇 개를 자판으로 찍으면 컴퓨터로 가서 스크린으로 보여주기까지 걸리는 시간이 나무늘보가 기어가는 것처럼 몹시 길었다.

얼마 지나지 않아 1200BPS가 되면서 속도가 조금 빨라졌다. 그다음 2400BPS, 9600BPS로 점점 모뎀 속도가 개선되면서 중간에 커피 마실 시간이 줄어들었다. 한편, 필자가 처음 프로그래머로 일할 때의 관심사 중 하나는 어떻게 하면 메모리를 간결하고 효율적으로 사용할 수 있을까였다. 메모리 용량이 너무 작고 비쌌기 때문이다.

이것이 필자가 직접 경험한 컴퓨터의 지루한 역사다. 아마 빌게이츠도 이런 식으로 컴퓨터를 시작했을 것이다. 지금의 독자들에게는 마치 구석기 시대의 주먹도끼 이야기처럼 느껴질 수도 있겠지만, 그다지 먼 과거의 일이 아니다. 필자가 말하고자 하는 핵심은 그때 많은 사람이 열광했던 중요한 기술들이 지금은 모두 무용지물이 되어버렸다는 사실이다. 30여 년 사이에 코끼리가 모자 안에 들어가듯이 냉장고만 한 컴퓨터가 손바닥만 한 핸드폰 안에 들어가게 된 것이다. 이런 흐름은 시간이 흐를수록 점점 더 가속화되고 있다. 10년의 변화가 1년, 더 나아가 한 달 만에도 이루어지는 것이 지금의 현실이다. 그러므로 지금 아무리 최고의 신기술을 갖고 있다고 해도 언제 구시대적 유물로 전락하게 될지 알 수 없다. 지금 당신이 믿고 있는 탁월한 능력과 경쟁력이 언제 키펀치 머신처럼 사라지게 될지 알 수 없기 때문이다.

스티브 잡스와 이나모리 가즈오가 정의한 최악의 직원

1980년대에 이미 스티브 잡스는 사람을 제대로 보는 것이 기업의 흥망성쇠에 중요한 역할을 한다는 것을 깨달았다.[10] 그는 A급 인재를 택시 기사, 요리사, IT 엔지니어에 빗대어 설명했다. 그는 뉴욕에서 최악의 택시 기사가 보이는 성과와 최고의 택시 기사가 보이는 성과는 두 배의 차이가 있다고 했다. 최악의 요리사와 최고의 요리사의 차이는 세 배 정도다.

그러나 잡스는 프로그래밍 분야에서는 제일 못하는 사람과 제일 잘하는 사람의 성과 차이가 100배나 된다고 강조했다. 평균 프로그래머와 최고 수준의 프로그래머의 차이는 25배에서 50배다. 그래서 그는 자신의 중요한 임무 중 하나는 항상 최고의 사람을 고용하고, 최고가 아닌 사람들을 내보내는 일이라고 생각했다.[11] 앞서 인공지능의 발전 속도를 생각해볼 때 잡스의 말은 지나치지 않다.

AP통신 편집부 국장 로우 페레라Lou Ferrara는 사분기마다 사람이 직접 작성할 수 있는 기사가 300개 정도인데 로봇 기자를 들인 뒤에는 4400개의 기사를 작성할 수 있었다고 했다.[12] AP통신은 2014년 7월부터 기업 분기 실적과 같은 데이터 관련 기사는 로봇에 맡길 것이라고 말했다. 현재 로봇 기자의 수준으로는 150~300개 단어 정도 되는 간단한 경제 기사를 작성할 수 있다. 로봇 기자라고 해서 사람 모양의 기계는 아니다. 소프트웨어가 스스로 자료를 수집하고 분석해 기사를 작성하는 로봇 저널리즘robotic journalism이 발전하고 있는 것이다.

로봇, 인공지능, 유전학 등과 관련된 최신 자료들을 수집하고 추세를 발표하는 〈싱귤래리티 허브Singularity Hub〉의 작가 제이슨 도리어Jason Dorrier는 로봇이 인간이 생각하는 것보다 뛰어난 수준의 창작이 가능할 것이라고 주장했다.*13 2014년 3월 17일, 미국 로스앤젤레스에서 현지 시각으로 아침 6시 25분에 진도 4.4 지진이 발생했다. 지진이 발생한 지 3분 만에 미국 전역에서 제일 먼저 보도된 기사는 로봇 기자가 작성한 것이었다.

기자에게 속보는 생존 전략과도 같다. 그러나 언제 일어날지도 모르는 지진 같은 사건을 무작정 기다릴 수는 없는 일이다. 인간에게는 분명한 한계가 있다. 그러나 〈LA 타임스LA Times〉는 미국 지질조사국의 지진 경보 데이터를 실시간으로 지켜보는 인공지능 로봇 기자 퀘이크봇Quakebot 덕분에 속보 경쟁에서 우위를 점할 수 있었다. 사람이 AI보다 빨리 일어나고, 세계 곳곳에서 발생하는 사건·사고 현장에 빨리 도착하고, 서둘러 기사를 작성하려고 노력하는 것처럼 어리석은 일도 없을 것이다.

고도로 발달한 소프트웨어를 상대로 주판을 튕기며 계산 능력을 키우려는 행위, 로봇 팔과 물리적인 힘을 경쟁하려고 근력 운동을 하는 것이 과연 전략일까? 화이트칼라의 생존을 위해 필요한 전략적 사고는 무엇일까? AI가 고도로 진화하는 시대에도 두뇌 개발을 위해 주산 학원에 가는 사람들이 있다.

소프트웨어를 상대로 타자 실력을 경쟁하려는 사람들을 목격할 때 지식 전달자의 책무는 더욱 명확해진다. 일할 수 없다는 절망감은 인간의 심리를 극도로 불안하게 만든다. 그러나 그럴수록 자신이 처한 세계를 최대한 객관적으로 바라볼 수 있는 시선을 가져야 불안의 본질을 해소할 기회를 조금이라도 얻을 수 있다.

일본에서 3대 경영의 신으로 불리는 세 사람이 있다. 1918년에 마쓰시타 전기 산업을 설립한 마쓰시타 고노스케松下幸之助, 혼다자동차를 설립해 1948~1973년까지 CEO를 역임한 혼다 소이치로本田宗一郎, 이나모리 가즈오稻盛和夫 교세라 명예회장이다. 고노스케와 소이치로는 사망했지만, 가즈오는 근래에도 열정적인 기업가로 활동 중이다. 그는 1959년에 28명의 직원과 자본금 300만 엔으로 시작한 교세라를 2015년 연 매출 1조 5,265억 엔에 약 1만 4000명의 임직원과 약 6만 8000명의 계열 기업 직원을 움직이는 일본의 대표 기업으로 성장시켰다.

가즈오는 2010년 위기에 빠진 일본항공JAL의 회장으로 취임하여 회사를 성공적으로 정상화한 후 2013년 3월에 명예회장으로 물러나는 노익장을 선보였다. 그는 오랜 경험을 통해 기업이 격변에 민감하게 반응하고 유연하게 대응해나가기 위해 필요한 조건을 발견했다. 그것은 제대로 된 사람을 뽑아야 한다는 본질적인 가치였다. 그는 화학 전공자답게 세상의 모든 물질이 가연성, 불연성, 자연성으로 나뉘듯이 사람도 이와 같다고 표현했다. "타인으로부터 에너지를 받아 불타는 사람과 타인과는 무관하게 불타지 않는 사람, 그리고 스스로 불타는 사람이 있다. 인생의 높은 목적을 달성하기 위해 우리는 '스스로 불타오르는 사람'이 되어야 한다."*14

일본식 경영, 미국식 경영을 선호하는 차원을 넘어 가즈오가 강조한 것처럼 불타지 않는 사람을 기업이 뽑는 행위는 동서양을 막론하고 전략적이지 못하다. 오늘날 동서를 막론하고 경영의 대가들이 공통으로 제시하는 창조경제의 조건은 조직을 유연하게 개편하는 것이다. 가즈오가 자연성을 선호하는 것 역시 유연해진 조직에 세대를 뛰어넘는 통솔력을 펼칠 수 있는 사람이 필요하기 때문이다.

교세라에서는 직원 각자가 스스로 경영자라는 의식을 가지게 하려고 노력한다. 이것이 오랫동안 수익을 낼 수 있는 기본 전략이라 믿기 때문이다. 앞으로 많은 기업이 자동화와 기계화에 맞춰 비대해진 조직에서 두툼한 살점을 발라낼 것이다. 이때 불필요한 지방질로 취급되어 깎여나가지 않으려면, 근로자 스스로 통솔력과 노동의 참된 가치를 세워야 한다. 또한 이러한 가치를 형성해줄 수 없는 기업으로부터 탈출하는 것도 전략이다. 그러나 탈출의 성공 조건은 자신이 오랫동안 일할 수 있는 일터의 환경에 적합한 사람인지, 냉정한 SWOT 강점(strength)과 약점(weakness), 기회(opportunity)와 위협(threat) 분석을 스스로 행해야 한다는 것이다. 1장에서 설명했듯이 군대의 기술 혁신을 들여다보면, 강군과 약군의 차이를 통해 상대 국민을 몰살할 가능성을 명확히 인지할 수 있다. 강한 진화를 모색하는 기업도 마찬가지다. 비효율적이며 격변에 둔감한 사람을 기업이 뽑을 이유가 없다.

A급 인재는 배우고자 하는 노력이 뛰어났기 때문에 A급이 되었다. 그만큼 당당하다. 이에 비해 B급 인재는 자신의 부족함을 타인에게 들킬까 봐 전전긍긍한다. 그래서 자신의 부족함을 알아차리지 못하는 C급 인재를 채용한다. B급 인재는 C급 인재들 앞에서 자신이 고수인 것처럼 보이길 원한다. 즉 열등감을 우월감으로 포장하기 위해 C급 인재들을 뽑는 것이다. 이것은 조직 입장에서 보면 큰 손실이다. 직원들에게서 발전에 대한 비전이나

롤 모델 목표가 사라지기 때문이다.

가이 가와사키는 이런 식으로 조직이 구성되면 B급 인재는 C급 인재를 고용하고 C급은 다시 자신보다 낮은 D급을 고용하게 된다고 했다.*15 결국 어리석게 사고하는 직원들이 늘어나 생각지 못한 엄청난 리스크를 회사가 지게 되는 것이다. 가와사키는 애플에서 1983년부터 4년 동안 잡스와 같이 첫 매킨토시를 제작하는 작업을 했고, 한때 최고 전도사 직책을 역임했다. 그는 애플 조직 문화의 핵심인 매킨토시 컬트Macintosh cult를 유지하는 임무를 수행한 바 있다.*16

영리 기업은 결코 도태된 직원을 기다려주지 않는다. 격변이 거듭될수록 기업들이 A급 인재를 선호하는 것은 당연한 일이다. 그렇다면 직원의 입장에서 오래 일할 수 있는 인재로 성장하기 위해서 자신이 A, B, C급 중 어디에 속하는지 객관적으로 파악하는 것이 현명하다. 또한 기업의 간판이나 당장의 연봉보다 지속 가능한 가치를 창출할 수 있는 환경인지를 분석하는 것이 생존을 지속할 수 있는 방법이다.

부분 해법만 가진 후발 주자는 범위와 성격이 복잡한 상황에서 한계에 봉착할 수밖에 없으므로 더욱 안정을 추구하게 된다. 당신의 기업 내부를 둘러보라. 최근 중역들의 회의 내용이나 안건을 살펴보라. 애석하게도 경제적 변화에 민감하게 반응하기보다 타성에 젖거나 쉽게 타협해버리는 경우를 발견하기 쉽다. 동료 직원의 얼굴을 가만히 들여다보라. 진정으로 업무에 온 힘을 다하고 있는가? 아니면 삶의 무게에 짓눌려 주눅 들고 지친 초라한 모습으로 현상 유지만 하고 있는가?

재독 철학자 한병철은 철학을 포함한 인류의 문화적 업적은 깊은 사색에 힘입은 것이라고 강조했다. 훌륭한 문화는 사색할 수 있는 환경에서 탄생하기 때문이다. 한병철은 깊은 주의, 즉 사색의 힘이 과잉주의에 자리를 내주며 사라지고 있다고 지적한다. "다양한 과업, 정보 원천과 처리 과정 사이에서 빠르게 초점을 이동하는 것이 이러한 산만한 주의의 특징이다. 그것은 심심한 것에 대해 거의 참을성이 없는 까닭에 창조적 과정에 중요한 의미를 지닌다고 할 수 있는 저 깊은 심심함도 허용하지 못한다."*17

이세돌 여파로 강남 쪽 학원들이 바둑 교실을 열었다는 말을 들었다. 영어, 수학 학원에 다니느라 바쁜 아이들이 바둑을 진득하게 배울 수 있을까? 그래서 시간을 아끼고자 바둑을 영어로 강의하는 학원까지 등장했다고 한다. 이것이 사실이라면 씁쓸하기 이를 데 없다. 창의성은 유행에 따라 시시각각 대응해서 키울 수 있는 역량이 아니기 때문이다.

수학의 대가 히로나카 헤이스케広中平祐는 일반적으로 수학 세계에서 어느 정도까지 배움이 진전한 뒤에는 다른 수학자의 대이론이라도 세 달 정도면 통달할 수 있다고 한다. 그러나 자신의 고유한 이론을 만들려면 세 달로는 불가능하다. 그의 인생 이야기가 담긴《학문의 즐거움》은 학자가 고유한 이론을 탄생시키려면 10년의 세월을 보장받는다고 해도 실패할 수 있음을 깨닫게 해준다. 창조경제도 이와 같은 이치다.

구글 경영진에게 영감을 줬던 경영 사상가 게리 하멜은 기업가들을 향해, 경영자가 만약 기업의 모든 느슨함과 여유를 쥐어짠다면 혁신의 여지도 그만큼 사라진다고 지적한다. 급변하는 경제적 흐름에서 기업이 생존하려면 구성원들의 탁월한 발상을 원활히 공유할 수 있는 조직 문화와 빠르고 유연하게 대응하는 명령 체계가 필요하기 때문이다.

구글이 오로지 근로자만을 위해 자율적인 조직 문화를 형성하는 것은 아닐 것이다. 우리가 외치는 창조경제의 본질, 즉 혁신은 상당한 시간이 필요하다는 것을 구글 경영진은 알고 있다.

하멜은 기업의 구성원이 꿈을 꾸고 이를 반영할 수 있는 여유가 있어야 하며, 누구나 배우고 개발하고 실험할 시간이 주어져야 혁신할 수 있다고 강조한다. "이는 당신이 책상 위에 발을 얹고 허공을 응시할 수 있을 만큼 방해받지 않는 연속적인 시간이어야 한다."[18] 이런 깨달음은 A급 인재를 발견하는 A급 기업들이 얻을 수 있다. 불행한 운명을 맞는 이들은 A급 기업을 선호하는 B급이나 C급 근로자들이다. 창조경제의 특성과 이 시대에 필요한 인재의 본질을 이해하지 않은 상태에서 시도하는 노력은 헛수고일 가능성이 크다.

인식의 범위를 최소 화성까지 넓히자

앤디 위어Andy Weir의 장편소설 《마션The Martion》은 할리우드에서 리들리 스콧Ridley Scott 감독과 맷 데이먼Matt Damon 주연의 영화로 재탄생되어 한국 관객들의 폭발적인 관심을 받았다. 영화에 등장하는 NASA 아레스3 탐사대는 화성을 탐사하던 중 끔찍한 모래 폭풍 때문에 기지가 붕괴될 위기에 봉착한다. 생존한 대원들은 팀원 마크 와트니가 사망했다고 판단하고 떠난다. 죽은 줄 알았던 와트니는 혹독한 상황에서도 살아남기 위해 화성과 투쟁한다. 와트니와 구조대의 거리는 2억 2230만 816킬로미터다. 참고로 서울역에서 부산역까지는 약 400킬로미터에 불과하다.

지구와 달리 얇은 대기를 형성하고 있는 화성은 극소량의 열을 보존한다. 적도에서는 온도가 섭씨 마이너스 80도에서 섭씨 20도까지 격동한다. 와트니 역을 맡은 맷 데이먼은 고립된 극한의 상황에서 몸부림치는 감정의 울렁임을 탁월하게 연기했다. 그 덕분에 화성과 지구의 거리가 과학 책에서 보는 것과 비교할 수 없을 만큼 멀다는 것을 실감할 수 있었다.

우주 전체로 보면 인간과 화성의 거리는 극히 짧지만, 현재의 과학 기술로는 화성에 도달하는 것조차 미지의 영역이다. 화성의 대기는 이산화탄소(95퍼센트)와 질소(3퍼센트)로 가득하다. 산소는 극소량으로 인간이 살기에 턱없이 부족하다. 이 사실을 18세기 사람들은 알 수 없었다. 비록 영화지만 〈마션〉의 관객은 인식의 저변을 화성까지 확장했다.

현대 인류가 화성을 인지하고 개척을 시도한다는 것은, 18세기 영국 런던의 왕립협회가 미지의 땅을 탐험하기 위해 태평양의 여러 섬을 답사하기까지 우여곡절을 겪은 것과 비교하면 장족의 발전이다. 마찬가지로 1950년대 후반에 원시적인 직접 회로가 더듬더듬 계산하는 것을 목격한 사람들은 2016년의 알파고가 인간을 뛰어넘는 바둑 실력을 가졌다는 사실을 보면서도 믿기 힘들었을 것이다.

AI와 같은 기술은 증기 기관의 발명과 비교할 수 없을 만큼 급진적이다. 숨 고르기를 하며 가치 평가를 하기도 전에 상당수 인류가 감당할 수 없는 기술이 먼저 등장하기 때문이다. 기술이 가져오는 부작용을 점검할 수 없을 만큼 빠른 속도가 바로 오늘날 로봇 기술이 주는 위협의 본질이다. 기술이 널리 인간을 이롭게 하면 좋겠지만, 1장에서 다뤘듯이 선두 주자의 속내를 들여다보면 섬뜩한 사실을 발견하게 된다.

맷 데이먼의 연기와 마틴 포드가 제시한 무어의 법칙 덕분에 유럽 원정대 후예의 예측 불가능한 상상력과 상상을 초월하는 컴퓨터의 진화 속도를 실감할 수 있었다. 이처럼 AI가 초래한 혹세무민의 시대에 함부로 훈수를 두는 것은 위험한 행동이다. 대기업, 고학력 출신이라는 타이틀 덕분에 무대에 선 사람들이 보여주는 논리에 많은 사람이 미래를 저당 잡힌다. 사기꾼은 전문가를 자처하는 집단 내에서도 즐비하다. AI나 로봇의 발전을 살펴보면 오늘날 근로자나 구직자에게 기존의 충고가 쓸모없다는 것을 알 수 있다.

약한 인공지능의 진화를 추적해보면 단순 사무직은 물론이고, 숙련 전문가 일자리도 안전하지 않다는 사실을 알 수 있다. 이러한 상황 속에서도 과거 화이트칼라로 활약한 경력을 과신하며 전문가의 권위를 내세우는 사람들이 있다. 그들이 자신이 쏟았던 것과 같은 열정과 노력을 후배나 타인에게 강권한다면 그는 전문가 자격이 없다. 그러나 인류 역사가 늘 그랬듯이 몰살당할 상당수의 사람은 단기적이고 예측 가능해 보이는 성과를 자랑하는 사람에게 속한다.

뉴욕대학교 부설 최고의 교수법 연구소 소장 켄 베인Ken Bain은 《최고의 공부What the Best College Students Do》에서 창의성에 두각을 나타내는 인재들과 달리 보통 수준의 일반인들은 공부하는 범위가 정해져 있다는 특징을 밝혔다. 사실 산업화 시대에 활약했던 성실하기만 한 학생은 깊이 있는 사고를 할 여유가 없었다.

진도를 따라잡고 암기해야 점수를 받을 수 있는 구조에서는 피상적인 내용 파악에 매달릴 수밖에 없다. 이렇게 평생 살아온 사람들이 지금 기업을 움직이는 일원들이다. 선두 주자를 모방하고 추격하기만 했던 시대에는 성실한 혁신이 시장에 먹혔으니, 그들이 창의적인 혁신에 대해 둔감한 것은 당연한 결과다. 피터 드러커는 《이노베이터의 조건The Essential Drucker on Individuals》에서 전통적인 학교에는 평균적인 수준에서 벗어나지 않는 학생들로 가득하다고 지적했다. 그들의 두뇌에는 무언가를 성취하는 것보다 잘 순응하는 것이 미덕으로 자리 잡고 있다.

창의성과 혁신은 늘 기업의 중요한 가치였지만, 제품의 수명이 급격히 짧아진 초경쟁 시대, 뉴 노멀New Normal 시대에는 그야말로 몰락과 생존을 결정하는 기술이 됐다. 드러커는 21세기를 지식 사회로 정의하며 모든 것은 지식으로 통한다고 예언했다. 화이트칼라에게 문제가 되는 것은, 지식 사회는 기업이 핵심 자원으로 여기는 지식을 보유한 사람들에게만 계층 상승의 이동을 허락한다는 사실이다.

게리 하멜은 혁신에 관한 연구 과정에서 비즈니스 세계의 선구자들을 만나 몇 가지 특징을 밝혀냈다. 그는 선구자들이 선천적인 천재는 아니지만 보통 사람과 달리 일반적인 시선 너머 사물을 자세히 뜯어보는 습관을 가졌음을 발견했다. 이것이 업계의 정설을 뒤엎고 경쟁사들이 보지 못하는 기술 혁신과 같은 신시장의 흐름을 포착할 수 있게 한 열쇠다. 그런데 이런 A급 인재의 특징이 문화나 통념 혹은 고집 때문에 쉽게 길러지지 않는다는 점이 중요한 문제다.

이세돌 여파로 AI의 도래에 대비해 창의성을 키워야 한다고 외치던 열기도 한두 달 만에 사그라졌다. 미국의 AI 전문가들은 인간의 업무는 본질적으로 반복되고 예측이 가능하기 때문에 진정으로 창의적인 업무라 할 수 있는 일은 드물다고 경고했다. 하지만 이 경고를 심각하게 인지한 사람은 그리 많지 않은 것 같다. 격변의 시대에 살면서도 나는 괜찮겠지, 어떻게 되겠지 하는 식의 무기력한 태도와 무딘 칼날을 어떻게 하면 벼릴 수 있을까? 이것은 화이트칼라가 생존을 위해 시급히 점검해야 할 본질적인 질문이다.

6차원을 생각하는 사람들

영국에서 창의력 개발과 혁신 분야의 대가로 유명한 켄 로빈슨Ken Robinson은 인류는 현재 과학적·기술적·사회적 사고의 홍수 속에 휩쓸려가고 있다고 진단했다. 창의적인 인간이 되는 법은 우리 자신을 최대한 제대로 이해하는 것에서부터 시작한다. 로빈슨은 2006년 TED 강연에서 '학교가 창의력을 죽인다'는 주제로 강의했는데, 이 영상은 2017년 3월 기준 4396만 명 이상이 볼 정도로 화제가 됐다.*19

로빈슨은 현재 교육 시스템에서는 아이들이 자라면서 창의력을 개발하기는커녕 있던 창의력도 없어진다고 지적했다. 그는 여러 유럽 국가가 비슷한 교육 체계를 갖고 있는데, 전통적인 교육 방식 체계에서는 열심히 공부해도 평생 전문직이나 사무직 등과 같은 화이트칼라의 일자리가 보장된다는 법칙이 더 이상 통용되지 않는다고 강조했다. 기술 혁신과 경제 변화의 속도가 학교보다 빠르기 때문이다.

드류 파우스트Drew Faust 하버드대학교 총장은 격동기를 맞이한 오늘날 대학이 첫 번째 직업을 위해서만 교육하는 것에 우려를 표명했다. 대학은 심도 깊은 교양 교육을 실행해 학생이 여섯 번째 직업을 준비하는 데 도움이 되는 능력을 키울 수 있도록 도와야 한다는 것이다.*20 남들보다 더 넓고 깊은 통섭의 시선으로 세상을 바라보는 사람들이 있는 한, 그 반대편에 선 사람들은 자연히 도태될 수밖에 없다.

하버드대학교 교육대학원 내 변화 리더십 그룹의 설립자 토니 와그너Tony Wagner는 하버드대학교 경영대학원 교수이자 세계 1위의 경영 사상가로 평가받는 클레이튼 크리스텐슨Clayton Christensen이 극찬한 작품 《이노베이터의 탄생Creating Innovators》을 써냈다. 토니 와그너는 이 책에서 세상을 바꿀 인재에게 필요한 자질을 네 가지로 정리했다. "첫째, 적절한 의문을 제기하는 습관이자 보다 깊이 이해하고자 하는 욕구로서의 호기심, 둘째, 자신과 전혀 다른 관점과 전문 지식을 지닌 다른 사람의 이야기를 듣고 그들에게 배움으로써 시작되는 협력 작업, 셋째, 종합적 또는 통합적 사고, 넷째, 행동과 실험 지향적인 성향이다."*21

격변하는 미래에 살아남는다는 것은 세계 시장의 거센 물결 속에서 세계인들과 같이 경쟁해서 살아남아야 한다는 의미다. 세계 경제의 흐름을 읽어낼 수 있는 거시적인 안목이 필요한 것도 이 때문이다. 큰 물결의 흐름을 파악하기 위해서는 그 시대의 가치관을 알아야 한다. 또한 그들과 경쟁하기 위해서는 세계인들과 다양하게 소통할 수 있어야 한다.

소통의 방법에는 여러 단계가 있다. 단순한 사실을 주고받는 언어적 소통도 있지만, 서로의 생각을 주고받는 철학적·문화적·가치관적 소통도 있다. 언어적 소통에 대해서는 굳이 언급하지 않아도 좋을 만큼 우리는 영어지상주의 시대에 산다. 어렸을 때부터 성인이 될 때까지 영어와 씨름하며 살기 때문이다. 그런데 철학적인 소통에 대해서는 대부분 무관심하다. 당장 눈에 보이는 것이 아니기 때문이다.

하지만 철학적 사고와 가치관은 나무의 뿌리처럼 인간이 성장하는 데 근간이 되고, 그 시대의 변화 방향에 매우 중요한 요인이 된다. 기업도 마찬가지다. 살아 있는 기업에는 기업 철학이 있어야 한다. 글로벌 스탠더드 가치관이 필요한 것이다. 이는 세계 무대에서 뛰기 위한 일종의 기본적인 법칙이라고도 할 수 있다. 올림픽 경기에 임하는 선수들의 페어플레이 정신처럼 말이다.

요즘 창조 경제를 앞세우며 정부를 비롯한 많은 기업이 창의적인 인재에 관심을 가진다. 격변의 시대를 헤쳐나가기 위해서는 그 어느 때보다 창의적인 인재가 필요하기 때문이다. 하지만 안타깝게도 우리나라의 젊은이들 대부분은 창의적인 교육을 제대로 받아보지 못하고 자란 세대다. 어렸을 때부터 주입식 교육으로 똑같은 생각과 똑같은 행동을 강요받아온 학생들에게 갑자기 창의적인 사람이 되라고 요구하니 딱한 노릇이다.

창의력이란 기존의 것에서 탈피하여 새로운 것을 찾아내는 힘이다. 또한 타인과 다른 나만의 소리와 색깔을 내는 것이기도 하다. 그런데 우리의 교육 과정은 색다른 생각들이 나오면 튀어나온 못으로 간주하여 망치질을 해왔다. 마치 새를 좁은 새장 안에서 오랫동안 키워 나는 법을 잊어버리게 하는 것처럼 말이다. 사람들은 교육 과정을 통해서 창의력을 수탈당해왔다고 해도 과언이 아니다. 그런데 이제 와서 많은 한국 기업이 하늘을 날 수 있는 인재를 찾는다고 외친다.

우리나라 최고의 대학인 서울대학교에서조차 A+ 성적을 받는 학생들의 비결은 교수의 강의를 토씨 하나 빠뜨리지 않고 앵무새처럼 외워 시험지에 그대로 토해놓는 것이다. 간혹 교수와 다른, 자신만의 새로운 의견이 떠올라도 지워버려야 했다. 창의적인 생각을 적으면 점수가 나오지 않기 때문이다. 많은 교수가 답을 찾는 과정을 가르치는 것이 아니라 답을 외우도록 강요하며 학생들을 복제품으로 만들어내는 것이 우리 교육의 현주소다. 2016년 11월 EBS에서 방영한 〈시험〉이라는 다큐멘터리에는 이런 내용이 잘 담겨 있다.

미국에서 중학교부터 대학 교육까지 받은 필자(데이비드 서)에게는 한국의 암기식 교육이 조금 낯설다. 물론 미국식 교육이 정답이라는 말은 아니다. 미국 내에서도 교육의 한계성에 대한 자성의 목소리가 점점 높아지고 있기 때문이다. 그러나 만약 미국에서 학생이 교수의 강의를 그대로 옮긴 듯한 시험 답안을 냈다면 분명히 좋은 성적을 받지 못할 것이다. 필자는 대학 시절에 강의를 노트에 그대로 적어본 기억이 없다. 강의를 들으면서 떠오르는 개인적 생각을 쓰는 것이 필기 노트였다. 그리고 한쪽에 참고로 강의 내용을 요약해서 간단하게 적었을 뿐이다.

시험 답안에는 교수의 강의 내용이 아니라 강의 주제와 관련된 많은 책을 읽고 만들어진 사유 결과를 서술했다. 교수가 요구하는 것도 이와 같이 지식을 기반으로 한 논리적 사고력이었다. 중요한 것은 답을 외우는 것이 아니라, 답을 찾아가는 방식이다. 교수와 학생의 의견이 다르다면 코넬대학교 학생은 대부분 자신의 의견을 적을 것이다. 성적도 중요하지만, 그보다 더 중요한 학생들의 관심사는 배움이기 때문이다.

공부는 새로운 지식을 배우는 것이지 암기하는 것이 아니다. 암기한 지식은 가치관에 그다지 영향을 끼치지 못한다. 강의 내용을 달달 외워 A+를 받았지만, 다음 학기가 되면 배운 것이 아무것도 기억나지 않는다는 다큐멘터리 속 서울대학교 학생의 고백은 사실이다. 본인이 직접 답을 찾아가는 과정에서 축적된 지식들은 가치관에 영향을 미친다. 대학 교육은 학생의 세계관과 가치관, 생각과 의견을 만들어가는 과정이 되어야 한다. 그래야 사회에 나갔을 때 예상치 못한 변화 앞에서 자기만의 방식으로 길을 열어갈 수 있다.

애플과 마이크로소프트의 신화가 탄생하기 위한 첫 번째 조건

언젠가 찜질방에 가서 왕왕거리는 텔레비전 소리에 시선을 빼앗겨 〈1 대 100〉이라는 퀴즈 프로그램을 본 적이 있다. 때마침 5,000만 원 상금을 놓고 출연진들이 마지막 승부를 겨루는 시간이었다. 제출된 문제는 IMF 회원국이 IMF로부터 자금을 찾을 때 사용하는 일종의 기준 통화인 SDR을 묻는 문제였다. 한 출연자가 느낌으로 골랐다며 선택한 답이 요행히 맞아 상금을 거머쥐게 됐다. 그리고 끝이었다. 아무도 SDR이 'Special Drawing Rights'의 약자라고 설명하지 않았다. 중요한 것은 SDR이 정답이라는 사실이었기 때문이다. 답을 찾는 것에만 열중하는 의식이 우리 사회 전반에 깔렸음을 느낄 수 있었다.

필자(데이비드 서)가 한양대학교에서 가르친 학생들은 그곳에서 상위 1퍼센트에 드는 수재들이었다. 아너스 프로그램Honors Program이라는 세계적 수준의 과학 기술 리더를 육성하는 과학 영재 특화 교육 프로그램에서 만난 학생들이기 때문이다. 국가 프로젝트에 특별히 선발된 학생들인 만큼 눈빛이 남다르게 반짝이는 총명한 학생들이었다. 그런데 이 학생들은 가치관이나 인생철학에 관한 질문 앞에서는 언제나 난감해하거나 당황하는 모습을 보였다. 평소에 그런 질문을 받아본 적이 거의 없었기 때문일 것이다. 간혹 그런 질문이 왜 필요한지 되묻는 학생도 있었다. 공부만 잘하면, 더 정확하게 말해서 성적만 잘 나오면 만사형통인 세상에서 살아왔기 때문에 자신의 내면을 들여다보고 깊이 고심해본 흔적이 없었다. 그러다가 이제 와서 갑자기 스티브 잡스 열풍을 타고 공학도에게 인문학적인 사고나 우뇌 사고를 요구하니 혼란스러울 만도 하다. 어떻게 그들에게서 잃어버린 창의력을 갑자기 찾아낸단 말인가?

애플의 스티브 잡스나 마이크로소프트의 빌 게이츠 신화는 우연히 만들어진 것이 아니다. 대학 캠퍼스를 맨발로 걸어 다니던 스티브 잡스가 우리나라에서 태어나고 자랐다면 광인이나 '돌아이'로 취급당했을 것이 뻔하다. 하버드대학교를 중퇴하고 창업하겠다고 나선 빌 게이츠 역시 많은 사람의 따가운 시선을 피해가지 못했을 것이다. 그들이 세계 시장에 우뚝 설 수 있었던 것은 남다른 철학과 가치관이 있었기 때문이다. 빌 게이츠가 워렌 버핏Warren Buffett과 함께 기부 문화의 새로운 장을 열어가고 있는 것은 그의 세계관과 가치관이 만들어낸 결과물이다.

창의적인 인재를 양성하기 위해서는 먼저 잠재력을 맘껏 표출할 수 있는 장을 열어줘야 한다. 그것이 교육의 역할이다. 그래야 한국 대학생들도 미국이나 다른 선진국 학생들처럼 자신의 의견이 교수와 다르더라도 당당하게 표현하고 새로운 것들을 찾아내 배울 수 있다. 그것은 지금 이 시대에 꼭 필요한 인재의 능력이다. 격변하는 시대에 옛 방식을 고집한다면 참패하고 만다. 필름 사업을 놓지 못했던 코닥이 그렇게 넘어졌고, 한때 세계를 휘어잡던 노키아가 그렇게 사라져가고 있다.

미니컴퓨터 회사 DEC의 사례처럼 강성한 기업이 시대의 흐름을 감지하지 못한 순간은 노키아에도 있었다. 1998년 세계 휴대폰 시장 점유율 1위를 차지했던 노키아는 2007년 7월에 아이폰이 등장한 이후 몰락했다. 휴대폰 사업부는 마이크로소프트에 인수됐다.

LG전자 출신 문재승과 이석진은《2012년 대한민국 모바일, 위기와 기회의 징후들》에서 모바일 시장에 엿보이는 위기의 신호를 분석했다. 그들은 2003년에 노키아가 터치스크린을 탑재하고 인터넷 사용이 가능한 휴대폰 상용화를 검토만 한 것이 몰락의 원인이라고 분석했다. "6년이 지난 후 노키아는 1년 만에 스마트폰 시장 점유율 39.3퍼센트에서 28퍼센트로 추락하는 처지로 내몰렸다."[*22]

지금의 많은 젊은이가 창의적인 인재가 되지 못하는 것은 이미 오랜 교육 과정을 통해 골격이 비틀어져 있기 때문이다. 골격이 비틀어진 사람에게 똑바로 걸으라고 요구하는 것은 옳지 않다. 골격부터 바로잡아 주는 것이 순서다. 가치관을 만들기 위한 교육은 하루아침에 암기식으로 외워서 되는 것이 아니다. 그것은 오랜 시간 습관처럼 몸에 배어야 하는 것이다.

없어질 직업을 두고 경쟁하는 학생들

프랑스에서는 바칼로레아를 통해 꾸준히 철학적 가치관과 사고방식을 가르친다. 바칼로레아는 1808년 나폴레옹 시대부터 시작된 대학 입학 자격시험이다. 국가는 이 시험의 합격자에게 고등교육을 보장한다. 바칼로레아만 합격하면 전문 지식을 가르치는 특수 대학 격인 그랑제콜을 제외하고는 별도의 선발 시험 없이 어느 지역, 어느 대학에나 지원할 수 있다.

특히 가장 비중 높은 과목은 철학인데, 네 시간 동안 세 가지 주제 중 하나를 선택해 논문 형태로 작성해야 한다. 철학 시험 논제는 프랑스 지성을 가늠하는 잣대로 인식되고 있다. 시험이 끝난 후에는 각 언론 매체나 사회단체가 유명 인사와 시민 들을 모아놓고 철학 문제에 대한 토론회를 열 정도로 국민적 관심이 높다.

최근 20만 명이 넘는 우리나라 젊은이가 공무원 시험에 몰리고 있다. 어떻게든 조금 더 안정된 미래를 보장받기 위해서다. 공무원 시험 합격이 인생의 목표가 된 젊은이들에게 세계의 미래나 철학은 그저 남의 일처럼 막연하게 느껴질 것이다. 이들은 자신이 목표로 삼은 기업이 요구하는 규격화된 인재상에 자신을 구겨 넣어서라도 맞추려고 노력한다.

산업화 경제가 어려워질수록 불안감은 화이트칼라에 속한 많은 사람에게 확산된다. 많은 대학생과 취업 준비생이 오늘도 도서관에 틀어박혀 안정된 미래를 보장받기 위해 공부에 열중한다. 공무원 시험이 부정부패로 찌든 우리 사회에서 그나마 공정한 경쟁이 가능한 영역으로 기대되어 수험생은 차고 넘친다. 그런데 그들이 하는 공부는 대부분 정해진 답을 찾는 공부, 답을 암기하는 공부다. 사람과 비교할 수 없을 만큼 빠르게 업무를 처리할 수 있는 인공지능이 몰려오는 시대에 이러한 암기식 지식을 얻는 데 시간을 쏟다가는 기계와의 경쟁에서 더 취약해질 수밖에 없다.

다음 중 외래어 표기법에 어긋난 것을 골라보자. ① 플래시flash, ② 쉬림프shrimp, ③ 프레젠테이션presentation, ④ 뉴턴Newton. 평소 패스트푸드 레스토랑에서 '쉬림프 피자', '쉬림프 햄버거'를 즐겨 먹던 수험생이라면 당연히 쉬림프가 맞는 표현으로 알 테고, 다른 업체와 달리 홀로 '슈림프 버거'로

표기해온 맥도널드에 자주 방문한 수험생은 슈림프가 맞는 표현으로 알고 있을 테다. 정답은 ②번이다. 외래어 표기법에 따르면 '쉬림프'가 아니라 '슈림프'가 맞는 표현이다.

이 문제는 2016년 4월 온라인 커뮤니티에 공개된 국가직 9급 공무원 시험 국어 영역 1번 문제다. 이번 시험에는 총 22만 1853명이 지원해 역대 최대 인원을 기록했다. 경쟁률만 53.8대1로 1~2점의 차이가 합격을 좌우했다. 이러한 문제를 풀어야만 생존할 수 있는 분위기를 조성하는 것이 과연 세상의 모든 데이터를 취합해 정답을 찾아가는 AI와의 경쟁에서 승리할 수 있는 전략인가?

이러한 현실을 취재한 국내 메이저 언론사의 기사 제목 "9급 공무원 국어 시험문제, '햄버거 덕분에 맞췄다'"〈매일경제〉, 2016년 4월 11일 자를 보면 뭔가 이상한 점을 발견할 수 있다. '맞췄다'가 아니라 '맞혔다'가 맞춤법상 올바른 표현이다. 해당 기자는 공무원 시험에서 탈락할 가능성이 크다. AI 전문가들은 기자를 고도로 발달하는 소프트웨어로 인해 확실히 피해를 받는 직종으로 선정했다. 이번 공무원 시험 문제는 급변하는 산업의 흐름을 좇지 못하는 사람들의 안타까운 현실을 상징한다.

성적이 전부인 세상에서 살다 보니 인성이나 도덕, 진리, 역사의식 등 정작 살아가면서 중요한 가치관들은 뒤로 제쳐진다. 부모들은 자녀들을 공부만 잘하면 모든 것이 용서된다는 식으로 키웠고, 그 산물이 지금의 의존적이고 좁은 시야를 가진 젊은이들이다. 게다가 그 공부의 대부분이 답을 외우는 암기식 교육이었으니, 자신에 대한 깊은 성찰이나 철학적 사고를 배울 기회도 제대로 얻지 못한 채 성인이 되고 직장인이 된 것이다. 그러다 보니 변화를 두려워하고 위기에 제대로 대처하지 못한다.

분주하기만 한 활동의 총합은 보이는 것과 달리 사실상 고요한 인생이다. 늘 생각 없이 살아왔기 때문에, 자신이 어디서 왔고 어디로 가야 할지 고민할 겨를이 없다. 이들은 어떤 상황에도 쉽게 굴복하지 않는 유럽 원정대처럼 새로운 것에 탐닉하는 사람들을 이해할 수 없다. 겉으로 보이는 기업의 크기와 실제로 만질 수 있는 종이돈에 굴복했기 때문이다. 맨눈으로는 보이지 않는 내재적 동기에 대한 가치를 평가할 수도 없다. 그러나 세상은 늘 새로운 것에 열광하는 사람들이 있고, 그것에 의해 보이지 않는 고부가가치를 창출하는 사람들이 있다.

개인의 생존을 지켜주려는 세상의 속도는 너무 늦다. 개인이 직접 전략을 실행할 방법을 찾으며 세상의 변화를 주시하는 것이 현명하다. 물론 이 역시 책과 강연을 접하며 사유할 수 있는 근로자나 가능하다. 당장 드론과 맞서 싸워야 하는 중동 사람들과 달리 지금 책을 읽을 수 있는 여유가 있을 때 처절하게 방법을 모색해야 한다. 경제의 격변은 여유 있고 안일한 독서를 허락하지 않는다.

갈수록 구조적·기술적 실업이 늘어나는 이때 독자에게 필요한 것은 인터넷으로도 찾을 수 있는 외국어 공부 전략 혹은 술자리에서 오래 버티는 법이나 데이트에서 성공하는 법 등을 담은 지식일까? 격변의 성격을 이해하지 못한 상태에서 무작정 전장의 인생길을 멈추라는 힐링 메시지일까? 격변의 성격을 이해하고 조기 대응에 필요한 질문이 담긴 전략서일까? 진보나 보수를 외치지만 대안이 없는 정치 도서일까?

지금은 쏟아지는 정보들 중에서 자신에게 꼭 필요한 내용을 찾아낼 줄

아는 비판적·전략적 사고 능력이 귀한 때다. 현명한 사람은 격변의 성격을 이해하고 조기 대응에 필요한 질문을 던져 새로운 기회를 얻는다. 성공의 시작은 읽고, 사유하고, 비판하는 것이다.

정보의 접근에도 신자유주의가 만연하다

무언가 특정한 기술에 대해 분석하고 그 파급력을 이해할 때쯤이면 또 다른 신기술들이 복잡다단하게 등장한다는 것이 오늘날 등장하는 로봇 기술이 주는 위협의 본질이다. 호주 출신의 금융 평론가 브렛 킹Brett King 은 《뱅크 3.0 Bank 3.0》에서 '뱅킹'은 더는 가야 할 장소가 아니라 당신이 해야 할 일이라고 지적했다. 영국의 금융 시장 분석가 크리스 스키너Chris Skinner 는 《디지털뱅크, 은행의 종말을 고하다Digital Bank》에서 디지털화란 은행이 더는 돈을 예치하는 곳이 아니라, 데이터를 안전하게 저장하는 곳이라는 의미라고 정의했다. 2016년 8월에 열린 금융업의 미래에 관한 연설에서, 한 기업의 연사는 국내 은행 순이자 마진NIM *23 및 지점 수는 지속해서 감소하는 추세라고 했다.

로보어드바이저robo-advisor는 로봇robot과 투자 자문가advisor의 합성어다. 로보어드바이저의 등장을 지켜보면 기술 혁신이 항상 노동자와의 공존을 모색하는 방향으로 흐르지는 않는다는 사실을 깨닫게 된다. 로보어드바이저는 금리 하락 등 저성장 시대에 고수익 자산 운용을 필요로 하는 고객에게 서비스를 제공하기 위해 탄생했다.

대안 금융 서비스 상품은 증가하고, 소비자는 높은 자산 관리 수수료에 불만을 갖고, 소액 자산 투자가 대중화되면서 로보어드바이저의 활동은 더욱 확장될 전망이다. 이러한 동향을 살펴보면 정보를 통해서 판단을 내리는 직업군의 미래는 취약하다는 것을 알 수 있다. 금융봇 서비스는 고객의 기본적인 질문에 24시간, 365일 자동화된 답변을 제공한다.

앞서 언급한 연설에서 연사는 로보어드바이저, 금융봇 등과 같은 수익 모델을 전략적으로 모색했지만, 지금도 각 지점에서 일하며 생계를 유지하는 직원들의 미래에 관해서는 말이 없었다. 새로운 사업 창출을 목표로 하는 다양한 기업 경영진의 연설을 취재하다 깨달은 사실이 있다. 금융업에 종사하는 직원들은 업무로 고단한 날들을 보내는 와중에도 자신의 안위를 위한 정보 탐색에 적극적이어야만 한다.

치열한 경쟁에 노출된 기업가들은 인건비를 절감할 수 있는 기술이 등장하면 자연스럽게 근로자를 현장에서 퇴출시킨다. 이익 추구는 기업가의 합리적인 행위이며, 더불어 살기 운동은 도덕 책에서나 가능한 이야기이기 때문이다. 전 세계 선두 기업과 기업가 들을 취재하다 보면 로봇, 기계 학습 알고리즘 등 여러 가지 자동화 방식이 단순하고 반복적인 노동을 하는 층위를 매우 빠르게 잠식하고 있음을 실감한다.

이러한 격변은 은행업뿐만 아니라 다양한 영역의 화이트칼라에게 해당되는데, 생존을 위한 대안을 모색하기 위해서는 모두 자신이 속한 산업의 미래에 관한 정보를 적극적으로 탐색해야 한다. 그러나 이러한 탐색 활동은 정말 어렵다. 창의적이고 비판적인 사고로 자기가 속한 세계를 바라볼 줄 안다는 것은 때로는 자신을 부정하는 거듭남을 요구하기 때문이다.

2016년 벽두부터 서울 여의도 증권가에는 구조조정 바람이 거세게 불었다. 쉬지 않고 시장을 분석해 투자가의 마음을 사로잡는 로보어드바이저와 같은 기술의 등장으로 상담 직원의 노동력은 사라진다. 고객은 스마트폰으로 손쉽게 폭넓은 정보를 얻기를 선호한다. 지난 4년간 증권사의 시중 지점이 600개 이상 사라졌다. 앞서 언급한 연설에서 가장 여운이 남은 지표는 국내 시중 은행 지점이 2012년 7698개에서 매년 7599개, 7401개, 2015년에는 7278개로 감소하는 추세라는 것이다.

러다이트 운동이 일어날 만한 기술에 대해 침묵하는 것은 격변의 종류가 셀 수 없이 다양해 노동자가 일일이 대응하기 힘들기 때문이다. 인공지능이나 신시장의 동향을 제대로 인식한다면 맹목적인 노력으로 공무원 시험에 매달리거나 자신이 속한 기업의 미래가 지속할 것이라는 믿음에 에너지를 쏟지 않을 것이다. 그러나 대중이 격변의 본질을 이해하기 어려운 이유는 정보의 접근에도 신자유주의가 만연하기 때문이다.

우리나라에서 갑자기 부정부패가 사라질 수 없듯이, 아무리 훌륭한 정권이 들어서도 쉽게 해결할 수 없는 문제가 바로 기계와 인간의 공존 문제다. 그래서 지금과 같은 국정 운영이 걱정스러운 것은 이미 닥친 자동화 물결에 대한 대비 의식이 부재하고 교육 문제에 관해 국가가 침묵하고 있기 때문이다. 눈앞의 이익만 좇을 뿐 비전도 없고 기술을 하대하는 정치인에게 힘을 실어주다 보면 상당수 국민은 지금보다 더 가난해진 자신을 발견하게 될 것이다.

2015년 5월, 서울의 한 호텔에서 〈서울포럼 2015〉가 열렸다. 뉴욕시립대학교 석좌교수 미치오 카쿠, 미시간대학교 석좌교수 신강근, 러스넷 회장 자웨팅贾跃亭 등이 연설했다. 〈서울포럼 2015〉는 한국의 경쟁력을 높이려면 ICT와 핀테크, 바이오, 신소재 분야의 흐름을 읽어야 한다고 주장했다. 이

틈간 이들의 사상과 정보를 캐는 데 200만 원의 비용이 든다.

2015년 10월, 같은 장소에서 전 국무총리 한덕수, 전 영국 총리 토니 블레어Tony Blair, 전 스웨덴 총리 칼 빌트Carl Bildt, 전 핀란드 총리 에스코 아호Esko Tapani Aho, 전 미국 국방부 장관 리언 패네타Leon Edward Panetta, 전 독일 재무부 장관 테오 바이겔Theo Waigel, 전 미국 재무부 장관 티머시 가이트너Timothy Geithner, 전 도쿄도지사 마스조에 요이치舛添要一, 삼성전자 사장 박상진, 뉴욕대학교 스턴스쿨 경영대학원 교수 누리엘 루비니Nouriel Roubini, 《MIT 테크놀로지 리뷰MIT Technology Review》편집장 제이슨 폰틴, 에어비앤비 창업자 네이선 블레차르지크 등이 모여 격변기 세계에서의 도전과 기회 창출을 모색하기 위해 지식의 중요성을 논의했다. 이들의 정보를 종합적으로 이해하고, 현장에서 인생을 바꿀 수도 있는 질문을 던지려면 330만 원의 입장료를 지불해야 했다.

국내 대기업 중 한 곳은 아침마다 다양한 전문가를 초청해 임직원을 대상으로 강연을 한다. 보통 강연자는 회당 적게 잡아도 400만 원 이상의 강연료를 받는다. 《블루오션 전략Blue Ocean Strategy》의 저자 르네 마보안Renee Mauborgne 프랑스 인시아드INSEAD 경영대학원 교수는 삼성전자의 고위 임직원과 일하며 기업의 전략을 모색했다. 많은 기업이 큰돈을 들여 세계적인 전략가를 초빙하기는 재정적으로 힘들다. 필자(이선)는 거시경영연구소를 운영하고, 많은 강연과 석학들을 취재한다. 그러다 보면 신자유주의 사회에서는 정보의 질과 접근성도 부와 비례한다는 것을 깨닫는다.

투자한 강의료에 비해 실력이 형편없는 강연도 있지만 대체로 연설을 듣고 토론을 하다 보면 언론이나 소셜 미디어에 등장하지 않은 진짜 이야기가 등장할 때가 많다. 이것이 문제다. 부자는 미리 보는 눈을 기르는 훈련을 게을리하지 않는다. 가난의 원인 중 하나는 정보의 접근성에 있다고 말한 노벨 경제학상 수상자 조지프 스티글리츠Joseph E. Stiglitz가 떠오른다. 그는 미국의 가난한 사람들의 공통점은 보통 수준의 교육을 받는 것이라고 지적했다.

21세기 격변의 시대에 정보를 취하는 것은 개인의 생사가 걸린 문제다. 그런데 서민은 산업의 몰락과 장밋빛 미래를 예측할 수 있는 귀한 정보를 얻기가 힘들다는 것이 큰 문제다. 이들은 재정적인 부담을 감당하기 어려워 고급 정보에 접근하기 힘들고, 미지에 대한 과한 스트레스 때문에 현상을 통섭의 시선으로 이해하기도 버겁다. 즉 내가 나를 알기도 힘든데 세상사 돌아가는 것이 무슨 상관이냐는 태도다. 이런 사람들은 물질적으로 극심한 가난과 정신적인 유치함이 극에 달해도 변하기 쉽지 않다. 그렇다면 지성 훈련의 차원에서 비즈니스맨이 추구해야 할 생존 전략은 무엇일까?

먼저 정보의 본질에 대해 고민하자. 직장인이 오랫동안 일하기 위해서는 연봉과 승진에 관심을 두는 만큼 자신의 기업과 기업이 속한 산업의 미래에 관심을 가져야 한다. 조금만 적극적으로 관찰하면 알 수 있는 조직의 상층부에서 벌어지는 일, 그들의 일방적인 선택으로 인한 실적 악화, 이로 인한 구조조정, 산업의 몰락 등에 대해서 말이다.

업무에 치이는 고충은 이해하지만 자기가 탄 배가 침몰하고 있다는 정보조차 찾으려 하지 않는 직장인들, 이미 몰락 중인 기업을 제대로 분석하지도 않고 취업을 준비하는 구직자들에게서 나는 안일함을 발견한다. 오래 일하고 싶다면 열심히 공부하는 동시에 잘 관찰해야 한다.

수천 권의 책을 읽었어도 한번 지혜롭게 판단하거나 행동하지 않으면 무의미한 독서일 뿐이다. 독서는 저자의 말을 인내심을 가지고 눈으로 듣는 것이다. 독서는 보편적 가치 범위 내에서 사람답게 살아갈 길을 안내받는 것이다. 생존과 공존에 관한 치열한 고민을 넘겨받아 공유하는 것이다. 그러나 다양한 의견을 경청해야 하면서도 작가의 배경과 신념을 분별해야 인류가 그동안 저지른 끔찍한 실수를 되풀이하지 않을 수 있다.

소셜 미디어가 발달하면서 독서의 가치가 변질되고 있다. 많이 읽지만, 사유의 진보를 일으키지 못하게 하는 것들로 두뇌가 채워진다. 다변화된 매체는 마케팅을 위해 가짜 뉴스 같은 원초적인 콘텐츠를 남발한다. 흥미 위주의 콘텐츠는 현대인의 두뇌를 더욱 퇴보시킨다. 그 결과 1장에서 다뤘듯이 아시 패러다임에 빠질 가능성이 높아졌다.

이런 흐름에서 독자는 지성의 마찰을 일으키기보다 감성적 분노, 행복, 좌절 등을 쏟아내는 이야기에 익숙해진다. 이것은 또 다른 우민화 전략이다. 악서를 만나야만 양서를 발견할 수 있다지만, 작금의 정치와 경제 행태를 보면 악서를 양서로 믿고 살아가는 사람들도 많다는 것을 느낀다. 읽을수록 머리를 나쁘게 만드는 책에서 벗어나자.

마오쩌둥은 문화대혁명 때 대중을 쉽게 통제하는 전략으로 문자를 이해하고 독서를 하는 행위를 경계했다. 그는 책을 읽을수록 인간은 어리석어진다거나, 생각에 빠지지 말고 행동하라는 주장을 펼쳤다. 마오쩌둥이 다시 살아난다면 소셜 미디어를 통해 대중이 다양한 정보에 접근할 수 있는 것을 용납하지 않을 수도 있다.

칸트의 말을 오해하면 마오쩌둥의 말을 그대로 받아들이게 된다. 인류의 자유는 의식적인 질문에서 시작했다. 읽지 말라는 것이 아니라 제대로 읽어야 한다는 것이다. 구글이라는 좋은 검색 도구를 가졌으면서도 인터넷 바다의 표면에만 머무르는 사람들이 있다. 심해어를 발견해 저변을 확대하고, 고래를 잡아 탁월한 아이디어를 탄생시키는 것은 결국 검색 능력에 달렸다. 이런 능력을 키우기 위해 책 속에 숨어 있는 미끼를 발견할 줄 알아야 한다.

소셜 미디어에는 정보가 많지만 책 한 권에 담을 귀한 자료는 찾기 어렵다. 방대한 데이터 가운데서 꼭 알아야만 하는 정보를 체계화하는 능력은 저자의 주요한 능력이다. 경영 부문 베스트셀러 출판사 대표를 컨설팅하며 깨달은 교훈이다. 진짜 정보, 반드시 알아야 할 정보를 발굴하는가? 정보 간의 격차, 고급 정보와 하위 정보를 구별하는 능력이 후발 기업과 개인의 생존을 결정한다. 이것을 감지하려는 노력이 격변을 살아가는 데 필요한 생존 감각이다.

간혹 소셜 미디어에 올린 필자들의 글을 보고 자신의 매체에 싣고 싶다고 하는 업체가 있다. 그러나 원고료를 주기에는 회사 상황이 좋지 않다고 한다. 회사 상황이 안 좋은 이유가 여기에 있다. 한편 학생들의 질문을 들어보면 공허할 때가 있다. 바로 스스로 고민해본 적 없는 문제를 대신 해결해주길 원하는 경우다. 이 모든 것이 만연한 공짜 점심 문화 때문이다. 기업이나 개인의 운명을 쥔 정보는 나 역시 감춰둔다. 소셜 미디어나 재능 기부 강연에서 전부를 공개하지는 않는다. 기업 강연이나 책에서 공개하는 편이다. 그 정도 수고도 감내하지 않으면 어찌 세상 돌아가는 이치를 깨달을 수 있을까?

인공지능 시대에 두뇌 기능이 점차 소멸하는 사람들

성공의 가치 기준을 어디에 두느냐는 참으로 중요한 핵심 논제다. 대기업에 들어가서 남들처럼 안정된 생활을 하는 것을 성공의 가치로 둔다면 그만큼의 역량밖에 발휘할 수 없다. 처음부터 목표를 낮게 잡으면 시야도 좁아진다. 시야를 넓혀서 세계 속에서 나를 볼 수 있어야 한다. 많은 젊은이가 실업난 속에서 세상이 끝난 것처럼 절망하고 좌절한다. 지금은 좌절할 때가 아니다. 우리보다 훨씬 열악한 상황에서 공부하고 일하는 중국인과 인도인 들이 부상하고 있다.

2016년 6월 25일, 중국은 차세대 운반 로켓 창정長征 7호 발사에 성공했다. 중국은 2016년 한 해에만 6조 7,488억 원의 천문학적인 비용을 우주 개발에 쏟아부었다. 일단 투자 비용 면에서는 미국과 러시아를 따돌린 것이다. 두 달 후인 9월 27일, 스페이스X의 최고 경영자 일론 머스크는 멕시코 과달라하라에서 열린 국제 우주 대회에서 화성에 인간을 보내겠다는 계획을 공개했다. 전 세계가 우주 개발과 첨단 기술 개발에 혈안이 된 시기에 한국은 2016년 11월 민간인 국정 농단 사건으로 온 국민이 충격과 혼란에 휩싸였다. 거액의 기업 자금이 인재 육성과 기술 혁신에 투자되는 대신, 권력을 등에 업은 민간인의 부를 축적하는 데 사용됐다.

이미 한국은 중국의 양적·질적 경제와 기술의 급성장으로 경제가 흔들리는 것을 경험하는 중이다. 대기업에 무사히 입사했다 해도 지금의 상황은 어떤가? 30대에 구조조정을 당하는 직장인들이 늘고 있는 추세다. 공무원의 앞날은 안전하다고 누가 장담할 수 있는가? 그리스 사태처럼 나라 자체가 흔들리는데 나 혼자 무사할 수 있을까? 멀리서 쓰나미가 몰려오는

데 집 다락방에 숨는 것과 비슷한 모양새다. 기차 바퀴가 고장 나서 곧 선로에서 이탈할 수도 있는데 어떻게든 기차에 올라타기만 하면 산다고 믿는 것과도 같다.

2011년 3월 11일, 일본 동북부에 발생한 쓰나미가 해안 마을을 덮쳤다. 필자(이선)는 4월과 5월에 피해 현장에 방문했다. 미국, 영국, 호주, 멕시코, 중국 등 세계 각지의 NGO 활동가들이 이시노마키 시 센슈대학교에 집결했다. 복구 현장은 처참히 부서진 주택가였다. 쓰나미와 함께 바닷모래가 마을로 떠밀려 와 붕괴한 건물 콘크리트 가루와 함께 뒤범벅되어 있었다.

어떤 집 마당에는 개집의 흔적이 있었다. 그중 눈을 감고 있는 강아지가 눈에 띄었다. 불쌍한 마음에 사체라도 거두려 했으나 너무 가벼웠다. 목줄에 묶인 채였는지 몸통은 사라지고 목만 남았던 것이다. 복구 작업을 하다 보면 상상도 못 한 광경을 목격하게 된다. 자위대가 먼저 시체를 거둔 공간에 투입되어서 다행일 정도였다.

팔뚝만 한 생선이 방바닥 다다미 아래서 썩고 있고, 태평양에서부터 몰려온 파도가 각종 쓰레기를 집에 가득 옮겨놨다. 자동차는 건물 위에 내동댕이쳐져 있었다. 도요타, 닛산, 혼다 등 일본을 대표하는 기업의 차들은 꾸겨진 채였다. 거대한 자연 앞에서 인간의 견고한 물질문명은 초라하게 망가졌다. 자동차의 온전한 부분은 상표 정도였다.

이시노마키는 아름다운 경치를 자랑하던 평온한 어촌이었다. 마을 사람들은 그날 아침에도 어김없이 에메랄드 빛을 내뿜는 태평양을 바라보며 행복한 미래를 꿈꿨을 것이다. 어부들은 활기차게 물고기를 잡으러 바다에 나가고, 아이들은 여느 때처럼 아낙네들의 손에 이끌려 병아리처럼 옹기종기 등교했을 것이다. 노인들은 점심을 마친 후 노곤해진 몸을 아랫목에 누이고 평안한 낮잠에 빠져들기 시작했을 것이다. 그들 중 누구도 3월 11일, 오후 2시 46분 바닷속 지층에서 뿜어져 나오는 엄청난 에너지를 담은 40.5미터의 거대한 파도에 무참히 휩쓸리리라고 예상하지 못했다.

이것은 일본 역사상 최대 규모의 지진이었다. 대지진 현장에서 인간의 건축물들이 처참히 부서진 것을 보며, 상당수 인간의 생각은 예상치 못한 격변에 지나치게 낙관하고 무방비에 익숙하다는 것을 깨달았다. 동시에 쓰나미는 예상하기 힘들지만, 인간이 일으키는 기술 혁신으로 인한 후발 주자의 피해는 조금이나마 예상할 수 있다는 교훈도 얻었다. 사람이 벌이는 일은 결국 사람의 수준에서 탄생하기 때문이다. 따라서 쓰나미 같은 격변의 진원지인 선두 기업의 동향을 살피는 일은 생존을 위해 필수적이다.

2015년 8월, 임마누엘 페스트라이시Emanuel Pastreich 하버드대학교 박사가 주최한 〈조선 시대 전통의 우아한 지혜〉*24 세미나가 서울 안국동에서 열렸다. 그의 초대로 세미나에 함께한 필자(이선)는 신선한 문화적 충격을 받았다. 그가 최근 칼럼에서 한국 경제가 IMF 때보다 위기라고 진단한 데는 동의할 수 없지만, 푸른 눈의 미국인은 나보다도 한국 문화와 역사를 열정적으로 분석했고, 제3자의 눈으로 우리나라를 바라보게 했다. 그는 경제의 격동기를 맞이한 우리가 한국 전통의 문화와 경제, 교육을 재평가하는 훈련을 해야 한다고 강조했다. 그래야만 그 속에서 한국인의 밝은 미래를 발견할 수 있다는 것이다.

페스트라이시는 《한국인만 모르는 다른 대한민국》에서 많은 한국인이 선조로부터 물려받은 훌륭한 문화적 유산과 정신을 잊어버렸다고 꼬집었다. 조선 시대 중인 계층은 현대 한국인보다 더 활발히 교류했다는 것이다. "각자의 분야를 넘어서 다양한 기능인이나 지식인 들과 만남의 장을 펼쳤다. 특히 18세기의 중인 계층 관리들은 현대 한국의 평범한 공무원보다 지적·예술적 가치를 향유하고 추구하는 수준이 높았던 것으로 보인다."*25

그는 한국인이 고통스러운 일본 압제를 통해서 옛것은 쓸모없다는 사고를 프로그래밍당했다고 했다. 예컨대 선비 정신은 세계 어디에 내놔도 손색없는 미래 정신이다. 조선의 선비들은 학구적인 태도로 진리를 탐구했다. 새벽부터 일어나 나라 전체를 생각하는 큰 문제의식을 가지고 있었으며, 목숨을 초개같이 여기면서 자기 의견을 말할 수 있는 용기가 있었다. 이것은 미국의 개척 정신처럼 훌륭한 가치관이라고 페스트라이시 역시 인정했다.

그렇다고 해서 지금까지 주입식 교육을 받았는데 이제 와서 어쩌라는 거냐고 손을 놓고 있을 수는 없다. 이런 상황을 이해하고 인식하면서 잠재력을 개발하고 눌려 있는 창의력을 살려내기 위한 노력을 기울여야 한다. 격변의 파도 속에서는 날 수 있는 자만이 살아남는다. 난파되는 배에서 발만 동동 구르면 결국 배와 함께 바닷속으로 빠지고 만다. 날기 위해서는 생각의 구조를 바꿔야 한다. 주입식·암기식 교육에 의문을 품고 질문을 던지며 내 생각을 당당하게 말하는 훈련을 해야 한다.

제프 콜빈은《재능은 어떻게 단련되는가?》를 집필하며 최고의 성과를 낸 사람들을 다양한 영역에서 찾아내 연구한 결과 공통점을 발견했다. 탁월한 사람들은 특정 상황을 회피하지 않고, 오히려 그것을 적극적으로 활용해 반복 연습의 기회로 삼는다는 것이다.*26 이 책을 읽어보면 일반인이 전문가가 되기 위해 넘어야 할 산을 발견하게 된다. 각 영역에서 활약하는 대가들의 두뇌는 엄청난 양의 정보들을 서로 연결하는 체계적인 구조로 형성되어 있다.

과학 저술가 스티븐 존슨이 쓴 《탁월한 아이디어는 어디서 오는가*Where Good Ideas Come from*》의 골자는 탁월한 아이디어의 탄생을 위해서 다양한 사람으로 이루어진 네트워크 융합에 관심을 기울여야 한다는 것이다. 존슨은 두뇌의 네트워크가 유동적일 때 탁월한 아이디어가 발생한다고 주장한다. 인간의 뇌에는 약 1000억 개의 뉴런이 있다. 뉴런들이 서로 정교하게 연결되지 못하면 인간은 어떤 통찰도 할 수 없다.

필자(데이비드 서)는 미국 대학에서 컴퓨터공학과를 전공했고, 졸업 후 소프트웨어 개발자로 첫 직장 생활을 시작했다. 그 후 프로그래머로서 컴퓨터 센터 관리자가 되었고, 패니메이Fannie Mae로 직장을 옮긴 후에는 소프트웨어 부서의 트레이너로 일하다가 조직 내에서 변화 관리를 다루는 프로젝트 매니저 코치 역할을 하게 됐다. 그 후 세계은행World Bank에서는 팀을 효과적으로 운영하는 코치로 근무했다. 한국으로 온 후에는 중소기업 임원과 한양대학교 교수를 거쳐 컨설턴트로 일하는 중이다. 공학도로 시작해서 인문학적인 일을 하고 있는 것이다.

이처럼 조금은 복잡한 이력을 소개하는 이유는 다양한 직업에 관한 생각을 말하고 싶어서다. 한국은 뒤늦게 IMF를 거치면서 종신 고용 개념이 무너지기 시작했지만, 미국에서는 이미 오래전부터 평생직장이라는 개념이 사라졌다. 많은 사람이 다양한 커리어를 가지고 여러 직장을 옮겨 다니며 일하는 경우가 많기 때문이다.

미국이 한국보다 조금 앞선 시대를 살아간다면 한국에서도 곧 한 직장에서 오래 있는 것보다 다양한 커리어로 다양한 직장 생활을 하는 것이 일반화되는 시기가 올 것이다. 그때 '나는 어떤 직업을 가질 것인가?'라는 질문은 우문이다. '내 인생의 다음 경력과 직업은 무엇으로 할 것인가?' 이것이 더 정확한 질문인 시대가 오기 때문이다.

필자의 친구인 존슨라우는 중국계 미국인이다. 그는 홍콩에서 의사로 출발했지만 대학 교수와 글로벌 제약 회사의 연구 개발 담당 임원을 거쳐 바이오텍 회사의 회장으로 영입된 후 미국에서 두 번째로 큰 규모의 바이오텍 회사 상장을 성공시킨 경력이 있다. 지금은 여러 회사를 거느린 성공한 기업가로 자리매김했다. 게다가 그는 남들이 한두 개도 힘들다고 하는 논문을 250여 편, 그것도 이름 있는 전문지에 발표한 경력을 가지고 있다. 또한 기업 상장에 필요한 재무 전문가 자격증도 취득해서 기업 상장 업무를 직접 처리하는 일까지도 해본 경험이 있다.

미국에 사는 후배 중에는 줄리어드 음악대학을 졸업한 후 성악가로 활동하다가 뒤늦게 변호사 공부를 해서 변호사 사무실을 개업한 사람도 있다. 물론 오랫동안 한 직종에서 일하는 사람들도 있긴 하지만 다양한 직업을 넘나드는 것이 미국에서는 더 일반적이다.

이미 삼성은 인문 계열 졸업자들에게 컴퓨터를 가르치는 시도를 하고 있다. 의사이면서 여행 전문가나 요리사, 재무 전문가 등을 병행하는 사람들을 우리 주변에서도 이제는 어렵지 않게 볼 수 있다. 아마 점점 갈수록 직업의 폭은 넓어져 다중 커리어를 가진 사람들이 늘어날 것이다. 한국에서는 사법고시 대신 로스쿨이 생겨나면서 건축이나 음악, 의학, 공학 등 다양한 전공자들이 변호사로 활동하게 됐다. 예전에는 상상할 수 없는 일이었지만 지금은 순식간에 일상적인 일로 자리 잡은 것이다.

이렇듯 앞으로 우리가 맞이할 세계는 직업을 가질 때도 연결과 융합을 통한 유연성이 필요한 시대다. 빠르게 변화하는 시대적인 요구에 부응하기 위해서는 그만큼 순발력이 필요하기 때문이다. 이런 사회에서 자기 커리어를 유연하게 사용할 수 있는 사람은 시장 경쟁에서 살아남을 확률이 높다.

스티브 잡스는 공학과 인문학의 통합을 보여주면서 한 우물만 파서는 성공할 수 없는 시대임을 만천하에 일깨웠다. 그 결과 우리나라에서는 이과와 문과를 통합하는 교육 정책의 대지진이 지금 시작되고 있다. 이런 혼란스러운 시대에는 통섭적인 창조력이 요구된다. 그만큼 다양한 사람들이 함께 일하면서 팀워크와 소통하는 힘이 중요시되기 때문이다. 이러한 모든 것을 수용하기 위해서는 사고의 틀이 끊임없이 확장되어야만 한다.

인류 구원을 고민할 때다

한국 철학계의 대부로 불리는 연세대학교 김형석 명예교수는 필자(데이비드 서)가 존경하는 어른 중 한 분이다. 100세를 바라보면서도 왕성하게 활동하는 모습을 뵐 때마다 저절로 고개가 숙여지며 경외감을 느낀다. 필자는 한양대학교에 재직하고 있을 당시 김형석 교수를 초청해서 학생들을 대상으로 강연회를 주최한 적이 있다. 100년 가까운 세월을 살아낸 존경받는 지성인의 눈을 빌려 세상을 바라보는 통찰력을 키워주고 싶었기 때문이다.

그 자리에서 김형석 교수는 청년 실업난에 대한 돌파구로 학생들에게 '나 자신의 개인적인 문제보다 더 큰 문제의식을 가지는 것이 중요하다'고 강조했다. 어떻게 해서든 나 하나만 성공하겠다는 개인의 미래에 대한 걱정과 욕심보다는 나라의 미래, 세계의 미래를 바라보는 눈을 키워야 한다는 것이다. 그것이 모두가 더불어 사는 길이기 때문이다.

당시 필자는 개인적으로 찾아와 진로에 대한 고민을 털어놓는 학생들과 많은 시간 상담을 하곤 했었다. 그때마다 느낀 것은 그들이 보는 세상이 우물 안 개구리처럼 좁고 단편적이라는 것이다. 미국에서 오랜 시간 동안 살았던 필자로서는 그들의 초점이 이 좁은 한국이라는 장소에만 국한되어 있는 것이 안타까웠다. 나는 그들이 눈앞에 닥친 문제를 보느라 정작 놓치고 있는 다른 넓은 세계에 관심을 갖기를 간절히 바랐다.

세계는 이미 하나의 생명체가 된 지 오래다. 한국보다 세계에 이름이 더 알려진 삼성의 경쟁사는 국내 기업이 아니라 애플이나 샤오미 같은 세계적 기업이다. 중국 경제의 급성장으로 인해 우리나라를 비롯한 많은 나라가 가격 경쟁에서 영향을 받고 있다. 2016년 미국의 금리 인상에 1,220조 원의 가계 부채를 진 우리나라는 신경을 곤두세울 수밖에 없다. 세계 경제의 흐름 속에서 청년 실업과 경기 불황은 우리의 발목을 붙잡고 있다. 게다가 앞으로 다가올 미래에 우리의 경쟁 상대는 놀랍게도 사람이 아닌 로봇이다.

무인 자동차가 나오고 컴퓨터에서 신문 기사를 뽑아내는 시대에 사는 우리에게는 그 어느 때보다도 창의력과 도전 정신이 필요하다. 경영 사상가 다니엘 핑크가 《새로운 미래가 온다A Whole New Mind》에서 강조한 조언대로 로봇에게 쉽게 점령당할 수 있는 좌뇌적 사고에서 탈피하여 우뇌적 사고를 길러 통합적 사고를 할 수 있어야 한다. 그런데 이런 상황에서 대학 졸업생들의 희망 직업 순위 1위, 2위가 교사와 공무원이라니 암울한 현실이 아닐 수 없다. 이런 근시안적 사고방식을 부채질한 것은 바로 부모와 언론이다.

어린 시절부터 봉사와 아르바이트를 하면서 사회의 일원으로서 참여하는 것은 미국에서 자연스러운 일이다. 부모 세대는 그것을 적극 권장함으로써 자녀가 자연스럽게 독립적인 사회인으로 성장하도록 돕는다. 하지만 우리나라 젊은이들은 직장 생활을 시작할 때까지 대부분 공부에만 매달리는 경우가 많다. 그러다 보니 영양소를 골고루 섭취하지 않아 문제가 생기는 것처럼 일터에서도 역량 부족 등의 문제가 나타난다. 물론 어려운 집안 형편 때문에 학업을 잠시 중단하면서까지 열심히 아르바이트를 하는 학생들도 있다. 지금 말하는 것은 집안 형편과 상관없이 일반화된 가치관을 의미하는 것이다.

젊은이들에게 꿈을 심어주는 것은 이 시대 어른들의 중요한 역할이며 책임이다. 내 자식만큼은 편안하게 살기를 바라는 부모의 소극적이고 이기적인 조언이 결국 사랑하는 자식의 미래뿐만 아니라 우리나라의 미래 전체를 망칠 수 있기 때문이다. 우리나라가 공무원만 넘쳐나는 사회가 된다면 한국 경제의 미래는 어떻게 될 것인가?

젊은이들이 자신의 경쟁 상대를 공무원 시험에 몰두하는 같은 또래의 수험생으로 생각할 때 우리의 미래는 더욱 어두워질 수밖에 없다. 실제로는 인도에서, 중국에서, 미국에서 밤새도록 공부에 몰입하는 젊은이들이 경쟁자이기 때문이다. 기계화라는 전쟁에서 살아남기 위해서는 그 어느 때보다도 거시적인 안목과 통찰력이 필요하다. 그렇다면 통찰력을 키우기 위해서는 어떤 노력이 필요할까?

분주하기만 해서는 성과를 낼 수 없다

우선 새로운 세계와 지식을 접하고 경험하는 과감한 도전 정신이 필요하다. 특히 우리나라 젊은이들에게는 이러한 도전 정신이 매우 부족하다. 필자(데이비드 서)는 대학 강단에서 학생들을 가르치면서 그들이 점점 개성 없는 기계처럼 변해가는 것을 느낀다. 그렇잖아도 한국 젊은이들은 유행에 뒤처지면 큰일이라도 나는 줄 알고 모두들 비슷한 모습과 옷차림으로 살아간다. 취업 때는 대기업에서 요구하는 '스펙'을 맞추기 위해 너 나 할 것 없이 일사분란하게 똑같은 생각으로 똑같이 움직인다. 의례적으로 해외 연수를 다녀오고, 면접 때는 정형화된 차림을 하고 암기한 대답을 말하고, 자기소개서까지 비슷하게 작성해서 특별한 사람을 찾기가 매우 힘들다.

이렇게 로봇화된 학생들은 정작 로봇과의 전쟁에서 무참하게 패배할 가능성이 높다. 수많은 사람이 로봇으로 대체될 수 있는 직업에 혈안이 되어 집착하기 때문이다. 나만이 할 수 있는 일을 찾겠다는 발상 자체를 거부하는 것은 스스로 도태의 길에 들어서는 것과 같다. 하지만 눈을 감는다고 당면한 현실이 사라지는 것은 아니다. 힘들고 고된 길이라고 새로운 도전을 회피한다면 불행한 미래는 바짝 다가온다.

MIT 경제학자 데이비드 아우터David Autor 는 인류와 기계의 공존이 가능하다고 보는 사람 중 한 명이다. 그는 기계들이 발달할수록 인간보다 더 많은 일을 하는데 아직도 이렇게 많은 직업이 어떻게 존재할 수 있는지 의문을 품어보라고 조언한다. 그는 인간의 도구들이 발전할수록 인간이 가진 전문 지식과 판단력, 창의성의 중요도가 높아진다고 강조한다. 물론 이 역시 이러한 수준의 역량을 소유한 사람들에게만 해당하는 이야기다.

아우터는 전산화하기에 가장 적합한 분야는 컴퓨터가 인간에 비해 압도적으로 경쟁 우위를 가질 수 있는 분야라고 분석했다.*27 곱셈처럼 명확히 부호화할 수 있는 분야를 두고 컴퓨터와 경쟁하는 것은 비효율적인 노력이다. 그러나 한국의 입시 제도나 교육, 화이트칼라의 업무 현장은 창의적이지 못한 상태로 정체되어 있어 심각한 문제다.

오늘도 한국의 입시 학원 밀집 지역은 불야성을 이룬다. 2015년 OECD가 1위로 발표한 한국의 대학 진학률과 달리 대학 졸업자의 고용률은 최하위권이다. OECD는 2013년을 기준으로 한국 아동의 삶에 대한 만족도를 100점 만점에 60.2점으로 평가했다. 회원국 중 최하위 수준이다. 그런데도 여전히 상당수 입시생은 단지 대학 입학만을 목표로 수능 전투에 임하고 있다. 좋은 대학에 입학하면 안정적이고 화려해 보이는 화이트칼라의 문명에 진입할 수 있다고 생각하기 때문이다.

이렇게 단순한 사고로 세상을 바라보는 인류는 AI처럼 복잡다단한 기술을 창조해 화이트칼라 직군을 축소하게 하는 인류와 경쟁하기 힘들다. 2014년 초 구글은 미국 밖에 있는 기업 중에 가장 많은 돈을 들여 영국의 AI 스타트업이었던 딥마인드를 7,000억 원에 인수했다. 각종 신기술을 창조하는 영국에서는 청소년의 밝은 미래에 학습과 놀이의 균형을 맞추는 것이 중요하다는 생각이 퍼지고 있다.*28

상당수의 한국 학생은 유럽 원정대의 후예가 창조한 스마트폰으로 넓은 세상을 보는 듯하지만 실상은 얕고 좁다. 자식을 자신보다 더 화려하고 보장된 미래를 제공하는 화이트칼라로 만들기 위해 학원에 맡기는 부모들은 전략을 수정할 때다. 자신의 노력이 부족하다고 자책할 것이 아니라 관찰의 힘이 부족하다는 사실을 받아들여야 한다. 이미 외부 세계는 너무 빨리 변해버린다는 것이 문제지만 말이다.

내연 기관의 자동차를 생산하는 기업에서 단순노동을 반복하는 직원들은 부당한 업무와 정당하지 못한 임금 체계에 분노할 때가 있다. 인간은 자기 이익이 침해받는 것에 의문과 이의를 제기해야 한다. 그러나 지속 가능한 노동을 가능하게 하기 위해 개별적으로 투쟁해야 할 대상은 자신의 인식 체계다.

노르웨이 정부는 2025년부터 내연 기관의 자동차를 구매하는 행위를 용납하지 않겠다고 선포했다. 노르웨이에서 발생하는 이산화탄소 배출량을 2030년까지 절반으로 줄이기 위해서다. 전기 자동차를 생산하는 일론 머스크에게는 희소식이 아닐 수 없다.

내연 기관의 자동차는 2만 개 넘는 부품을 조립해야 탄생할 수 있다. 차한 대를 생산하기 위해서는 다양한 부품을 만드는 각각의 기업에 속한 직원들의 힘을 필요로 한다. 이들의 미래를 불분명하게 만드는 것은 기업 내부의 부정부패도 있겠지만, 외부에서 벌어지는 강력한 힘의 존재를 인지하지 못하는 협소한 시야다.

전기 자동차가 세계적으로 상용화될 때(시기는 불분명하지만) 현장은 새로운 물결의 흐름을 탈 줄 아는 사람들로 바뀔 것이다. 자신이 속한 기업이 몰락했을 때는 투쟁할 대상이 사라져버리는 상실감에서 조금 더 자유롭기 위해서 중장기적인 시야가 필요하다. 분주하게 일하기만 해서는 성과를 낼 수 없는 시대다. 차라리 부모가 아이들에게 자유롭게 놀 시간을 보장해주는 것이 현명할 정도로 말이다.

시간이 흐를수록 인공지능은 거의 모든 직종에서 단순하고 반복적인 업무에 익숙한 인간을 밀어낼 것이다. 이러한 상황에서 변화를 감지하지 못하도록 만드는 한국의 교육 체계를 비판하지 않을 수 없다. 현재 아이들이 학교에서 배우는 것들이 장년의 시기에도 일하는 데 도움이 될까? 아이들의 생존에 필요한 사고와 지식은 무엇일까?

1장에서 강조했듯이 만일 아메리카 원주민들이 외부 세계에 대한 탐험과 탐구를 조금만 시도했더라면 스페인 원정대에게 무참히 살해당하는 일은 줄어들었을 것이다. 우리를 위협하는 요소에 대해 적극적인 관심을 가지고 정확하게 이해하는 일 말고는 생존의 확률을 높여줄 수 있는 방법을 찾기란 힘들다.

Chapter 3

환경 파괴

: 대량 생산의 종말

Environmental Disruption

당신이 최상위 85명의 부자 중 하나라면,
자연이 파괴되는 속도가 화성으로 이주할 수 있는 기술을 개발하는
속도보다 빠를 경우 어떤 선택을 할 것인가?

런타이둬(人太多, 사람이 너무 많아)!

2011년 10월 13일, 중국 광저우의 한 시장에서 수많은 중국 네티즌들을 경악시킨 인면수심의 사건이 발생했다. 좁은 시장 골목길에서 두 살배기 여자아이가 엄마를 찾는 듯 두리번거리며 아장아장 걸어가고 있었다. 그런데 어디선가 나타난 트럭이 빠른 속도로 달려와 아이를 치고 지나갔다. 트럭이 멈춰 섰을 때 아이의 몸은 차 앞바퀴와 뒷바퀴 사이에 끼인 상태였다. 문제는 바로 그다음 순간 벌어졌다. 사람을 쳤다고 인지한 운전자가 잠시 멈춘 듯하다가 목격자가 없는 것을 확인하자 곧바로 액셀을 밟아 아이의 작은 몸을 사정없이 짓이기며 지나간 것이다.

그 뒤로 걸어오던 남성 행인은 뺑소니 사고를 당해 피투성이가 되어 쓰러진 아이를 보고도 무심히 그 옆을 지나쳤다. 이어 오토바이를 탄 남성도

아이를 보았지만 멀찍이 피해 가던 길을 계속 갔다. 세 번째 행인이 지나쳐 간 뒤 또 다른 트럭이 아이의 발목을 짓밟고 지나갔다. 그 뒤에도 아이의 보호자가 달려올 때까지 10여 명의 행인은 죽어가는 어린아이를 구해주지 않았다. 이 처참하고 끔찍한 광경은 CCTV에 고스란히 찍혀 인터넷에 퍼졌다.*1

'런타이둬'는 중국인들이 북적이는 공간에서 습관적으로 내뱉는 말이다. 경제적으로 급부상한 중국의 문화를 담은 소설 《정글만리》에서는 어린아이부터 어른까지 다양한 중국인들이 '런타이둬'라고 말하는 장면이 자주 등장한다. 그들은 좁은 공간에 많은 인구가 모여 있는 중국을 목격하고는 자신을 빼고 3억 명쯤 없어져 10억 명 정도로 인구가 줄면 살기 편해질 거라는 생각을 한다.

많은 중국인이 분노하며 자성의 목소리를 냈던 이번 사건은 갈수록 폭증하는 인구, 부족한 자원, 급속도로 줄어드는 빙하 등 좁은 지구 안에서 미래에 벌어질 수도 있는 일들을 예측하는 중요한 단서가 된다. 여러 악재들 가운데서 정신없이 살아가는 현대인의 불안하고 두려운 심리가 점점 더 인간으로서의 기본 양심과 의식마저 파괴할 수 있기 때문이다.

2016년 6월, 아랍에미리트UAE의 한 기업가는 자동차 번호판 경매에서 원하는 숫자를 얻기 위해 대략 57억 원을 썼다고 한다. 12, 22, 50, 100, 333, 777, 1000, 2016, 2020, 99999 등이 고가의 인기 번호들이다. "난 언제나 넘버원이 되고 싶었다My ambition is always to be number one."*2 '1'이 적힌 번호판을 얻기 위해 막대한 돈을 지불한 사업가의 말이다. 그가 번호판에 거액을 투자한 이유는 그게 전부였다. 2008년 UAE 자동차 번호판 경매 때는

'1' 번호판이 약 160억 원에 낙찰됐다.

같은 시간 한국에서는 '깔창 생리대'라는 이름으로 저소득층 청소년을 대상으로 한 무상 복지가 사회 문제로 대두됐다. 생리대 국내 시장 점유율 1위 기업이 신제품 가격을 인상하겠다고 발표하자 인터넷에는 일반인들이 예상치 못한 놀라운 글들이 올라왔다. 생리대가 너무 비싸 신발 깔창이나 휴지를 사용하는 청소년들이 있다는 사연이었다. 이 사연들이 시발점이 되어 설훈 의원은 학교에 생리대 비치를 의무화하는 법안을 발의하며 공론화를 이끌었다.

서울과 경기 성남 등 일부 지방자치단체에서도 저소득층 학생의 생리대 구입비를 지원하기 위해 여러 방안을 모색했다. 이재명 성남시장은 저소득층 청소년 생리대 지원 비용이 1년에 1인당 30만 원 규모로 추산된다고 밝혔다.*3 성남시가 10대 차상위 계층 등 3400명을 지원할 때 필요한 비용은 10억 2,000만 원이다.

UAE의 거부가 마음에 드는 자동차 번호판 하나를 사기 위해 쓰는 돈은, 우리나라 저소득층 청소년의 생리대 문제를 충분히 해결할 수 있는 금액이다. 결국 복지의 사각지대에 놓인 사람들을 찾아내고 치유하는 것은 정부가 관심을 가져야 할 문제다. 그러나 중국에서 아이가 차에 치여 쓰러져 있어도 외면한 채 길을 재촉했던 엇갈린 시민의식처럼, 약자의 복지를 반대하는 여론도 거세게 일어 난항을 겪고 있다.

스위스 출신의 UN 자문위원 장 지글러Jean Ziegler는 세계의 모든 인류를 먹여 살릴 식량이 충분한데도 매년 수백만의 사람이 굶어 죽는 이유는 서구 사회의 엉터리 인식 때문이라고 지적했다. 그는 서양의 거부들을 사로

잡은 자연도태설이라는 신화를 꼬집었다. 그들은 기근과 기아로 사망하는 인간들이 있어야 지구의 인구 밀도와 더불어 산소를 비롯한 여러 자원이 균형 있게 조절된다고 생각한다는 것이다. 기아로 죽어가는 사람들의 입장에서는 경악할 만큼 잔인한 생각이다. 오늘날 자연도태설은 서양의 거부들을 사로잡은 신화다. 그들 사이에 이 신화가 널리 퍼질수록 지구촌 상당수 인류에게 향후 어떤 미래가 펼쳐질지 상상해보라.

장 지글러는 이러한 논조를 유럽적이고 백인우월주의적인 정당화라고 비판한다.*4 이러한 개념은 거부의 후원을 받는 학계나, 미디어를 통해 타인의 고통에 잠시나마 공감했던 일부 세계인들의 합리적인 이성까지도 마비시킨다. 그 결과 많은 세계인이 아프리카 등지에서 기아로 희생당하는 어린아이를 안타깝게 지켜보면서도 제대로 된 대안을 마련하지 못하고 있다.

1960년대에 들어 서구 열강으로부터 아프리카 국가들이 잇따라 독립했지만, 식민지 시대의 상흔은 여전하다. 2013년의 1차 내전에 이어, 2016년 7월에는 남수단의 수도 주바에서 일어난 유혈 충돌을 시작으로 2차 내전이 발생했다. 월드쉐어World Share는 500만 명이 긴급 구호 식량에 의존해야 했으며, 300만 명이 터전을 잃었고, 190만 명이 사망했다고 전했다. 여성과 아이 들은 전쟁을 피해 떠돌며 약탈과 살인, 강간과 같은 범죄에 희생당하고 있다.

그러나 이를 내 일처럼 여기거나, 자신의 부모가 저지른 만행이라는 것을 전심으로 깨닫는 강국의 시민은 찾아보기 힘들다. 서구나 아시아의 부국 시민들은 아프리카에서 일어나는 많은 자연재해, 기근, 종족 분쟁을 제3세계의 자연스러운 일상으로 바라본다. 그 결과 희생자들은 장 지글러의 표

현처럼 점차 "망각의 제물"이 된다.*5

또 다른 망각의 제물은 새로운 산업혁명의 물결을 이해하지 못한 사람들이 될 것이다. 실재와 가상의 통합으로 사물들이 자동화되고, 지능적으로 제어되는 가상 물리 시스템이 고도로 발달하는 새로운 산업혁명이 모두에게 이익이 되지는 않을 것이기 때문이다.

진보의 어두운 이면

한국 산업보건법상 메탄올 노출 허용 기준은 200피피엠이다. 우리가 자동차에 흔히 사용하는 일부 워셔액의 성분은 소주 한 잔 정도의 양만 마셔도 실명하고 사망에 이를 수도 있는 독극물이다. SBS 김종원 기자의 취재 결과 자동차의 외부 공기를 막았는데도 차량 내부에서 메탄올이 400피피엠이나 검출됐다. 외부 공기가 차 안으로 들어올 수 있도록 설정하자 상황은 더 심각해졌다. 워셔액을 5초간 뿌려서 차량 내부 공기 100밀리리터를 포집해 메탄올 농도를 측정해보니 3000피피엠이 검출됐다.*5

워셔액을 뿌리면 차 앞 유리에서 보닛 틈새를 지나 공기 흡입구 쪽으로 흘러들어 간다. 에어컨을 틀면 차는 외부의 공기를 흡입해 내부로 당긴다. 이때 공기가 차량 내부로 흡입되면서 워셔액 일부가 같이 들어온다. 박병일 자동차 명장은 거의 모든 차가 이런 구조로 되어 있다고 밝혔다. 그는 국내 자동차 제조 기업의 안정성을 지적했다가 고소를 당하기도 했다.

자동차 매거진《모터그래프》의 취재 결과 시중에 유통 중인 차량용 워셔액 제품 30개 중 24개가 유독 물질인 메탄올 ^{공업용 알코올}을 원료로 사용하는 것으로 나타났다. 인체 위험성이 적은 에탄올 워셔액을 사용하는 제품은

'소낙스 더 뷰워셔액', '보쉬 에탄올 워셔액', '3M 에탄올 워셔 프로', '티고 프리미엄 에탄올 워셔액', 'KMCRO 하이 워시 에탄올 워셔액', 'KMCRO 상쾌한 에탄올 워셔액' 등이다. 모두 독일과 미국의 브랜드들이다.

선진 국가들은 메탄올 워셔액의 위험성을 인정해서 에탄올 워셔액만 쓰도록 규정하고 있다. 그러나 한국의 상당수 제조사는 메탄올을 사용한다. 소량만 흡입된다고 주장하는 사람들이 있지만, 운전자의 건강을 위협할 수 있는 명백한 상황임을 부정할 수 없다. 그러나 현재 한국은 메탄올 워셔액에 대한 규정이 없다. 건강한 기업의 탄생은 윤리성과 비판적 사고가 강하게 작동하는 소비자에게서 만들어진다. 소비자는 기업을 맹신하면 안 된다. 판매하는 물건의 정보에 관한 한 소비자는 늘 약자일 수밖에 없기 때문이다.

2016년 7월, 한국 3M이 옥틸이소티아졸린OIT이 들어간 항균 필터를 공기 청정기, 젖병 소독기 등에 사용해 판매한 것으로 드러났다. OIT는 환경부가 지정한 독성 물질인데, 3M은 OIT가 들어간 항균 필터를 한국에서만 유통시켰다. 전문가들은 OIT를 지속적으로 흡입했을 경우 폐 염증 등을 일으킬 수 있다고 경고했다.

2016년 7월 4일에는 국내 유명 정수기 회사인 코웨이의 홈페이지에 장문의 사과문이 내걸렸다. 2014년 4월부터 2015년 12월까지 생산된 제품 중 얼음을 만드는 핵심 부품에서 니켈 성분이 가루 형태로 발견된 것에 대한 사과문이었다. 코웨이는 2015년 7월에 이러한 사실을 알고도 소비자에게 밝히지 않은 것이 드러나 공분을 샀다.

일반적으로 심해저에는 다양한 미생물과 깨끗한 물이 존재하는 것으로 알려져 있다. 그러나 영국 애버딘대학교 생물환경과학대학 교수 앨런 제이미슨Alan Jamieson의 연구 결과 해저 7000~1만 미터에도 인간이 만들어낸 화학 물질이 스며든 것으로 확인됐다.*6 마리아나 제도 동쪽에는 세계에서 가장 깊은 해구가 있다. 2014년 제이미슨의 연구진은 무인 탐사기를 마리아나 해구, 남태평양 대양저에 있는 케르마데크 해구로 보냈다.

해구에서 수집한 단각류에는 발암 물질인 폴리염화비페닐PCB과 동물의 신경계를 교란시키는 폴리브롬화디페닐에테르PBDE와 같은 고농도의 오염물질이 검출됐다. 연구진은 마리아나 해구의 윗부분은 강한 북태평양 환류가 나타나는 곳이라고 말했다. 소용돌이 형태로 회전하는 강력한 힘을 가진 환류는 바다 표면의 물질을 해구로 내려보내는 역할을 한다. 연구진이 이를 추론한 결과 마리아나 해구의 높은 PCB 농도의 주범은 괌에 위치한 미군 기지인 것으로 추측된다.

티베트 고원과 만년설의 산맥이자 세계의 지붕이라 불리는 히말라야에도 인간이 만들어낸 독성 물질들이 바람을 타고 올라가 높고 추운 곳으로 밀집되고 있다.*7 인도 데라둔에서 생태학자로 활동하는 수렌드라 싱Surendra Singh은 북쪽 티베트 산맥에 밀집된 독성 물질이 유럽과 아프리카에서 서풍을 타고 날아온다는 것과 남쪽 티베트 산맥에 밀집된 독성 물질은 남아시아에서 인도 우기 바람을 타고 몰려온다는 것을 심각하게 여기며 연구 중이다.

지구에 깨끗한 곳이 존재하기는 하는 것일까? 태초의 인류가 오늘날 오염된 지구를 본다면 경악을 금치 못할 것이다. 우리가 태초의 자연을 목격할 수 있다면 지난 세월 어리석은 행위를 되풀이하지는 않을 것이다. 1995

년에 프랑스의 권위 있는 언론인상 알베르 롱드로상을 수상한 마리 모니크 로뱅Marie-Monique Robin은 지난 수십 년간 암, 백혈병, 불임 등이 비약적으로 늘어난 이유를 2년간 추적해 《죽음의 식탁Notre Poison Quotidien》에 담았다. 이 책에서 그녀는 2009년 10월 워싱턴에서 전염병학자 피터 F. 인판테Peter F. Infante를 만난 이야기를 소개한다. 여기에는 발전의 어두운 이면이 낱낱이 드러나 있다.

피터 인판테는 1978년부터 24년 동안 미국 산업안전보건청에서 근무했다. 그는 39대 대통령 지미 카터의 재임 시절만 해도 독성학자 율라 빙엄 Eula Bingham 청장의 지휘 아래 화학 산업 로비에 맞서 싸우며 제대로 일하고 있었다고 회상했다. 그 당시 산업안전보건청의 노력으로 미국인들은 납, 벤젠 등 독극물의 위협에서 잠시 벗어날 수 있었다. 규제 완화에 열광했던 로널드 레이건이 40대 대통령으로 당선되기 전까지 말이다. 인판테는 레이건이 당선되자 일자리를 잃을 뻔했다.*8

포름알데히드의 수용액을 살균, 방부제 등의 목적으로 사용할 때 포르말린이라고 한다. 포름알데히드는 단열재, 페인트, 접착제 등에 쓰이는데 이 성분이 실내 공기 오염의 주요 원인 물질로 밝혀졌다. 포름알데히드에 노출된 사람은 농도에 따라 현기증을 느끼고 심한 천식 발작, 독성 폐기종으로 사망할 수 있다. 그런데도 사람들은 독성 물질이 가득한 환경에 노출된 채로 살아왔다. 진실이 밝혀지기까지 늘 많은 사람이 희생당한다. 오늘도 많은 한국 아이가 새집 증후군으로 고통스러워하는 것을 주목하는 이는 그리 많지 않다.

로뱅을 만난 인판테는 울먹거리며 여러 화학 제품의 독성이 제대로 시민들에게 알려졌다면 많은 생명을 구했을 거라고 말했다.*9 그는 국민 건강과 노동 안전을 방해하는 기업에 맞서 평생을 투쟁했다. 2006년 국제암연구소가 포름알데히드를 발암 물질로 규정했지만 산업안전보건청이 규제를 가한 제품의 수는 15년 동안 겨우 두 개였다.*10 인판테는 이러한 현상이 일어난 원인은 레이건에 이어 친기업 성향을 가진 부시 부자가 이끈 공화당 행정부에 있다고 생각한다.

탐욕이 기술과 결합할 때

2015년에 100만 명의 유전자 데이터를 확보한 것으로 알려진 23앤드미23andMe는 구글의 창업자 세르게이 브린Sergey Brin의 전 부인 앤 워치츠키Anne E. Wojcicki가 두 명의 공동 창업자들과 함께 2006년에 설립한 회사다. 구글의 적극적인 투자를 받은 23앤드미는 고객들에게 개인적 재미와 유익함을 제공하는 서비스 차원에서 DNA 검사를 해독해 유전적으로 취약한 질병을 알려준다. 비용은 2007년에 999달러, 2012년에 99달러, 2015년에 199달러, 2016년에는 149달러였다.

사업 초기부터 23앤드미는 고객에게 의학적인 서비스는 제공하지 않는다고 광고했고, 고객이 이러한 제한을 확인한 후에만 돈을 지불할 수 있는 시스템을 구축했다. 고객에게 알려줄 수 있는 질병은 FDA 규제에 따라 유전성 질병뿐이다. 할리우드 배우 앤젤리나 졸리는 이 조사를 받고 유방암 예방 차원에서 38세 때 유방 절제술을 받았다. 그녀의 어머니가 56세, 이모가 61세 때 유방암으로 사망했기 때문이다. 졸리는 유방암 발병률을 높이는 BRCA1 유전자 돌연변이를 가지고 있었다.

2015년 10월 《뉴 사이언티스트New scientist》, 《네이처Nature》에서 편집장으로 활약하며 베스트셀러 《내일의 경제Forecast》를 써낸 마크 뷰캐넌Mark Buchanan을 만났다. 그는 영국의 대중 과학 잡지와 세계적인 과학 저술지의 방향성을 제시하고, 경제적 복잡성에 대한 귀한 통찰을 제공하는 사람이다. 그를 한국에서 만난다는 건 쉽지 않은 일이기에 바쁜 그를 붙잡고 AI만큼이나 주목받고 있는 빅데이터 기술의 미래에 대해 물었다.

세계적인 명성을 쌓고 있음에도 뷰캐넌은 친근하고 겸손한 태도로 자신의 생각을 명확하게 밝혔다. 대중이 흔히 생각하는 빅데이터는 인간이 소비하는 빅데이터와 사물인터넷 센서가 생기면서 그것들이 만들어내는 데이터다. 그는 이것 외에도 빅데이터의 원천 소스 중 하나가 유전자 데이터라는 사실을 주목하라고 조언했다. 유전자 데이터에서도 상당한 빅데이터가 발생할 수 있기 때문이다.

뷰캐넌이 제노믹스Genomics, 유전자 과학를 언급한 것을 추론해보면 유전자 빅데이터 기술은 개별 유전자의 유형을 일목요연하게 구분해줄 것으로 기대된다. 이미 기백만 원의 비용만 지불하면 누구든지 자신의 유전자를 분석받을 수 있는 시대다. 우리 인간의 유전자 데이터는 4기가바이트 정도다. 만약 컴퓨터의 시선으로 인간을 본다면 인간은 데이터 덩어리에 불과하다. 하지만 자본가의 시선으로 보면 이것은 곧 큰 수익을 얻을 수 있는 더없이 좋은 기회다.

23앤드미의 이사인 패트릭 청Patrick Chung이 〈패스트컴퍼니FastCompany〉와 인터뷰한 내용을 살펴보면, 초기에 무료로 검색 서비스를 제공한 구글은 이렇게 누적된 정보를 자산화했고, 막대한 광고 수익 비즈니스 모델을 만들었다고 한다. 23앤드미는 이와 유사한 전략으로 유전자 정보 분야의 구글이 되려고 하는 것 같다.*11 청은 만인의 검색 정보를 모아 광고 사업을 하는 구글처럼 만인의 유전자 정보를 자산으로 삼아 정부, 제약 회사, 병원, 정부 같은 기관을 대상으로 비즈니스를 하는 모델을 만드는 것이 23앤드미의 장기적인 전략이라고 밝혔다.

뷰캐넌의 설명에 의하면 일반적으로 빅데이터는 소비 데이터와 사용 데이터 패턴을 말하는데, 기술자들은 그것을 광고주들에게 판매한다. 뷰캐넌은 개인이 많은 데이터를 발생시킬수록 시장에 많은 기여를 할 수 있으므로, 개인 자신이 생성한 빅데이터를 통해 개인 역시 돈을 벌 수 있는 모델이 필요하다고 강조했다. 더 나아가 이러한 기술의 진화는 인류의 질병 퇴치에 막대한 영향을 끼칠 것이라고 내다봤다.

뷰캐넌의 주장은 이상적이다. 그러나 앞서 다룬 호모 사피엔스의 본성을 떠올려볼 때 의외로 기술의 혜택은 많은 사람에게 돌아가지 못할 수도 있다. 가뜩이나 지구의 인구를 솎아내고 싶어 하는 자연도태설 신봉주의자들은 정복할 수 있는 질병의 수가 많아져 인류가 급증하는 것을 반기지 않기 때문이다.

다른 측면에서 보면 이상적인 인체 기능의 회복과 건강 증진을 위해 유전학의 발달이 필요할 수 있다. 그러나 유럽 원정대의 후예들이 과연 인류의 보편적 가치 실현을 위해 기술을 모두에게 이로운 형태로 사용할까 하는 의문도 떨칠 수 없다. 최근 불임 치료를 위해 사용하고 남은 배아를 새로운 연구 재료로 쓰는 것과, 연구를 위해 복제한 배아를 쓰는 것에 대한 논란이 거세게 일고 있다. 배아 줄기세포 연구에 반대하는 사람들은 이러한 연구 과정을 돈 있는 사람들의 수요를 충족시키기 위해 생명의 존엄성을 말살하는 살인 행위로 간주한다.

유전학을 정복과 통제의 가치에 사용하려는 시도는 유럽과 미국 엘리트들이 이미 오래전에 실행한 바 있다. 19세기 말 영국의 유전학자였던 프랜시스 골턴Francis Galton의 우생학이 바로 그것이다. 골턴은 진화론의 아버지라 불리는 다윈의 조카이기도 했는데, 1869년에 우등한 사람은 환경이 아니라 유전으로 탄생한다는 이론을 내놓았다.

골턴은 인류의 발전을 위해서는 유전적으로 하자가 있는 부적격자보다 적격자의 탄생을 증진하는 데 힘을 쏟아야 한다고 주장했다. 인종차별주의자였던 그는 유전자를 재구성해 우수한 인간 종을 창조하려는 유럽 원정대의 야심을 우생학이라는 단어로 탄생시켰다. 골턴은 성격이나 재능 부분에서 우수한 유전자를 추출해 조합하면 사회적 엘리트를 양성하는 데 도움이 될 것이라고 확신했다.

미국 롱아일랜드의 콜드스프링하버연구소는 제임스 왓슨James Dewey Watson과 바버라 매클린톡Barbara McClintock이 옥수수에서 전이성 유전 인자를 발견한 업적으로 세상에 널리 알려졌다. 제임스 왓슨은 1953년에 DNA 이중나선 구조를 발견했고, 바버라 매클린톡은 1983년 생리의학 분야의 노벨상을 단독으로 수상한 여성 학자다.

미국의 생물학자이자 우생학자인 찰스 B. 대븐포트Charles B. Davenport는 1910년에 콜드스프링하버연구소 산하 우생학 기록 사무소를 설립했다. 그는 미국인 중에 유전적으로 결격 사유를 가진 사람들에 관한 자료를 수집하고 연구해서 국가에 해를 끼칠 수 있는 인간이 탄생하는 것을 막으려 했다. 1933년, 열렬한 우생학주의자 히틀러가 독일에서 불임법을 공포했을 때 콜드스프링하버연구소는 그것이 자신들이 제안한 불임법의 모델과 유사하다며 극찬했다.

부유하든 가난하든, 타인에게 무관심하고 사회적 정의가 형성되는 과정에서 무임승차하는 사람들은 항상 존재한다. 과거 유전학을 정복과 통제의 가치에 사용하려는 시도는 유럽적이고 백인우월주의적인 정당화의 도구였다.

그중에서도 특히 우생학을 주장하면서 부유한 데다 정치권력까지 통제할 수 있는 사람들의 존재는 가장 위협적이다. 지구촌의 거의 절반에 가까운 부를 가진 사람들은 전체 인구의 1퍼센트에 불과하다. 상당수 인류에게 심각한 문제는 이러한 현상이 지난 30년간 증가했다는 것이다.

미국 알코르생명연장재단에는 냉동된 시신 수백여 구가 있다. 환자의 질병을 후대 인류가 정복했을 때 냉동시켰던 인간을 다시 살려 질병을 치료하려는 목적이다. 자본력이 있는 개인들만 첨단 과학 기술을 다양하게 이용할 수 있는 시대라는 것을 보여주는 냉엄한 현실이다.

오늘날 전문가들은 나노 기술의 발전이 없다면 시신의 냉동 보존만 가능한데, 나노 기술의 아버지로 불리는 에릭 드렉슬러Eric Drexler가 세포 수복 기계를 만들면 해동까지 가능한 수준으로 발전할 수 있다고 주장한다. 이러한 수준의 서비스를 상당수 지구촌 서민이 자유롭게 이용할 수 있을까?

국제결제은행Bank for International Settlements, BIS은 1930년 스위스 바젤에 설립됐다. 그곳에서 오늘날 세계 각국 중앙은행들과 부호 중의 부호들이 모여 지구촌 경제를 분석한다. BIS는 전 세계 은행가들 사이에서 '바젤 클럽'

이라 불린다. 1983년 11월, 에드워드 제이 엡스타인Edward Jay Epstein은 BIS에 대해 세계에서 가장 초국가적인 힘을 가진 단체라고 밝혔다. 현재 미국, 영국, 한국, 이스라엘, 일본, 스웨덴, 알제리, 인도 등 58개국이 가입했다고 알려졌지만, 바젤에서 모이는 상위 조직의 모임은 훨씬 작은 집단이다. 한국은 내부 집단에 속해 있지 않다.

BIS의 회원국 사이에서 평등주의에 입각한 의사 결정은 존재하지 않는다. 금권이 곧 지위다. BIS의 컴퓨터는 회원국의 중앙은행 컴퓨터와 연결되어 있다. 즉각적으로 전 세계 금융 상황을 인지하고 통제하기 위함이다. BIS는 단일한 조직 형태로 운영되지 않는다. 엡스타인은 '중국 상자Chinese boxes'라는 표현을 빌려 내부로 진입해 BIS의 진짜 의도를 파악하기 위해서는 복잡한 껍질을 제거해야 한다고 했다. BIS는 완전한 비밀주의를 고수한다.[12] 상당수 사람들은 오늘도 BIS가 어떤 생각을 품고 세계 금융을 이끄는지 알 수 없다.

미지의 사교장으로 알려진 BIS를 두고 금융 평론가 조앤 비언Joan Veon은 자기네 주머니에 더 많은 돈을 챙기기 위한 조직이라고 말했다. "그들은 화폐를 얼마나 유통시킬지, 자기네에게서 돈을 빌려가는 정부와 은행 들에 이자를 얼마나 물릴지 조절한다. 이처럼 국제결제은행이 세계 통화 시스템의 통제권을 쥐고 있다는 사실을 이해하게 되면, 그들에게 한 국가의 금융 호황과 불황을 만들어낼 힘이 있음을 이해할 수 있을 것이다."[13]

2008년 12월 12일 자〈코리아 타임스Korea Times〉는 한국 기업들에 좋은 담보물이 있는데도 왜 은행으로부터 운영 자금을 대출받지 못했는지 분석했다. 그들은 한국 경제 역시 BIS의 통제를 받고 있다고 생각한 모양이다.

BIS의 기준에 따른 각 은행의 자기자본비율을 BIS비율이라 한다. 2008년 9월, 한국의 중앙은행이 35조 원이나 돈을 풀었지만 국내 은행들은 매우 높은 BIS비율을 맞추기 위해 기업들에 대출을 해주지 않았다.*14

다시 말하지만 2014년 1월 〈포브스〉는 세계에서 최상위 85명의 부자가 가진 재산이 하위 35억 명의 것과 같다고 밝혔다. 당신이 그러한 85명 중 하나라면,*15 자연이 파괴되는 속도가 화성으로 이주할 수 있는 기술을 개발하는 속도보다 빠를 경우 어떤 선택을 할 것인가? 환경을 파괴하는 대다수 인간의 소비 행위를 내버려둘 것인가? 이를 예측해보면 우리가 AI보다 온난화와 자원 고갈을 먼저 걱정해야 하는 이유를 발견할 수 있다.

지나친 상상일 수 있겠으나 한 번쯤 고민해볼 만한 질문들이 존재한다. 만약 당신이 한 어린 생명이 사고로 사라지는 것에 무관심하며, 동시에 지구 전체 부의 48퍼센트를 차지한 소수 중 한 사람이라면, 그리고 자연도태설을 믿는 사람이라면 21세기 지구촌을 보며 어떤 생각을 하겠는가? 당신이 지금껏 자연을 파괴해 막대한 부를 얻었지만, 이제 그 부로 지구 탈출을 꿈꾸고 있다면 어디에 투자할 것인가?

당신이 지구를 버리고 언젠가는 우주로 이주할 때 좁은 비행선에 누구를 태우겠는가? 신자유주의를 이끄는 이들이 펼치는 최악과 최상의 시나리오를 그려보면 개인의 생존 전략을 조금이나마 지혜롭게 설계할 수 있을 것이다. 다시 말해 평생 동안 붙잡지 못할 것을 두고 인생을 소진하는 행위를 멈추고 좀 더 창의적인 일, 개인의 신념과 철학에 관한 고민을 시작해야 한다는 말이다.

세계 절반의 부를 가진 사람들이 지구를 버린다면?

미국항공우주국NASA은 2030년 이전에는 화성으로 인류를 보낼 계획이 없다고 밝혔다. 하지만 전기 자동차 제조 업체 테슬라의 CEO 일론 머스크는 2024년에 인류가 화성으로 떠날 수 있을 것이라고 발표해 논란을 일으켰다. 그는 자신이 운영하는 민간 우주선 개발 업체인 스페이스X의 기술력을 믿고 있는데, 다만 화성에 도착한 여행객을 지구로 귀환시킬 수 있는 수준은 아니라고 설명했다. 화성에 반드시 사람을 보내겠지만, 돌아오지는 못할 거라는 생각은 마치 유럽 원정대가 목숨을 잃을 것을 각오하고 태평양으로 떠난 탐험가 정신을 떠올리게 한다.

오늘날 지구는 점점 더 오염되고 있다. 2015년 하버드대학교 대니얼 제이콥Daniel Jacob 교수 연구팀이 한국의 석탄화력발전소에서 배출되는 오염 물질을 조사한 결과, 한 해에 1600명이 조기 사망할 수 있다고 예측했다.*16 2016년 오산 미군 기지에서 세 대의 비행기를 이용해 한반도 대기의 질을 관측한 NASA 연구팀은 한국으로 유입되거나 발생하는 미세 먼지의 흐름을 나타내는 시뮬레이션 영상을 유튜브에 공개했다.*17 이 영상을 보면 뿌연 물질이 한반도 전체를 뒤덮고 있다.

2015년에 일론 머스크는 집집마다 벽에 걸 수 있는 리튬 이온 배터리 파워월Power wall을 공개하며 전력 사업의 혁명을 선언했다. 그는 인류를 화석 연료의 문명에서 벗어나게 하려고 배터리 개발에 골몰하고 있다. 그가 테슬라를 세운 것도 오염된 지구를 버리고 화성으로의 이주를 실현하기 위해서다. 이러한 도전들은 오염된 지구에서 탈출하려는 것으로, 이를 상업적으로 활용해 막대한 투자금을 유치할 수도 있다. 세계 최고의 거부라고 해도 오염된 물과 공기, 식물로부터 벗어날 수 없게 됐기 때문이다. 어쩌면 이들의 행보는 지구의 재생 능력에 한계가 있음을 인정하고, 지구를 버리는 쪽으로 가닥을 잡았다는 사실을 암시하는 것일지도 모른다.

현재 한국에서 가동 중인 석탄화력발전소는 53기고, 이중 상당수가 충청도에 몰려 있다. JTBC 취재 결과 국민 건강에 최악의 영향을 미치는 화력발전소를 정부는 20기 더 지을 계획이라고 한다. 한국뿐만 아니라 세계가 점점 더 오염되어가고 있다.

2007년 12월 7일, 충청남도 태안반도 인근에서 홍콩 선적의 유조선 허베이 스트릿호의 원유 유출 사고가 났다. 1만 2547킬로리터의 원유가 유출되어 검은 기름을 뒤집어쓴 생물의 절규와 죽음이 즐비했다. 그 충격이 가시기도 전인 2014년 1월 31일, 전라남도 여수 국가산업단지의 GS칼텍스 원유 2부두에서 싱가포르 국적의 유조선 우이산호가 접안 시도 중 GS칼텍스 송유관과 충돌했다. 필자(이선)는 곧바로 현장을 취재했다. 파손된 배관에서 다량의 원유가 유출되어 바다로 흘러들어 갔다. 사고가 난 지 한 달 뒤인 2월 28일, 여수 해양경찰서는 사고에 따른 유류 유출량이 655~754킬로리터에 이르는 것으로 추정했다. 한국의 나폴리로 불릴 만큼 천혜의 자연을 자랑하던 여수는 아비규환이었다. 사건 현장에서 가까운 신덕 해수욕장으로 가 모래와 돌을 집어보니 곳곳에 기름이 잔뜩 묻어 있었다.

원유 유출 현장에서 멀리 떨어진 만성리 해수욕장에서도 마스크를 벗으면 어지러울 정도로 기름 냄새가 온 천지에 심각했다. 폐교된 신덕초등학교를 중심으로 봉사활동 센터가 마련됐다. 기름에 절어버린 해변을 청소하며 인류 모두가 충분히 만족할 수 있는 경제 체제를 창조하기 위해 과연 무엇을 해야 하는지 의문이 들었다. 지금과 같은 성장이 지속될 수 있을까?

오늘날 성장의 한계는 더욱 빠르게 드러나고 있다. 인간은 자연이 통제할 수 있는 생태계의 한계를 벗어나는 사건을 일으킨다. 격변과 몰락을 자초하는 인간의 특성이 원인이다. 전 세계 인구 증가와 실물 경제의 성장 때문에 인간은 자신이 통제할 수 없는 자연의 경고에 직면하게 된다.

2014년에는 2018년 평창 동계 올림픽의 활강 스키장 예정지인 강원도 정선군 정선읍 갈왕산에서 단 사흘간의 스키 경기를 치르자고 수백 년 된 원시림을 파괴하는 일이 발생했다. 미국의 저술가 앨빈 토플러Alvin Toffler는 당장 기업의 수익성을 높이겠다고 환경을 포기하는 식의 독단적 행위는 인류가 직면한 위기 상황을 해결하기는커녕 몰락을 초래할 것이라고 경고했다. "이는 현재를 위해 미래를 저당 잡히는 것이고, 자칫하면 미래의 파산으로 이어지게 된다."*18

인간에게는 실수로 정리되면 그만인 사건들이 동물에게나 식물에는 지옥과도 같다는 것을, 기름때가 묻은 작은 바위 밑에서 죽어버린 바다 생물들을 보며 실감했다. 만약 이러한 참상을 실제로 많은 사람이 본다면 화석 연료로부터의 탈출을 시도하는 데 주저 없이 동의하게 될 것이다. 자기 입에 들어갈 물과 식량이 발암 물질 범벅이라는 것에 행복해할 사람이 없고, 그 누구라도 자신의 숨구멍, 땀구멍으로 기름이 스며들기를 원하지 않기 때문이다. 그러나 진실은 늘 대중과 멀리 떨어져 있어 이런 인재가 되풀이되고 만다.

지구 절반의 부를 움켜쥐고 있다고 상상해보라. 현재의 기술로는 가까운 화성으로조차 마음 편히 이주할 수 없다. 거액을 지불해 마음에 드는 번호판을 살 만큼 부유하다고 해도, 몸에 좋은 약과 음식을 마음껏 구해서 먹을 수 있다고 해도 인간의 수명은 아직 100세를 넘기기 쉽지 않다. 오염된 지구를 벗어나길 기대하는 것보다 지구를 회복시키는 일에 동참하는 것이 더 현명한 상황이다.

막대한 부를 가진 당신은 지속 가능한 발전을 모색하며 20세기 대량 생산이 초래한 무분별한 발전의 폐기물을 어떻게 처리해야 할지 선택해야 한다. 그리고 폐기물을 양성하는 유전적 결함이 있는 인간 집단의 소비 행태를 끊어버릴 각오도 해야 한다. 무엇보다 복잡한 시대로 진입할수록 당신의 권력과 명예는 더욱 견고해져 적자생존이 가능한 경제 체제로 전환하기 위해 여론을 치밀하게 공략해야 할 것이다.

1983년 8월 31일, 대한항공KAL 007 여객기는 269명의 승객과 승무원을 태우고 뉴욕을 출발했다. 비행 일정상 이 비행기는 알래스카 앵커리지를 경유해 9월 1일 서울에 도착할 예정이었다. 그런데 아무도 예상치 못한 비극적인 사고가 발생했다. 9월 1일 새벽, KAL 007기는 소련 사할린 섬 상공에서 소련 공군 수호이 15 전투기의 미사일 공격을 받고 추락해 탑승객 전원이 사망했다. 그 당시 미국 대통령 로널드 레이건은 소련을 질타했고, 소련은 자국의 안보를 위한 정당방위라고 맞받아쳤다. KAL 007기가 조종사의 과실로 항로를 이탈해 소련 영공을 침범했기 때문이다.

당시는 미군이 KAL 007기와 같은 기종인 보잉 747 점보 여객기로 하루에도 수차례 소련 영공을 정찰해서 소련의 심기를 불편하게 하던 시기였다. 그리고 KAL 007기의 탑승객 중에는 미국 하원 의원 로렌스 패튼 맥도널드Lawrence Patton McDonald가 있었다. 그는 게리 앨런Gary Allen의 책《록펠러

파일Rockefeller File》에 서문을 썼는데, 거기에서 존 D. 록펠러가 부당한 방법으로 거부가 됐고, 그 뒤 미국을 지배한 후 세계를 지배할 계획이라며 여러 사실을 집요하게 폭로했다. 여기까지가 언론에 보도된 KAL 007기 추락 사고에 관한 사실들이다.

이후 수십 년 동안 KAL 007기 격추 원인을 놓고 갖가지 설이 난무했다. 그러던 중 중국과 한국 등에서 베스트셀러가 된 《화폐전쟁貨幣戰爭》의 저자 쑹훙빙宋鴻兵은 1992년 이스라엘의 비밀 정보 기관 모사드의 내부 정보를 공개했다. 이 책은 독자들로부터 뜨거운 사랑을 받는 동시에 말도 안 되는 이야기라는 맹공격을 함께 받았다. 그는 KAL 007기가 격추되어 전원 사망한 것이 아니라, 격추 후 소련 공군이 비상 착륙을 유도한 후 승객들을 전부 비밀 수용소로 이송했다는 놀라운 가능성을 제기했다. 실제로 1996년 1월 15일 KBS도 미국 정보 기관 CIA의 극비 문서를 공개하며 탑승자 대부분이 생존했지만 행방이 묘연하다고 보도했다.[14]

쑹훙빙은 KAL 007기의 탑승객 중에서 2차 세계대전에서 활약해 명성이 자자한 명장 패튼 장군의 사촌 동생 로렌스 패튼 맥도널드를 주목했다. 미국에 충성해온 패튼 장군은 미국을 넘어서는 권력의 형성을 반기지 않았다. 맥도널드도 세계화를 내세우며 작은 정부를 지향하고, 금권으로 무장한 극소수가 지구촌 사회를 통제하려는 시도에 격렬하게 반발한 인물이다. 쑹훙빙은 미국 복음교파의 지도자인 제리 폴웰Jerry Falwell의 발언을 빌려 미국 파워 엘리트 집단과 국제 은행 가문 들이 맥도널드의 행실에 분노했으며, 소련이 오로지 그를 제거하기 위해 269명의 목숨 정도는 개의치 않았을 수 있다는 가정을 제기했다.[15]

한국인에게 열렬한 사랑을 받았지만 완독한 사람은 별로 없다는 책《정의란 무엇인가*Justice*》의 저자 마이클 샌델Michael Sandel 하버드대학교 교수는 유전학적으로 결함이 있는 원형질을 박멸하려는 운동은 인종주의자나 괴짜 사이에서만 벌어지는 일이 아니라고 지적했다. 맥도널드의 주장에 시큰둥했던 미국인들은 오늘날 카네기나 록펠러를 강탈 영주라고 비판한다. 한국에서는 이들의 활약을 포장해 위인전 목록에 넣고 어린이들의 영웅으로 가르치고 있을 때, 정작 미국에서는 그들의 실체가 폭로되고 있었던 것이다. 샌델은 카네기재단의 상속인 해리먼William Averell Harriman과 우생학을 선호한 록펠러 2세가 대븐포트의 연구에 기금을 보냈다고 밝혔다.*16

《화폐전쟁》은 베스트셀러이면서 논란도 많은 작품이다. 일부 경제학자들은 허구의 이야기를 소설로 만들어 상품화했다고 비판했고, 애독자들은 세계를 지배하려는 세력에 관한 여러 가능성을 제기했다는 점을 극찬했다. 우리는 이 책의 내용 전부를 신뢰한다기보다 이 책이 상당수 인류에게 해당하는 위협을 타개하기 위해 필요한 상상력을 불러일으키는 데 유용하다는 점을 강조하고자 한다. 당신이 백인이고, 거대한 권력자고, AI나 빅데이터 같은 신기술로 세상을 마음대로 통제하고 싶다면 21세기 지구 환경에 대해 어떤 생각을 품게 될까? 이 질문에 대한 답을 찾다 보면 우리가 처한 위기의 실체도 조금 더 명확하게 드러나게 될 것이다.

《달러*The Web of Debt*》의 저자 엘런 H. 브라운Ellen H. Brown은 한국인들이 BIS에 이용당하지 않으려면 세계 통화 시스템이 막후에서 어떻게 작동되는지 분석해야 한다고 강조했다. 그녀는 이 책에서 미국의 중산층이 파멸할 때 부호는 사업에 실패해도 부채가 쉽게 사라지고, 천문학적인 부를 쌓은 극상층 부호들은 자기 재산을 아예 공개하지 않는다고 밝혔다.

인공지능보다 온난화, 자원 고갈을 걱정하라

2015년 11월, 서울에서 로봇 혁명과 인공지능에 관한 세미나가 열렸다. 연사들은 움직임이 자유롭고 자율성이 있는 기계를 로봇이라 정의했다. 1960년대부터 탄생한 산업용 로봇은 정형화된 공장 환경에서 단조로운 활동을 하며 주변 환경과 상호작용을 하지 않았다. 전문가가 아닌 사람들은 20세기까지 로봇 하면 산업용 로봇을 떠올렸고, 21세기에 들어서는 무인 자동차나 드론 등을 보며 지능형 서비스를 제공하는 로봇을 떠올린다.

지능형 로봇은 주위 환경과 상호작용하는 것을 목적으로 만들어졌다. 그러나 이들 역시 거의 모두 산업용 로봇 시스템의 기술을 기초로 제작됐기 때문에 스스로 인지하며 사람을 돕는 수준까지 발전하는 데는 무리가 있다. 이 세미나의 사회자였던 오준호 카이스트 교수는 로봇 전문가들이 가진 기술의 수준과 시장이 요구하는 기대치 사이에 간극이 크다고 말했다. IT 제품은 시장이 원하는 수준만큼 관련 기술이 발전했지만 나노, 로봇, 바이오 부문은 시장에서 원하는 수준까지 발전하려면 시간이 더 필요하다는 것이다.

세미나 말미에 로봇이 인간의 지능을 초월하는 시기를 예측해보라는 질문에 로버트 리너Robert Riener 스위스 취리히대학교 공과대학 교수는 지금은 불가능에 가깝고, 300년은 흘러야 될 것이라고 답했다. 서일홍 한양대학교 교수는 30년 후를 예측했다. 이시구로 히로시石黑浩 오사카대학교 교수는 결코 그런 시대는 올 수 없다고 했으며, 오준호 교수는 500년이 지나야 된다고 말했다. 이들은 모두 로봇의 지능이 인간의 지능을 쉽게 넘어설 수 없다고 생각했다. 다만 로봇 청소기, 무인 자동차 등 로봇과 인간이 공존하는 시대는 이미 왔거나 빠르게 다가올 것으로 예측했다.

세미나가 끝난 후에도 강연장 밖에서 연사들이 열띤 토론을 이어갔다. 필자(이선)는 로보틱스 전문가를 한자리에서 만난 기회를 틈타 화이트칼라의 미래에 관해 물었다. 두 사람에게서 한 시간 동안 귀한 이야기를 들었는데, 이들과의 대화에서 화이트칼라가 직면한 또 다른 위협의 굵직한 특징을 발견할 수 있었다. 그들은 AI 전문가들도 만들지 못하는 기술에 대해 일부 여론이 가능하다고 말하는 것이 당혹스럽다고 했다. 그들의 의견을 들으면서 우리가 세상을 과연 똑바로 인지하고 있는지 점검하게 됐다. 지식에 관련된 일을 하는 사람이라면 어떤 이야기든 그것이 상상인지 과학인지 정확히 구별할 필요가 있다.

몇몇 미래학자의 예측이 혹독한 비판을 받는 이유는 산업에 대한 섬세한 분석을 건너뛰고 상상의 영역과 실험의 영역을 구별하지 않은 채 미래상을 그리기 때문이다. 터미네이터처럼 인간을 몰살할 수 있는 강한 인공지능, 자율 주행 자동차 등 주목받는 신기술을 예측할 때 관련 산업에 속한 엔지니어의 현실을 간과하고, 일말의 가능성에 초점을 맞춰 미래가 이미 왔다는 듯이 발언하는 것은 상당수 청중의 두뇌에 난시를 일으킨다.

그들은 인류가 기술적 진화를 지속한다는 가정에 의문을 품어보라고 했다. 어쩌면 21세기 인류는 인류사에서 최초로 퇴보를 경험하는 시대에 진입할 수도 있다는 것이다. 기계를 제작하는 과학자들은 AI보다 20~30년 안에 발생할 식량 대란, 대기근, 온난화, 화석 연료 고갈로 인한 기존 산업인프라의 정지에 관한 끔찍한 미래를 예측했다.

구글의 흥행작 이세돌과 알파고의 대국으로 한국 언론사들은 특종을 내기 위해 AI에 대한 정제되지 않은 정보를 남발했다. AI 전문가가 아닌데도 나서서 기술의 진화 과정은 건너뛰고 미래 사회의 위기를 종용하는 사람은 허풍쟁이 약장수일 가능성이 크다. 이것은 우리가 이 책에서 AI에 대한 추상적인 위기론을 넘어 실질적인 위협이 될 사람들이 누구인지, AI에 대한 열정적인 관심만큼 인류에게 실제 위협이 되는 다양한 요소들을 이해하면서 어떻게 미래를 예측해야 하는지를 중점적으로 다룬 이유이기도 하다. 우리가 분석한 화이트칼라의 미래와 위기 원인 역시 진리라고 말할 수 없다. 어디까지나 데이터를 근거로 한 상상과 합리적 추측일 뿐이다.

21세기 인류가 직면한 위기의 문제들은 하나의 학과나 부처에서 각각의 사안들로 시의 적절하게 정리하여 처리하기는 힘들다. AI에 대한 뜨거운 열기로 빈곤, 온난화, 화석 연료의 종말, 인구 급증에 관한 문제를 바라본다면 AI만큼 실질적인 위협들을 발견하게 될 것이다. 현재 세계 인류의 6분의 1이 기술 혁신으로도 극단적인 빈곤 상태에서 벗어나지 못하고 있다. 산업화 시대에 우위를 점했던 기업들은 레드오션에 빠져 치열한 경쟁을 펼치며 저성장의 덫에 걸렸고, 인구와 쓰레기는 지구가 감당할 수 없을 만큼 급속도로 늘어나는 중이다.

하버드대학교 교수 에릭 바인하커Eric Beinhocker는 약 500년 전에는 200개에 불과했던 제품의 수가 2000년대에 들어서 뉴욕시에만 100억 개에 이를 만큼 늘었다고 추정했다. "제품 수가 10억 개 이상으로 넘어갈 무렵, 그것은 일일이 숫자를 세거나 보관 또는 사재기를 하기에는 벅찬 숫자가 되었다."*17 효율성과 생산성을 미덕으로 생각한 20세기 소비자는 급속도로 늘어나는 제품과 다양한 선택지 사이의 갈등에 집중한 나머지 넘쳐나는 쓰레기에 대한 끔찍한 기회비용을 간과했다.

2015년 10월, 서울에서 OECD 전 사무총장 도널드 존스턴Donald Johnston, 전 글로벌녹색성장연구소 사무총장 이보 드 보어Yvo De Boer, 국제에너지포럼 사무총장 알도 플로레스키로가Aldo Flores-Quiroga, 국제에너지기구 자원 총괄 팀 굴드Tim Gould, UN 과학자문위원 유지니아 칼나이Eugenia Kalnay, 환경연구교육개발센터 위원장 응우옌흐우 닌Hun Ninh Nguyen이 글로벌 기후 변화의 위협에 관해 토론을 했다. 분위기는 매우 심각했으며, 이들 모두 인류가 온실가스 배출을 줄이지 못할 경우 끔찍한 미래를 피하기 어렵다고 예측했다.

2016년 6월, 미국 캘리포니아 샌타바버라 카운티는 심각한 가뭄을 겪었다. 게다가 지구 온난화 때문에 38도를 웃도는 불볕더위로 건조한 상황에서 대형 산불이 일어나 진화에 큰 어려움을 겪었다. 건조한 선다우너 Sundowner 바람은 불길을 더 크게 일으키며 사흘 만에 16제곱킬로미터를 태워버렸다. 로스앤젤레스의 기온은 섭씨 43도가 넘었고, 애리조나 주 피닉스 산에서는 20대 청년이 하이킹 도중 탈진으로 사망했다. 애리조나 주에서는 최악의 폭염으로 네 명이 사망했다.

우리가 지상낙원으로 생각하는 관광지 중 한 곳은 에메랄드 빛 해변으로 유명한 인도양 중북부의 몰디브다. 그렇지만 2009년 1월, 영국 일간지 〈더 가디언The Guardian〉이 공개한 몰디브의 섬 중 하나인 틸라푸시Thilafushi는 플라스틱과 같은 각종 오물과 쓰레기로 뒤덮여 있었다.*18

수도에서 가까운 틸라푸시는 매일 약 330톤 이상의 쓰레기가 유입되면서 쓰레기의 면적이 1제곱미터씩 늘어나고 있다. 설상가상으로 몰디브 정부는 쓰레기 문제를 해결하기 위해 막대한 비용을 들여 바다를 매립해 토지를 조성하려고 시도 중이다. 인공 섬을 건설하면 바닷속으로 독성 물질을 더 많이 배출하게 될 것이다. 더구나 과학자들은 온난화로 인해 몰디브가 2100년쯤이면 모두 바닷물에 잠길 것으로 예측한다.

인도네시아 발리 역시 세계적인 관광지다. 2016년 6월, 발리 해변의 한 리조트에서 사진을 찍던 남성은 난데없이 거세진 파도가 몰아치자 허겁지겁 도망쳤다.*19 발리 남부의 해안가에 있는 수영장에서도 갑자기 큰 파도가 몰아쳐 수영하던 사람들을 덮쳤다. 발리 연안에 발생한 이 해일로 관광객 두 명이 숨졌다.*20

호주의 진보적인 경제학자 클라이브 해밀턴Clive Hamilton이 가장 걱정스럽게 생각하는 것은 북극 기온의 상승이다. 오늘날 온난화는 과거 지구의 평균 기온 상승보다 약 서너 배 빠른 속도로 진행되어 시베리아 동토층을 빠르게 녹인다. 해밀턴은 동토층이 녹으면서 그 속에 있는 막대한 양의 메탄과 이산화탄소가 대기 중으로 방출될 시기가 앞당겨질 것을 두려워하고 있다. 지금도 세계가 더워서 난리인데 온난화가 더욱더 가속화될 전망인 것이다.

1988년 6월, 캐나다 토론토에서 개최된 〈대기권 변화에 대한 세계 회의〉에서는 기후 변화가 궁극적으로 핵전쟁에 버금가게 될 것이라고 경고했다. 또한 지구학자 조너선 와이너Jonathan Weiner는 지금이 원자폭탄을 개발한 오펜하이머 교수가 최초로 핵실험을 한 알라마고도에서 숨죽이며 카운트

다운을 했던 이래로 가장 무서운 카운트다운이 진행되는 시점이라고 경고한 바 있다.*21

2015년은 지구 역사상 그 어느 때보다 뜨거운 한 해였다. 식수 부족으로 내륙 지역 국가 간에 분쟁이 일기도 했다. 동식물의 광범위한 멸종 사태가 급속도로 증가해, 생태계의 최상위 계층에 있는 인류만 지구에 남게 될 판이다. 지속할 수 있는 발전의 문제는 여러 전문 영역에 두루 걸쳐 있다. 인류가 존재하지 않는 지구에 AI만 남는다 한들 무슨 소용이 있겠는가? 그러나 여전히 우리는 결코 움켜쥘 수 없는 것들을 붙잡으려다 인생을 날려버리는 중이다. 어쩌면 그것이 1퍼센트의 부자가 원하는 99퍼센트의 몰락일지도 모른다.

공무원 열망 사회

2016년 6월, SBS는 카이스트 같은 국내 명문대학 졸업생 혹은 유학파, 대기업 출신 직장인이 9급 공무원 시험에 몰두하고 있다고 보도했다. 취업 준비생 열 명 중 세 명이 공무원을 희망하고 그 수치는 계속 증가하는 추세다. 6월 지방 공무원 필기시험에는 응시자 21만 명이 몰렸다. 같은 달 여의도에서는 공공·금융 부문 전국 노동자 총력 투쟁 결의대회가 열렸다. 이들은 해고연봉제, 강제퇴출제에 반대한다는 구호를 외쳤다. 기본적인 운영 체제에 대한 지식도 없어 노동 생산성은 낮고 임금만 높은 일부 상위 계층 근로자와, 인간보다 더 빠르고 정확하게 자산 관리를 해주는 로보어드바이저의 등장 때문에 안타깝지만 금융가에서 대량 해고는 더욱 늘어날 것이다.

온난화, 환경 오염, 불안한 정치, 경제 환경에 처할수록 안정적인 일자리를 꿈꾸는 것보다 평생 일할 수 있는 인간으로의 진화를 모색하는 것이 현명하다. 영원할 것 같은 공무원 시스템도 해당 국가의 경제 상황에 따라 운명이 좌우된다. 그리스는 2015년 구제 금융으로 국가 부도 위기를 간신히 넘겼으나 여전히 경제 위기에서 벗어나지 못하고 있다. 노동 가능 인구 다섯 명 중 한 명이 공무원일 만큼 공무원직을 선호하는 그리스에서 공무원의 안위는 지켜지지 못하고 있다.

약한 인공지능과 지능형 로봇의 발달은 인류가 좀 더 복잡한 문제를 신속하게 처리할 수 있도록 돕고, 좀 더 본질적인 위기에 관한 창의적인 해법을 찾게 해준다. 이러한 수준의 문제를 해결할 수 있는 역량을 개발하지 못한 사람들, 특히 우리가 이 책에서 심도 있게 다룬 산업화 시대의 유물인 화이트칼라에게 인공지능은 문제 해결의 도구가 아니라 목숨을 앗아가는 적이 될 것이다. 앞서 다룬 것처럼 이미 약한 인공지능의 진화는 견고해 보이던 화이트칼라의 여러 직군에 균열을 일으키는 상징적인 사건을 연이어 일으켰다.

누리엘 루비니Nouriel Roubini 뉴욕대학교 교수는 2008년 글로벌 위기를 정확히 예측해 '닥터 둠'이란 별명으로 유명하다. 루비니는 2015년 10월 강연에서 앞으로 수년간 강력한 성장을 기대할 수 없다고 비관하며, 이런 상황을 "뉴 앱노멀New Abnormal", "뉴 메디오커New Mediocre"로 정의했다.

루비니는 미국의 금리 인상은 점진적으로 진행될 것이라며 중국의 경착륙이나 연착륙에 관한 극단적인 의견에 대해서 부정적으로 반응했다. 그는 중국의 성장률은 서서히 둔화하겠지만, 2020년에도 5퍼센트 정도는 유지될 것이라고 내다보며 향후 경기의 흐름을 "범피 랜딩Bumpy Landing, 난착륙"이란 말로 표현했다.

결국 미래의 성장은 기술 혁신이 주도할 것이며 자원보다 사람이 풍족한 한국에서는 진정한 기업가 정신, 창업 정신을 요구받게 될 것이다. 루비니는 골디락스Goldilocks가 돌아오진 않더라도, 요제프 슘페터Joseph Alois Schumpeter가 정의한 "창조적 파괴"가 IT, BT, FT 등에서 급속도로 일어날 것으로 예측했다. 그의 예측이 실현된다면 기술 혁신을 앞서 준비하는 개인과 기업, 국가가 조화롭게 움직일 때 새로운 시대를 열 수 있다.

요즘 한국에서도 서핑을 취미로 즐기는 사람들이 늘어나고 있다. 집채만 한 파도가 밀려오는데도 겁 없이 작은 서핑 보드 하나로 파도를 향해 달려가는 사람들을 볼 때면 전율이 일기도 한다. 멀리서 보는 사람에게는 등골이 오싹할 정도로 긴장되지만 그들에게는 즐거운 파티 시간이다. 베럴 라이딩과 같은 고난도 서핑처럼 경제의 미래를 향한 파도를 탈 때도 마찬가지다. 어떤 이들에게는 몰락을 예고하는 재앙이겠지만, 준비된 이들에게는 자신의 역량을 최대한 발휘할 수 있는 절호의 기회다. 격변하는 미래에 살아남기 위해선 파도를 타야 한다. 그것도 능숙하게 말이다. 그러기 위해선 지금부터 꾸준히 연습하고 준비해야 한다. 파도를 타기 위해서는 짠물을 마실 각오를 하고 바닷속으로 뛰어들어야 한다. 아무리 해변에서 연습해도 바다로 나가지 않는다면 실력은 좋아지지 않는다. 월마트의 창업자 샘 월튼Samuel Moore Walton의 말이 떠오른다. "만약 모든 사람이 똑같은 방법으로 일하고 있다면, 정반대 방향으로 가야 틈새를 찾아낼 기회가 생긴다."*22

청년 실업이 심각한 한국의 학교에서는 스마트폰을 이용한 불법 도박이 유행하고 있다. 한국도박문제관리센터의 〈청소년 도박 문제 실태 조사 보고서〉에 따르면 성인이 된 후 합법적인 사행 산업에 참여하겠느냐는 물음에 도박 중독 문제군과 위험군 청소년은 각각 50퍼센트, 49.2퍼센트가 '그렇다'고 답했다. 비문제군 33.2퍼센트에 비해 크게 높은 수치였다.*23

스티브 잡스를 비롯해 실리콘 밸리의 기업가들은 자녀의 스마트폰 사용 시간을 엄격히 통제하는 것으로 유명하다. 구글, 애플, 페이스북, 오라클, 인텔, 시스코 등 실리콘 밸리에서 태어난 세계적인 IT 기업이 창조한 문명에서 벗어나기란 쉽지 않다. 그러므로 이들이 바라보며 생산하고 창조하는 미래와 경쟁 원동력을 이해하는 것은 중요하다.

록히드 마틴은 인간의 제어 없이 목표물을 공격하고 인간을 살상하는 B-1 폭격기를 만들었다. 비슷한 수준의 힘과 힘이 충돌할 때 이상적인 가치를 이야기할 수 있다. 최첨단 스텔스 전투기를 향해 새총을 날린다고 상상해보라. 실소를 금할 수 없는 상황이 아닌가. 그런데 한국의 상당수 청소년은 다가오는 격변을 향해 새총을 쏘고 있는 것이 지금의 현실이다.

실리콘 밸리의 기업인들에게 영감을 주는 경영 사상가이자 투자가로 활약 중인 피터 틸Peter Thiel은 《제로 투 원Zero to One》에서 21세기 인류가 20세기보다 더 평화롭고 번창하는 시대를 이끄는 신기술을 창조해내야 한다고 강조했다. 그는 이를 해결하지 못하면 상당수가 몰락할 것으로 예측했다. "희소한 자원에 대한 소비 경쟁까지 감안하면 글로벌 안정기가 무한정 지속될 수 있을 것이라고 보기는 힘들다. 경쟁의 압박을 완화해줄 새로운 기술 없이는 정체 상태가 폭발해 충돌로 연결될 가능성이 크다. 전 세계적인 규모의 충돌이 일어난다면 정체 상태의 붕괴와 함께 인류는 멸종할 것이다."*24

자신이 속한 조직의 미래를 구축하고, 오랜 시간 성장할 수 있는 능력이 있는지 곰곰이 생각해보자. 스탠퍼드대학교 윤리교육과 교수 윌리엄 데이먼William Damon은 매우 역동적인 현대 사회에서 잘 먹고 잘살고 싶다는 염려와 불안에서 비롯된 단기적 접근이 문제가 있다고 지적했다. 그의 역작 《무엇을 위해 살 것인가The Path to Purpose》의 교훈은, 격변에 노출된 개인은 장기적이며 통찰력 있는 시선으로 미래를 예측해야 한다는 것이다.

갈수록 빈부 격차가 벌어지는 현실 속에서 와닿지는 않겠지만, 생존하기 위해 가장 필요한 능력은 상상력이다. 열정적인 목적을 가지고 먼 미래를 상상하고 예측할 수 있는 장기적인 시야 말이다. 그리고 실증에 집중해야 한다. 여러 가능성과 실제로 일어나는 위협을 분별하기 위해 필요한 전략은 결국 자신이 속한 세계를 향한 냉철한 질문에서부터 시작한다.

애덤 스미스는 《국부론》에서 분업의 긍정적 효과를 설명하며 기계와 인간의 아름다운 공존이 가능하다고 보았다. 그는 18세기 제조업 공장에서 운영됐던 기계를 매우 훌륭하다고 표현했다. 또한 노동자의 편의를 위해 발명된 기계가 인간의 노동력에 질적인 성장을 몰고 올 것이라고 판단했다. 그러나 21세기 노동 현장은 스미스가 주장한 대로 노동자와 기계가 아름다운 공존을 추구하기에는 어려운 상황이다.

2009년, 코넬대학교에서 공개한 미켈라 플라쳐Michaela D. Platzer의 연구 조사 결과 미국 제조업 산출량은 증가했지만 비슷한 시기에 제조업 일자리는 사라졌다.*25 미국, 중국, 유럽, 한국, 일본 할 것 없이 높은 실업률과 장기화된 경기 침체는 전 세계적인 위기다. 뿐만 아니라 유럽 난민 문제, 지구 온난화로 인한 기상 이변과 이재민 문제, IS와 같은 군사적·종교적 갈등,

중국에서 밀려오는 미세 먼지 등 예상하지 못한 수많은 문제들이 생겨나고 있다.

경영 사상가 필립 코틀러Philip Kotler는 현재 우리가 대공황 이후 경제적으로 가장 위험한 시대를 살고 있다고 진단했다. 이 격변의 시대에는 빨리 대처하고 적응하는 자만이 살아남는다. 개인은 물론 기업도 하루가 다르게 변화하는 시대에 적응하지 못하면 결국 도태하게 된다. 이러한 환경 속에서 경제인으로서 살아남는 것은 산업화 시대보다 훨씬 더 많은 능력을 요구한다.

여러 난제에 직면한 우리가 새로운 시대를 창조하려면 새로운 생각을 해야 한다. 기업의 역사를 돌이켜보면, 기업의 탄생은 의문에서 시작했다. 우리는 탁월한 생각을 품을 수 있는 역량을 갖추었을까? 2016년 국세청 자료에 따르면 2015년 한 해 동안 59만 1694개 법인이 법인 카드로 결제한 접대비는 총 9조 9,685억 원이다. 매일 약 270억 원을 술로 탕진한 것이다. 이 비용과 시간을 창조적인 연구에 썼다면 좋았으련만! 이 통계는 우리 사회의 어두운 단면을 꼬집어 알려준다.

질문하는 것이 생존력이다

예상치 못한 수많은 문제들을 만났을 때 그 문제를 해결하기 위해서는 문제를 파악하고 분석한 뒤 새로운 전략을 짜는 능력이 필요하다. 새로운 전략을 짜기 위해서는 기존에 어떤 문제가 있는지를 두고 정확한 질문과 답변이 이루어져야 한다. 최근 카카오에서 컨설턴트로 일하면서 필자(데이비드 서)가 첫 번째로 한 일은 회의에 참여해 직원들을 관찰하며 스스로 질문을 만드는 것이었다.

수년 동안 학생들을 가르치면서 느낀 점은 학생들이 수업 중에 좀처럼 질문하지 않는다는 것이다. 질문하지 않는 이는 학생만이 아니다. 미국에서 30여 년간 살면서 여러 국제 콘퍼런스나 세미나에 참석했을 때 만난 한국 사람들도 마찬가지였다. 서툰 영어 실력에도 불구하고 당당하게 손을 들고 질문하는 동양인은 대부분 일본인이었다.

2010년 서울에서 열린 G20 폐막 기자회견장은 수많은 국내 기자와 외신 기자 들로 가득했다. 여러 기자의 질문을 받던 오바마 대통령은 마지막 질 문 기회를 주최국인 한국 기자들에게 주고 싶다고 말했다. 그 순간 기자회 견장에는 찬물을 끼얹은 듯 어색한 침묵만이 흘렀다. 한국 지성의 최고 위 치에 있는 기자들조차 미국 대통령이 특별히 부여한 질문의 기회를 아무도 잡지 못한 것이다. 결국 중국 기자가 대신 질문해도 되겠냐며 그 기회를 가 져갔다. 왜 그 기자들은 아무런 질문도 하지 못했을까?

얼마 전 EBS에서 그 해답을 찾기 위한 시도를 했다. 그들이 질문하지 못 하는 이유는 질문 자체가 또 하나의 답이 되기 때문에 혹은 잘못된 질문을 해 창피함을 당할까 봐 두려워하기 때문이라고 했다. 대학생들의 경우, 한 학생이 여러 번 교수에게 질문하자 모두들 못마땅한 얼굴로 쳐다봤다. 그 표정에는 왜 쓸데없이 질문을 해서 시간을 잡아먹느냐는 식의 불만과 잘난 척한다는 비아냥거림이 역력했다. 실제로 강단에 서본 필자에게는 매우 익 숙한 광경들이다. 미국 대학에서 수업 시간에 학생이 질문하는 것은 너무 나 당연한 일이다. 누구도 다른 사람이 질문하는 것을 불편해하거나 비아 냥거리지 않는다. 아침에 모닝커피를 마시는 것처럼 일상적인 일이기 때문이다.

2004년 노벨 화학상 수상자인 이스라엘 테크니온공과대학 아론 치에하노베르Aaron Ciechanover 교수는 한국에서 과학 부문 노벨상이 나오지 않는 이유로 "토론이 없고 획일적인 주입식 교육 문화"를 들었다. 치에하노베르 교수는 인체 내 '유비퀴틴ubiquitin'이란 물질이 단백질을 분해하는 과정을 연구해 난치병 치료법 개발에 단서를 제공한 공로로 노벨상을 받았다. 다른 과학자들이 단백질 생성 연구에 몰두할 때 창의적인 발상의 전환을 통해 거꾸로 단백질이 어떻게 사라지는지 연구한 것이다.

서울대학교 석좌교수이기도 한 그는 한국 학생들이 질문하지 않는 이유에 대해 한국 사람들은 수줍음을 많이 타고, 학생들은 교수의 권위에 복종하기 때문이라고 꿰뚫어보았다. 그에 반해 이스라엘은 토론 중심 교육이어서 선생이 항상 옳다고 보지 않고 자기가 하고 싶은 말을 서슴없이 할 수 있는 문화라고 설명했다. 매우 공감이 가는 이야기다. 두 사람이 짝지어 열띤 토론을 벌이며 공부하는 이스라엘의 핵심적인 교육 방식 '하브루타chavruta'는 이미 세계적으로 유명하다.

필자(데이비드 서)가 관찰한바, 학생들이 질문을 하지 않는 이유는 공부를 하지 않기 때문이다. 도서관에서 살다시피 하는 한국 학생들로서는 억울한 소리겠지만, 여기서 말하는 공부는 학점을 따기 위한 벼락치기 시험 준비가 아니다. 취업 준비를 위해서 토익 공부에 열중하는 것을 말하는 것도 아니다. 학문에 대한 순수한 호기심을 품고 집중해 공부하는 것을 말한다.

떠먹여주는 수업에 익숙해지다 보면 스스로 공부하는 법을 터득하지 못한다. 대학에서도 고등학교 때와 마찬가지로 교수가 강의하는 내용을 잘 정리하고 암기해서 시험 때 좋은 성적을 내는 것이 공부의 전부라고 생각하면 곤란하다. 대학에서의 공부는 스스로 사고해 해결 방법을 찾아가는 연습의 장이 되어야 한다. 그래야만 대학에서 배운 지식들이 사회에 나가서 유용한 재산이 될 수 있다. 그러나 이와 반대로 지식을 축적해온 사람들이 산업 현장에 가득하다 보니 베끼는 것이 쉽게 가능하다. 창조가 어려울 수밖에 없는 이유다.

필자가 다니던 대학교에서는 벼락치기 공부란 상상할 수 없는 일이었다(물론 나의 경험이 미국 대학 교육의 전부를 대표하는 것은 아니다). 한 번에 보통 수백 쪽에 달하는 책을 읽어야만 수업을 따라갈 수 있으므로 미리 공부해두지 않으면 수업 시간에 앉아 있기가 힘들었다. 교수의 강의를 도무지 알아들을 길이 없기 때문이다. 일주일에 이 정도 양의 책을 읽으면 저절로 질문이 나온다. 그럼 그 질문을 메모해서 수업에 들어간다.

질문은 그 내용을 충분히 파악했을 때 생긴다. 과일의 왕으로 불리는 두리안은 내용물을 쪼개보지 않으면 고약한 냄새 이면에 있는 신선하고 감미로운 감칠맛을 알 길이 없다. 그러므로 먹어보지 않고는 왜 그런 맛이 나는지, 어떻게 잘라야 쉽게 쪼개지는지 질문할 수 없다. 일반적으로 미국 대학에서 아무런 준비 없이 수업에 들어가 교수가 하는 강의를 듣기만 하다 나온다면 그 학생은 F 학점을 받을 확률이 매우 높다. 시험이 다가와 아무리 열심히 공부를 한다고 해도 평소에 벌어진 틈을 쉽게 메울 수는 없기 때문이다.

인공지능 시대에 암기 교육만 시키는 사람들

한국 고등학생들은 명문 대학이든 어디든 대학에 들어가는 순간 공부로부터 자유로워지려고 한다. 그만큼 대학 입시에 진을 빼기 때문일 것이다. 그러나 요즘은 취업 전쟁 때문에 그 자유도 오래가지 못한다. 온종일 도서관에 틀어박혀 열심히 책과 씨름을 하는데 공부하는 방식이 잘못됐으니 변혁의 시대에 늘 우왕좌왕하게 된다. 누군가 성공의 지름길을 내놓으면 앞뒤 안 가리고 우르르 몰려드는 것도 자신만의 진정한 공부법을 터득하지 못했기 때문이다.

2016년 11월, EBS에서 방영한 다큐멘터리 〈시험〉에서 이혜정 교육과혁신연구소 소장이 서울대학교 학생 1111명을 대상으로 연구한 결과 4.3 만점에 4.0 이상 점수를 취득한 학생들 상당수가 강의 때 교수가 설명하는 모든 내용을 필기했다는 장면이 등장한다. 반면 여덟 명의 노벨상 수상자를 배출한 미국 미시건대학교에서는 상당수 학생들이 강의를 필사하는 행위를 거부했다. 교수의 강의를 받아 적는 것이 창의적으로 생각하고 문제의식을 만드는 데 방해된다고 생각했기 때문이다.

앞서 언급했듯이 코넬대학교에서 학생들이 일반적으로 사용하는 노트에는 가운데에 세로줄이 쳐져 있다. 그 줄을 기준으로 오른쪽에는 교수가 강의하는 내용을 적고, 왼쪽에는 강의를 들으면서 떠오르는 생각이나 질문, 요약 등을 적는다. 그래서 다시 복습할 때는 왼쪽의 내용을 주로 보게 된다. 강의를 필사한 것보다 본인이 정리한 것에 더 큰 핵심이 담겨 있어서 유용하기 때문이다.

이혜정 소장이 미시건대학교 학생 8000여 명에게 이메일을 보내 1035명에게 답변을 받은 결과, 시험을 칠 때 교수와 의견 충돌이 일어나도 소신을 밝히는 게 좋다고 생각하는 학생들이 많았다. 교수가 말하는 모든 것을 외워서 좋은 학점을 받은 서울대학교 학생들과는 전혀 다른 태도였다. 미시건대학교 학생들은 특별한 것을 붙잡고 끝없이 창조하려고 했다.

한국 학생들은 초등학교, 중학교, 고등학교, 대학교 16년 동안 선생이 지시하는 대로 공부하는 수용적인 태도를 학습했다. 한국에서는 현상을 객관화하여 정답을 찾아내는 교육을 받아 점수를 가장 높게 받은 학생을 '우등생'이라 여겼다. 한국 어른들이 생각하는 인재들이 과연 세계 무대에서 활약할 수 있을까?

한국의 교육 산업을 들여다보면 철 지난 실용 지식, 실질적이지 못한 지식을 암기하기 위해 상당한 에너지를 쏟는 안타까운 현상을 발견하게 된다. 세계 경영의 선두에 있는 사람들은 빈부 격차가 일어나는 원인 중 하나로 세계 경제의 흐름에 맞지 않은 경제인을 양산하는 교육 시스템을 지목한다. 2000년 노벨 경제학상을 수상한 제임스 헤크먼James J. Heckman 교수 역시 한국을 향해 시험 위주 교육을 바꾸고 생산성을 높이는 방법을 찾아야 한다고 조언했다.

질문이 없다는 것은 호기심과 궁금증이 없다는 맥락과 상통한다. 유치원에서 "저요, 저요!" 하면서 손을 들고 발표하길 즐기던 어린이들이 자라면서 주입식 교육에 길들여져 질문하는 법을 잊어버린다. 새로운 답을 찾는 것이 아니라, 정해진 답을 찾는 교육에 점점 익숙해지면서 규격화되는 것이다. 좋은 교육은 정해진 답을 찾는 것이 아니라 옳은 답을 찾아가는 과정이다.

필자(데이비드 서)는 미국에서 고등학교에 다니던 시절에 고급 화학 과정인 AP 화학반에서 공부한 적이 있다. 어느 날, 수업 시간에 선생님이 화학 질량을 산출하는 새로운 공식을 설명했다. 나는 이 공식으로 여러 번 계산 연습을 하다가 우연히 긴 계산 과정을 거치지 않고 쉽게 결과를 산출해내는 지름길을 알아냈다. 몇 개의 과정을 생략하고 암산해서 답을 구할 수 있는 방법이었다. 이튿날 선생님은 반 전체 학생들에게 그 공식으로 풀어야 하는 문제를 냈는데, 나는 다른 학생들보다 매우 빨리 답을 말했다.

선생님은 깜짝 놀라서 어떻게 그렇게 빨리 답을 계산해냈는지 물었다. 나는 내가 찾은 방법을 설명했고, 선생님은 그 자리에서 훌륭하다고 칭찬해주면서 나의 계산 방식에 'Sang's method 상은의 방식'라는 이름까지 지어줬다(그 당시 나는 한국 이름인 상은으로 불렸다). 아마 내가 한국 고등학교에서 그런 발표를 했다면 선생님은 어떤 반응을 보였을까 궁금해진다.

공부가 성공을 위한 수단으로 전락하는 순간, 학문에 대한 순수한 호기심과 궁금증은 사장된다. 남는 것은 무슨 수를 써서라도 정답을 찾아 높은 점수를 받아야 한다는 목표뿐이다. 중요한 건 학문을 익히는 과정인데 그 과정이 생략되고 결과만 암기하는 꼴이 되고 마는 것이다. 마치 수학의 원리를 이해하지 않고 답만 외우는 격이다. 이렇게 하면 다른 응용문제를 풀 수 있는 능력을 기르지 못한다. 대학을 졸업한 후 기업에 취업한다고 해도 당면한 문제를 정해진 답만으로 풀어가는 인재는 창의적인 혁신을 일으킬 수 없다. 대신 어떻게 해서든 진급만 하면 된다는 뒤처진 관료주의나 기회주의 정신이 그 자리를 메울 것이다.

대학 시절 나는 시험을 보면서 커닝을 한다는 건 상상도 하지 못했다. 커닝하는 학우를 본 기억도 없다. 애초에 커닝을 해서 답을 쓸 수 있는 문제도 아니거니와, 커닝을 하면 무조건 퇴학당한다는 것을 누구도 의심치 않았기 때문이다. 그래서 더욱 한국 대학에서 커닝이 수박 서리하는 것처럼 자연스럽다는 것이 의아하다. 문화적인 차이라고만 보기에는 그 이면에 가려진 상식과 가치관의 차이가 크다.

가끔 장학금을 받기 위해서 A 학점이 필요하다며 성적 정정을 부탁조로 요청하는 학생들이 있다. 나에게는 상식 밖의 일이다. 학생의 개인적인 사유로 성적이 바뀔 수 있다는 상상 자체를 하지 않기 때문이다. 교수에게 성적에 대한 이의를 제기하는 것과는 다른 차원이다. 그런 학생들은 기본적으로 자신의 실패를 인정하고 대가를 치르는 자세가 부족하다. 어떻게 해서든 현실을 무마해서 편법으로라도 빠져나가면 된다는 기회주의적인 사고방식이다. 나의 성적 정정으로 다른 학우들이 피해를 받을지도 모른다는 사실에는 전혀 신경 쓰지 않는 것이다.

저성장 국면에 직면한 수많은 기업은 새로운 시장 공간을 창출할 수 있는 블루오션 전략을 고심 중이다. 이때 한국의 교육을 통해 배출된 학생들이 필요한 인재가 될 수 있을까? 이러한 교육 체계 아래에서 성장한 비즈니스맨들이 격변하는 미래에 생존할 수 있을까? 인공지능 시대에 주산 학원에 가는 사람들이 늘고 있는 이 현실에서 말이다(여기에서 주산 학원은 상징적인 의미임을 밝히는 바이다).

피터 드러커는 《미래 사회를 이끌어가는 기업가 정신*Innovation and Entrepreneurship*》에서 30년 동안 기업가적 도전을 훌륭하게 처리하는 개인들을 관찰해 결론을 도출했다. 그는 확실한 것만을 선호하는 사람들의 한계성을 지적했는데, 이런 사람들이 훌륭한 기업가가 될 확률은 낮다고 단언했다. 드러커는 경영 현장에서 발생하는 의사 결정 과정에서 효율적인 결과를 도출하는 것은 불확실성이라고 정의한다. 불확실성을 인지하는 역량은 21세기 격동기를 살아가는 경제인에게 필수적인 역량이다.

정형화된 화이트칼라에게 요구되는 창의적인 기업가 정신

일본의 교육 방식에 문제가 있다고 주장하는 학자가 있다. 그는 아버지의 지시로 대학 입시 일주일 전까지 거름통을 들고 밭으로 끌려갔던 소년이었다. 소년은 그런 상황 속에서도 지키던 신념이 있었다. 인간이 살아 있다는 것은 무엇인가를 부단히 배우고 노력한다는 의미라는 것이다.

소년의 이름은 히로나카 헤이스케広中平祐다. 그는 유년 학교 시험에도 떨어졌었다. 그러나 헤이스케는 하버드대학교에서 박사를 따내고 수학의 노벨상이라 불리는 필드상까지 받았다. 수학 천재들과 경쟁하여 학문의 기적을 이룩한, 지극히 평범한 사람의 성장 비밀은 무엇일까? 그는 수학을 연구하는 데 끈기를 신조로 삼는다.

그는 일본의 중학교, 고등학교 교육 환경에서는 오랜 시간 숙고하는 사고 방식을 제대로 훈련하지 못한다고 진단했다. 한국의 교육 실정도 마찬가지다. 입학시험을 통해 문제를 어떻게 단시간 안에 풀 수 있는가만 고민하는 사고방식은 창조경제와 동떨어진 개념이다. 이것은 국가 경제에 불행한 결과를 초래하고, 개인의 미래를 보더라도 불완전한 교육이다. 헤이스케가 강조한 장시간 동안 생각하는 훈련은 지혜의 깊이를 더해준다. 이것을 습득하지 않은 사람은 깊이 생각할 수가 없다. 또한 이런 사람은 지혜의 깊이로 창출되는 창조경제를 일으킬 수 없다.

새로운 세계와 지식을 접하고 경험하는 과감한 도전 정신이 필요하다. 우리나라 젊은이들에게는 이러한 도전 정신이 매우 부족하다. 한국 젊은이들은 트렌드에 뒤처지면 큰일이라도 나는 줄 알고 너 나 할 것 없이 비슷한 모습으로 살아간다.

한양대학교에서 수업을 할 때 학생들에게 유익한 콘퍼런스를 소개하고 그곳에서 만난 외국인 중 누구에게든 명함을 받아오는 것을 과제로 내준 적이 있다. 학생들은 엉뚱한 과제를 받아들고 매우 난감한 표정을 지었다. 우리나라 학생들은 자발적으로 탐색하는 힘이 약하다. 오래된 주입식 교육이 만들어낸 산물일 것이다. 처음에는 과제를 무조건 어렵게 생각했던 학생들이 실제로 경험해본 후에는 생각을 바꾸었다.

모르는 외국인에게 다가가 어설픈 영어로 자신을 소개하고 서너 개의 명함을 받자 금세 영어로 대화하는 것과 외국인에게 다가가는 것에 자신감을 얻게 된 것이다. 학생들이 교과서를 통해서 얻는 지식에는 한계가 있다. 그러나 현장에서 일하는 사람들을 통해 얻은 지식은 작은 것이라도 깊이 새겨져 오랫동안 남는 법이다.

경영 사상가 다니엘 핑크는 인간만이 추구할 수 있는 높은 성과를 이루는 비밀은 인간의 생물학적 욕구나 보상과 처벌의 욕구가 아니라고 주장한다. 그는 인간의 뿌리 깊은 욕구 안에 숨어 있는 동기를 '제3의 드라이브'로 정의했다. 이는 목적이 있는 삶을 살고 싶다는 강력한 내재적 동기다. 독자는 자신 안에 제3의 드라이브를, 현명한 리더는 동료 안에 뿌리 깊은 욕구를 건드려야 한다. 이것이 기계와의 경쟁에서 승리하는 비결 중 하나다. 공무원을 하더라도 진정으로 자기 것이라 말할 수 있는 것을 창조하는 힘이 자신에게 있는지 찾아낸다면 생존할 확률은 높다.

예전에 중소기업 임원을 하면서 많은 취업 응시자를 인터뷰한 적이 있다. 최근에는 카카오에서 컨설팅을 하면서 같이 일할 사람을 찾기 위해 여러 명을 인터뷰했다. 일단 회사에서 인재를 뽑을 때는 기본적인 성품이나 자질과 함께 프로 정신과 학습 능력을 중요하게 본다. 현재의 똑똑함보다는 앞으로 얼마나 더 똑똑해질 수 있는가 하는 가능성을 보는 것이다.

성품과 자질에서 매우 중요한 것은 팀원들과 조화를 이루며 성장할 수 있는가다. 팀원으로서 팀플레이를 하기 위해서는 희생이 따른다. 축구 선수라면 누구나 골을 넣어 자신의 몸값을 올리고 싶을 것이다. 그런데 경기 중에 공을 잡은 선수가 직접 넣으면 골인할 확률이 60퍼센트지만 골대 근처의 동료에서 패스를 한다면 90퍼센트의 골인 확률이 있는 경우가 있다. 그런 경우 자신이 직접 골을 넣고 싶은 욕심을 내려놓고 빨리 패스를 할 수 있어야 한다. 그래야 팀 전체를 승리로 이끌 수 있다. 이러한 능력은 신입 사원에게 매우 중요한 덕목이다.

새로운 직장을 구할 때는 무엇보다 자기 자신을 바로 아는 것이 중요하다. 자신의 장점과 기질, 한계점 등을 정확하게 안다면 자연스럽게 스스로에 대한 정체성이 생긴다. 이러한 정체성이 확실히 정립되면 그다음 자신이 하고 싶은 일에 쉽게 접근할 수 있다. 하고 싶은 일이 명확하다면 그 일에 대한 의미를 찾고 구체적인 발견을 하는 것은 자연스럽게 뒤따르는 과정이다. 이것을 나는 '정신적인 근력 운동'이라고 표현하고 싶다.

교세라 창립자 이나모리 가즈오는 기업 간 경쟁을 냉엄한 전장으로 인식

한다. 전장과 같은 경영의 현장에서 승리하기 위해 경영자는 격투기 선수에게도 뒤지지 않을 기백과 투혼을 가져야 한다고 주장한 그는, 불을 가까이 해도 타지 않는 불연성 물질 같은 사람과는 결코 일하지 않는다는 말로도 유명하다. 80대임에도 왕성하게 활동하는 가즈오는 일본인들을 향해 자신의 삶을 성찰하고 인생의 높은 목적을 달성하기 위해 자연성 물질처럼 스스로 불타오르는 사람이 되어야 한다고 강조한다.

사람에게 일이 가지는 의미는 매우 중요하다. 다니엘 핑크는 미래 인재의 조건 속에 의미를 포함시켰다. 내가 왜 이 일을 하는가는 내가 살아가는 의미와도 통한다. OECD 국가 중 자살률 1위의 오명을 아직도 벗지 못한 우리나라로서는 매우 중요한 사안이다. 특히 젊은이들이 자살하는 이유는 다른 사람과의 비교에서 오는 상대적인 박탈감과 열등감 때문인 경우가 많다. 그만큼 자신의 삶의 이유가 명확히 서지 않기 때문이다.

인공지능과 기계화의 경쟁에서 살아남기 위한 미래 인재의 경쟁력은 무엇일까? 그것은 인공지능이 아직 따라오기 힘든 영역인 '창의력'이다. 인공지능에 허락된 세계는 입력된 정보 안에서만 가능하다. 하지만 인간에게 허락된 세계는 무한하다. 무에서 유를 창조하고, 기존의 것을 연결하고 융합해서 새로운 것을 창조해내는 기술은 아직 인간에게만 허락된 축복이다.

기업의 리더가 거대한 조직과 막강한 브랜드 파워를 유지하기 위해서 실행해야 할 것은 경영 세계의 변화에 대한 민첩한 반응과 적극적인 탐색이다. 필자(이선)는 애플, 구글, 시스코 등 21세기에도 강자의 자리를 차지하고 있는 기업들의 임직원을 취재한 뒤 공통점을 발견했다. 그들은 새로운 것을 배우는 데 명분을 필요로 하지 않았다. 전문가는 누군가로부터 인간이 왜 배움을 추구해야 하는지 설득당하는 데 시간을 쓰지 않는다. 배움에 대한 태도에서 전문가와 아마추어의 특질이 구별된다. 아마추어는 배움에 대한 자신의 열기에 누군가 불을 붙여주길 고대하거나, 잠시 타오르다가도 돌밭에 떨어진 불씨처럼 쉽게 사그라진다.

선두 기업의 경영진은 자신이 발을 디딘 곳을 중심으로 역사가 흘러간다는 협소한 생각을 하지 않았다. 언제든지 강자의 자리에서 내려올 수 있다는 것을 인지하고 있었으니, 그 자리를 놓치고 싶지 않아서라도 더 치열하게 미지의 영역을 개척하는 양상을 보였다. 다만 이들이 만들어내는 기술 혁신과 기업 문화가 후발 주자에게 동반 성장을 허락하지 않는 구조로 흘러간다는 것이 문제다.

격변하는 시대에 살아남기 위해서는 자신이 가진 창의력을 최대한 발휘할 수 있어야 한다. 창의력이란 하루아침에 만들어지는 것이 아니다. 사회적이고 국가적인 뒷받침과 함께 안정되고 합리적인 교육 시스템 속에서 연마할 수 있는 능력이다. 하지만 한국처럼 국가적인 지원을 받을 수 없는 환경 속에서는 스스로 창의력을 개발해야만 한다. 마라톤 선수처럼 매일 창의력을 배양하기 위한 훈련을 해야 한다. 혼자 하기 힘들다면 같은 필요성을 느끼는 동료를 발굴해서 함께 발맞춰 가야 한다. 결국 개인에게 있어서 진정 자신의 것이라 말할 수 있는 무언가를 시도해보는 것이 생존을 위한 귀중한 역량이다.

진정 내 것이라 말할 수 있는 것은 무엇인가?

팀하스는 미국 동부에 위치한 건축 설계 회사로 젊은이들이 일하고 싶어

하는 회사 중 한 곳으로 유명한 기업이다. 이 회사의 대표는 재미교포 하형록 회장이다. 1994년에 하형록 회장이 팀하스를 시작했을 당시 그는 빚더미 위에 앉은 상태였다. 의료보험비를 낼 돈조차 없었다. 게다가 심장 질환으로 심장 이식 수술을 받았지만 언제든 심장 이상으로 생명을 잃을 수 있는 상황이었다. 그야말로 세상의 막다른 골목에서 그는 더 이상 직장 생활을 할 수 없어 창업을 선택했다.

그는 집 차고에 사무실을 차렸는데, 남동생에게 선물로 받은 컴퓨터 한 대가 회사 자산의 전부였다. 그럼에도 불구하고 하형록 회장은 집과 붙은 차고 사무실로 이동할 때마다 정장을 입고 출근했던 것으로 유명하다. 미국식 기업 문화가 항상 옳은 것은 아니며, 미국의 모든 기업이 이상적인 모습을 보이는 것도 아니다. 하지만 거실에서 차고로 이동할 때 정장을 입는 행동과 마지못해 출근하는 행동이 축적된 미래에는 분명한 차이가 있다.

청년 하형록은 화장실 청소, 페인트칠, 빨래 수거 등 온갖 궂은일을 하며 생계와 학업을 병행했던 가난한 이민자였다. 그는 대학 졸업 후 칼 워커 회장이 창업한 주차 건물 전문 건축 회사 워커파킹 컨설턴트에 입사했고, 파격적으로 20대 후반에 중역이 됐다. 그는 승진의 비결을 묻는 질문에 업무를 할 때 상사가 지시한 것보다 더 하려고 항상 노력한 것이 전부라고 밝혔다. 그는 지시받은 업무는 정해진 시간 전에 끝내고 상사의 책상 위에 깔끔한 리포트로 만들어 올려놓았다.

하형록은 다른 직원과 달리 업무에 관한 질문이 많은 직원이었다. 또한 동료가 업무에 집중하고 성과를 낼 수 있도록 전심을 다해 도우면서 일했다. 당연히 고객에게도 같은 모습을 보였고, 이러한 태도를 지켜본 경영진이 그를 승진시킨 것은 당연한 결과였다. 자신이 세운 기업이 아님에도 기업가 정신과 주인 정신을 발휘했던 하형록 회장의 내재적 동기는 창업한 후에 더욱 빛을 발했다. 그의 첫 고객이 현재 뱅크오브아메리카의 전신인 MBNA라는 미국의 신용카드 회사였던 것은 결코 우연이 아니다.

하형록 회장은 창업 당시 금전적으로 힘들었지만, 매 순간 자신이 직접 벌어들인 수입 안에서 전략적으로 사업을 확장시켰다. 당연히 힘에 부쳤지만 창업 후 5년이 지난 여러 기업을 살펴보며 남의 돈을 빌려 사업하면 문을 닫을 가능성이 높다는 것을 깨달았다. 그는 많은 창업자가 비즈니스를 할 때 수억 원씩 돈을 빌리는 행위에 의문을 품었다. 진정으로 내 것이 아닌 데 몰입해서 성공시킬 수 있느냐는 것이다.

화이트칼라도 마찬가지로 자기 일과 행적에 의문을 품어야 한다. 나는 진정 기업가 정신을 발휘하며 일을 해왔는가? 진정으로 회사의 성장이 나의 것이라 생각하며 창의적인 대안을 고안해 결과물을 만들어냈는가? 기업 조직의 구조적인 불평등과 억압 때문에 아무것도 할 수 없다며 숨기만 하지는 않았는지 점검해볼 때다.

1995년에 극적으로 펜실베이니아 주 필라델피아의 탬플대학교에서 대형 수주를 따낸 것을 시작으로 하형록 회장의 사업에 연이어 괄목할 만한 성과들이 나타났다. 그의 놀라운 의지와 노력은 결국 미국에서 인정받는 건축 기업 팀하스를 탄생시켰다. 하지만 그것은 결코 한순간에 이루어진 성과가 아니었다. 그는 자신의 사업과 철학을 담은 책 《P31》에서 창업 당시 전쟁하는 심정으로 일했다고 밝혔다.

오바마 대통령의 건축자문위원이기도 했던 하형록 회장은 한국 기업과 달리 팀하스에서는 사장이 가장 먼저 출근해 회사의 문을 열고 커피를 타는 문화를 가졌다고 소개한다. 그는 부하 직원이 쓴 컵을 모아 설거지하는 대표의 모습을 처음 본 신입 사원들은 낯선 문화에 당황스러워한다고 말한다.

하형록 회장은 직급에 상관없이 모든 사람이 본질적인 업무에 집중하는 것을 기업 경쟁력으로 생각한다. 컵을 씻는 행위부터 시작해서 사소한 도움을 하향 지도력으로 보여준다면, 모든 계층이 신뢰를 형성할 수 있다고 믿었다. 업무 능률을 높이는 것은 자신이 무에서 유를 창조할 때 필요한 원동력, 즉 내재적 동기라는 것을 잘 알고 있었기 때문이다.

조직에서 직원이 본질적인 업무 경쟁에 임할 수 있다면, 결과적으로는 기업의 생산성 향상에 도움을 준다. 하지만 한국의 많은 화이트칼라는 온종일 눈치만 보느라 실질적인 자기 성찰이나 창의적인 업무 혁신을 이루기가 힘든 상황이다. 하형록 회장은 원활한 조직 문화를 구축하며 진정한 성과를 얻기 위해서는 오너가 자기 일을 스스로 하는 모습이 중요하다고 강조한다. 구성원 모두의 내재적 동기를 이끌어내는 것이 그만큼 중요하기 때문이다. 또한 내재적 동기는 직원들이 퇴직해서 자신의 길을 개척할 때 퇴직금보다 중요한 생존 전략이 되기도 한다.

누가 시키지도 않고 지켜보지도 않지만 자기 세계를 열심히 구축하는 사람들이 있다. 이들에게는 성공으로 날아오르는 내재적 동기를 부여하는 강한 엔진을 소유했다는 공통점이 있다. 피터 드러커는 신들이 자기를 보고 있다고 생각하며 살았다. 그가 한 시대의 사상가로 활약할 수 있었던 것은 완벽이란 가치를 추구했기 때문이다. 그는 고대 그리스의 조각가 페이디아스에 관한 이야기를 접하고 나서부터 인생이 변했다고 한다.

페이디아스의 작품을 보는 사람마다 감탄했지만, 정작 아테네의 재무관은 페이디아스에게 작품료를 지급하기 거부했다. 사람들은 조각의 앞면밖에 볼 수 없는데, 페이디아스는 아무도 볼 수 없는 조각의 뒷면 작업에 들어간 비용까지 청구했기 때문이다. 이에 대해 페이디아스는 다음과 같이 대꾸했다고 한다. "아무도 볼 수 없다고? 당신은 틀렸어. 하늘의 신들이 볼 수 있지."*26

이 일화는 청년 드러커에게 큰 충격을 주었다. 자신은 페이디아스의 말을 듣기 전까지 그렇게 살지 못했다는 것이다. 오히려 페이디아스와 달리 제발 신들이 눈치채지 않기를 바라며 일한 적이 많았다고 고백했다. "그렇지만 페이디아스는 내게 어떤 일을 할 때 오직 '신들'만이 그것을 보게 될지라도 완벽을 추구하지 않으면 안 된다는 사실을 가르쳐주었다."*27 그는 이러한 다짐을 95세까지 책을 집필하며 굳게 지켰다.

변하지 않는 것이 더 위험한 시대

전 세계 혁신가들을 지원하는 비영리 기관 인데버Endeavor는 1997년부터 600여 개 기업에서 1000명 이상의 기업가를 선발했다. 현재 인데버는 전 세계 45개 도시에서 350명을 고용했고, 5000명 이상의 자발적인 경영 전문가들이 그곳에 존재한다. 인데버는 선발된 기업가들의 성공을 위해 모든 방법을 동원한다. 그 결과 기업들은 매년 인상적인 속도로 성장하고 있다. 2013년 한 해 동안 인데버가 지원한 기업들의 총 매출은 약 70억 달러이며, 약 40만 개의 일자리가 이 기업들로부터 탄생했다.*28

인데버의 설립자 린다 로텐버그Linda Rottenberg는 수많은 기업가를 만나면서 21세기에 적합한 기업가 정신이 무엇인지 자신의 책《미쳤다는 건 칭찬이다Crazy Is a Compliment》에 담았다. 페이스북 최고 운영 책임자 셰릴 샌드버그Sheryl Sandberg가 극찬한《오리지널스Originals》의 저자 애덤 그랜트Adam Grant 등 세계적인 경영 대가들이 로텐버그의 책을 필수 도서로 선정했다. 로텐버그는 1990년대 후반만 해도 기업가 정신entrepreneurship이라는 용어가 그다지 널리 쓰이지 않았지만, 오늘날 기업가 정신이란 단순히 기술 기반 산업에 관련된 비즈니스를 창업하는 것뿐만 아니라 어떤 형태이든 간에 새로운 것을 창출하는 모든 것을 의미한다고 강조한다.

전 세계 많은 국가의 경제 상황은 정체되거나 몰락하는 중이다. 우리는 자본주의 역사상 가장 불확실한 시대에 살고 있다. 로텐버그는 안정적으로 보였던 여러 기업들의 몰락을 지켜보며 변하지 않는 것이라고는 끊임없이 변하는 경제 상황뿐이라고 꼬집는다. 경영의 세계에서 생존하기 위해서는 위험을 감수하고, 계속해서 스스로를 새롭게 변화시키는 것밖에 없다는 것이다. 그녀는 기업가 정신을 기존의 관습을 창의적으로 파괴하는 긍정적인 힘으로 정의한다.

그녀는 외교관, 금융업자, 군인, 정치인 같은 직업이 부상하던 시대가 저물고 고도의 문제 해결 능력을 요구받는 기업가의 시대가 왔음을 강조한다. 기업가는 늘 위험을 감수하며 새로운 무언가를 창출하는 행위에 익숙한 사람이다. 오늘날 기업가 정신이 대두하고 있다는 것은 기존 산업에서 더는 안정적으로 따먹을 과실이 부족하다는 뜻이다. 기업가는 외부 환경에 면밀하게 반응하며 개척할 기회를 모색한다. 누구나 변화의 주체가 될 수 있지만, 모두가 기업가가 될 수는 없다. 관습에 얽매인 교육을 받아온 사람들에게는 기업가 정신을 이해할 수 있는 두뇌 작동이 부재하기 때문이다.

만약 기업가 정신이 없는 사람이라면 반드시 기업가 정신이 있는 사람과 팀을 이루어야 한다. 팀에 참여하기 위해서는 공동체에 기여할 만한 실력을 갖추어야 한다. 내가 팀에 줄 수 있는 선물이 무엇인지 생각해봐야 하는 것이다. 무임승차할 수는 없다. 그 선물을 만들기 위해서는 마라톤 선수처럼 훈련해야 한다. 훈련을 하면 자기의 실력이 파악되고 대가를 치른 만큼 얻는 것이 생긴다.

로텐버그는 변하지 않는 것이 더 위험한 시대임을 강조한다. "당신의 일자리가 안전하고, 당신의 회사가 안정적인 것처럼 여겨진다면, 당신은 훨씬 더 큰 위험에 노출되어 있는 것이다. 만약 당신이 리스크를 감수하는 것이 위험하다고 생각한다면, 리스크를 회피하는 것은 종종 훨씬 더 위험하다는 것을 알아야 한다."[*29]

기업가들이 리스크를 맞이해도 버틸 수 있는 것은 자신이 창조하려는 무언가가 결국 자신의 세계이자 자기 것이라는 자부심을 가지고 있기 때문이다. 화이트칼라에게는 어떤 자부심이 필요할까? 한 시대를 주름 잡던 지식 근로자들의 공통점에서 교훈을 얻을 수 있다.

2012년에 마이클 포터보다 조금 앞선 시대에 활약한 노스웨스턴대학교 켈로그 경영대학원 석좌교수 필립 코틀러와 인사를 나눈 적이 있다. 그는 2001년부터 2009년까지 씽커스 50에서 상위 10위 안의 경영 사상가로 선정됐다. 필자(이선)는 마케팅의 아버지이자 현대 마케팅의 창시자로 불리는 코틀러가 오랫동안 전 세계의 기업가에게 필요한 존재가 될 수 있었던 원동력을 그날 깨달을 수 있었다.

필립 코틀러의 강연에 참석한 청중 가운데 기업에서 지불한 강연료로 참석한 일부는 졸음과 사투를 벌였다. 그러나 80대 노인은 시차 적응이 힘든 상황에서도 오전과 오후 강연에 모두 열정적으로 임했다. 그는 보통 전문가라 하는 사람들이 자기 강연이 끝나면 귀를 닫고 바쁘게 자리를 뜨는 모습과 달리 제자들과 다른 연사의 강연도 주의 깊게 경청했다.

통역기를 귀에 거는 법을 모르는지 한 손으로 들고 학습하는 노익장의 열정을 바로 뒷자리에서 목격하니, 태산과 같은 정신력을 느낄 수 있었다. 당대 최고로 정신력이 강한 사람으로 손꼽히는 이와 대화를 나누고 강연을 들을 수 있다는 것은 행운이었다. 운동보다 정신적인 삶을 즐겼다는 코틀러는 시카고대학교에서 경제학 석사 학위를 받았으며 전공 외에도 심리학, 사회학, 인류학 등 다양한 사회과학을 섭렵했다.

코틀러는 시카고대학교를 3류 대학에서 세계적인 대학으로 성장시킨 로버트 허친스Robert Maynard Hutchins 전 총장과 철학자 모티머 애들러Mortimer J. Adler가 창안한 고전 읽기 운동에 매료됐다. 그는 《필립 코틀러의 마케팅 모험My Adventure in Marketing》에서 비판적 사고 능력과 탁월한 영감을 위대한 사상가들의 고전을 통해 키울 수 있었다고 밝혔다.

코틀러는 미국 대통령보다 더 설레고 긴장되는 사람에게 연락을 받은 일이 있었다. 1980년대 후반, 수화기 너머로 독일 억양의 영어를 쓰는 남성이 그에게 인사를 건넸다. 바로 피터 드러커였다. 코틀러는 드러커와의 첫인사에서 말문을 열지 못했다고 한다. 드러커를 한 번도 만나보지는 못했지만, 평소 그를 깊이 존경하고 있었기 때문이다. 코틀러는 그를 만날 때마다 해박한 역사 지식과 미래에 대한 혜안에 자극을 받았다며, 다방면의 광범위한 지식의 축적과 통찰력을 극찬했다.

1939년에 이미 드러커는 나치스 독일의 본질을 폭로한 데뷔작《경제인의 종말 *The End of Economic Man*》로 영미권에서 명성을 쌓기 시작했다. 영국의 〈런던 타임스The Times of London〉에는 이 책을 감명 깊게 읽은 윈스턴 처칠이 드러커의 일이라면 무엇이든 용납해주고 싶다며 극찬한 서평이 실렸다. 드러커에게 이것은 평소 존경하던 정치인이 자신의 생각에 동의함을 보여준 데 대한 놀라움과 기쁨이 가득한 순간이었다고 한다.

90대에도 왕성한 집필과 강연 활동을 했던 드러커는 60년 이상 3~4년마다 경제학, 통계학, 중세 역사, 일본 미술 등 주제를 바꾸어가며 다양한 분야를 공부했다. 그는 이런 방식의 학습으로 해당 분야의 학문을 통달할 수는 없지만, 그것이 무엇인지를 이해하는 정도는 충분히 가능하다고 했다. 2001년 씽커스 50은 피터 드러커를 세계 1위의 경영 대가로 선정했다. 지금 우리에게 필요한 생존 전략은 이처럼 왕성한 탐구 정신과 다양한 환경에 노출되는 것이 아닐까 한다.

어른 아이를 탄생시키는 재벌 공화국

연희전문학교현재 연세대학교를 설립한 미국의 개신교 선교사 호러스 그랜트 언더우드Horace Grant Underwood의 증손 피터 언더우드Peter F. Underwood는 2015월 12월, KBS 〈명견만리〉에 출연해 택배 송장, 스마트폰 케이스, 교복, CCTV 등 작은 기업이 해야 할 사업까지 손대는 한국 경제를 "재벌 공화국"이라고 정의했다.*30 그는 자산 5조 원 이상 총수가 있는 기업 집단은

41개이며 GDP 대비 재벌 자산 추이는 2005년 50퍼센트에서 2015년에는 98.64퍼센트까지 급증했다고 지적했다. 이 중 삼성, 현대, LG, SK, 롯데 등 5대 가문의 자산은 69.80퍼센트에 이른다.

재벌의 계열사는 2004년 772개에서 2015년에는 1446개 이상으로 늘어났다. 그 기간 부동산 및 임대업, 운수업의 시장 크기는 네 배나 급증했다. 모기업에서 파생된 계열사들의 업무는 기업가 정신을 추구하기 힘든 것들로 가득하다. 내수 시장을 장악하기는 쉽다. 그러나 세계 경제에는 한국의 재벌을 뛰어넘는 규모의 혁신 기업들이 많다. 언더우드는 지금이 급변하는 경제에서 외부의 혁신을 찾아내는 기술이 중요한 시대라고 강조했다. 우리는 지금 열심히 거꾸로 달리고 있다.

사실 이러한 대기업의 행태는 국가적인 차원에서 보면 큰 손실이다. 일거양득이 아니라 일거양실인 셈이다. 경쟁 대상도 안 되는 약자를 대기업이 휩쓸어 경제력을 잃게 만들면 그 손실은 결국 국가의 책임으로 돌아오기 때문이다. 많은 창의적인 강소기업은 현장에서 살아남기 위해 전력을 쏟으면서 만들어지는데, 그 통로를 원천적으로 봉쇄하는 것은 멸종 위기에 처한 동물의 씨를 말리는 것과 마찬가지다.

몽골 초원에는 지금도 유목민들이 산다. 그들은 한곳에 오래 머물지 않고 계속 여기저기 떠돌아다니면서 목축을 한다. 목초지를 보호하기 위해서다. 양 떼를 한자리에 오랫동안 풀어놓으면 흙이 얇아져서 땅이 모래로 바뀌기 때문이다. 그들은 겨울 목초지와 봄, 여름 목초지를 따로 관리한다. 겨울에는 눈이 많이 오기 때문에 풀이 높게 자라야 가축들이 풀을 뜯어먹을 수 있다. 그래서 겨울 목초지는 특별히 보호한다. 여름에는 물이 많은 목초지를 정해놓는다.

그들은 말과 양도 따로 관리하는데, 말은 양보다 무게가 더 나가기 때문에 땅을 쉽게 사막화한다. 양은 상대적으로 가벼워서 그만큼 부담이 덜하다. 목축업을 하는 유목민들은 늑대들과도 공생한다. 늑대들이 양을 수백 마리씩 잡아 죽이는데도 불구하고 그대로 두는 것이다. 늑대가 잡아먹는 만큼 양들이 새끼를 많이 출산하기 때문이다. 또한 늑대는 양들 주위에 머물며 엄청나게 풀을 먹어대는 들쥐, 토끼, 마르모트 등도 같이 없애준다. 서로 주고받는 방식으로 공생하며 살아가는 것이다.

그런데 몽골 정부가 그 목초지에 외지인들을 받아들였다. 목축업을 하도록 외지인들에게 땅을 임대해준 것이다. 그 결과 몇 년 후 매우 심각한 상황이 벌어졌다. 외지인들이 임대 기간 내에 수익을 얻기 위해 무분별하게 양 떼를 목초지에 풀어놓은 것이다. 외지인들이 나간 후 넓은 땅은 손을 쓸 수 없을 만큼 사막화되었다. 우리나라 대기업의 행태가 앞으로 어떤 결과를 불러올지 상상하게 해주는 대목이다.

필자(이선)는 피터 틸 강연을 취재하면서 0에서 시작해 1이 된 기업과 1에서 n을 만들어낸 기업의 본질적인 차이가 무엇인지 생각할 수 있었다. 창조라는 행위와 창조의 순간은 단 한 번뿐인데, 뭔가 새로운 것을 창조하면 세상은 '제로 투 원0에서 1'이 된다는 것이다. 제로 투 원이 될 때 세상에 낯설고 신선한 무언가가 생겨난다는 말은 경영학에서 말하는 파괴적 혁신의 등장과도 같다. 그 뒤 수평적 진보가 일어나는 세계화의 현상은 점진적인 혁신의 소진적인 행위를 떠올릴 수 있다. 이는 한곳에서 성공한 것을 모든 곳에서 성공하게 하는 한계성, 낡음이 있음을 뜻한다.

재벌 공화국에서 살아가는 화이트칼라의 분주하기만 한 활동의 총합은 사실상 의미 없는 일상의 반복일 수도 있다. 늘 생각 없이 쫓기며 살아왔기 때문에, 자신이 어디서 와서 어디로 가야 할지에 대한 고민조차 할 겨를이 없다. 그들로서는 어떤 상황에도 쉽게 굴복하지 않으며 새로운 것을 탐닉하는 사람들을 이해할 여유가 없었을 것이다. 이미 겉으로 보이는 기업의 크기와 실제로 만질 수 있는 종이돈 그리고 안정을 우선시하며 굴복했기 때문이다. 그러다가 퇴직하는 순간을 맞게 되면 그제야 그동안 놓치고 산 것들에 대해 후회한다.

화이트칼라들은 맨눈으로는 보이지 않는 내재적 동기에 대한 가치 평가를 생각할 엄두조차 내지 못한다. 일에 대한 자신만의 특질을 찾아내 인생에 진정한 가치를 부여하기보다, 타인을 의식하고 주변의 기대에 부응하는 쉬운 길을 선택한다. 그러나 세상에는 늘 새로운 것에 열광하는 사람들이 있고, 그것에 의해 보이지 않는 고부가가치를 창출하는 사람들이 있다. 그것도 젊은 세대로부터, 아주 빠르게 쓰나미처럼 밀려오고 있는 것이다.

Chapter 4

자본충성주의

: 멸사봉공의 한계, 넷세대의 등장

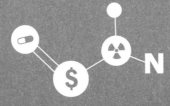

Capitalism

"끝났다! 신의 가호가 있기를……. 무엇이 끝났느냐고?
가장 우수하고 명석한 대학 졸업생인 우리가 '대기업'에 의지해
우리의 성공을 '안내'받던 세계!"

돈으로 살 수 없는 1이닝

2016년 6월 27일 밤 10시 40분경, 메이저리그^{MLB} 뉴욕 양키 스타디움에는 비가 내리고 있었다. 텍사스 레인저스가 뉴욕 양키스에 5 대 6으로 지고 있는 상황에서, 9회 초에 텍사스 레인저스의 1번 타자 추신수가 뉴욕 양키스의 마무리 투수 아롤디스 채프먼^{Aroldis Chapman}과 대결 중이었다. 출루율이 높은 추신수가 볼카운트 3볼, 1스트라이크로 유리한 상황을 만들자 뉴욕 양키스의 조 지라디^{Joe Girardi} 감독은 심판에게 강우로 인한 경기 중단을 요청했다. 불과 1이닝을 남긴 상태에서 경기가 중단되자 텍사스 레인저스의 제프 배니스터^{Jeff Banister} 감독이 강하게 항의했지만 받아들여지지 않았다.

경기장에는 빠르게 방수포가 덮였고, 선수들은 비를 지켜보며 더그아웃에서 대기했다. 대다수 관중은 집으로 돌아갔으나 일부 팬은 끝까지 남아

선수들과 함께 비가 그치기를 기다렸다. 이튿날 오전 2시 14분, 무려 세 시간 반을 넘게 기다린 추신수가 타석에 들어서면서 재개된 경기는 2시 50분이 되어서야 끝이 났다.

저녁 7시 5분에 시작한 경기를 무박 이틀간 치렀음에도 집중력을 잃지 않은 텍사스 레인저스 선수들은 9 대 6으로 역전승을 이뤄냈다. 관중석에서 소년들이 부둥켜안으며 기쁨을 감추지 못하는 장면이 화면에 잡혔다. 이날 경기를 지켜본 소년들은 정규 시즌 162경기 중에 단 1승을 얻기 위해 전력투구하는 어른들의 모습을 통해 돈으로 살 수 없는 것이 분명히 존재한다는 교훈을 얻었을 것이다.

7년 연봉 총액이 1억 3,000만 달러인 추신수처럼 모든 선수가 고액 연봉을 받지는 않는다.*1 이날 텍사스 레인저스의 역전승을 지켜낸 마무리 투수 샘 다이슨Sam Dyson의 연봉은 52만 5,000달러에 불과하다. 부상을 당한 뒤 복귀한 지 얼마 안 된 상태에서 비를 쫄딱 맞은 추신수를 보며 팬들은 그의 건강을 염려했을 것이다. 하지만 MLB 사무국은 고액 연봉을 받는 선수의 몸 상태를 고려해 경기를 중단하지는 않는다. 또한 그들은 공정한 경쟁을 위해 불시에 도핑 테스트를 진행한다. 2016년 2월, 뉴욕 메츠의 투수 헨리 메히아Jenrry Mejia가 26세의 한창 나이에 금지 약물 복용으로 MLB 역사상 최초로 영구 퇴출 처분을 받았다. 또한 25세의 신시내티 외야수인 유망주 후안 듀란Juan Durán은 80경기 출전 정지를 당했다.

MLB 사무국은 마이애미 말린스의 2루수 디 고든Devaris Gordon의 활약에 주목했다. 디 고든은 2014년 64도루, 2015년 58도루로 2년 연속 도루왕을 차지했고, 2015년 내셔널리그 타격왕과 골드 글러브까지 수상한 경력을 갖춘 선수다. 2016년 4월, 고든에게는 토론토 블루제이스의 1루수 크리스 콜라벨로Chris Colabello, 필라델피아 필리스의 투수 다니엘 스텀프Daniel Stumpf와 함께 도핑 양성 반응으로 약물 복용 선수라는 치욕스러운 딱지가 붙었다. 5월에는 LA 다저스의 투수 조슈아 라빈Joshua J. Ravin이 적발되어 연봉이 삭감됐고, 6월에는 필라델피아 필리스의 투수 알렉 애셔Alec Edward Asher가 금지 약물 복용에 따라 80경기 출전 정지, 클리블랜드 인디언스의 외야수 말론 버드Marlon Jerrard Byrd가 162경기 출장 정지 징계를 받았다.

미국은 스포츠 경기를 성스럽게 생각하며 승부의 세계에서 불법을 자행한 선수에게 냉정한 평가와 제재를 가한다. 제아무리 슈퍼스타고 유망주라고 해도 예외는 없다. 2013년 8월 6일, 시카고 화이트삭스 원정 경기는 뉴욕 양키스 타자 알렉스 로드리게스Alex Rodriguez가 부상에서 복귀한 뒤 나선 첫 경기였다. 그는 약물 복용으로 MLB 사무국으로부터 211경기 출전 정지 중징계를 받은 뒤 항소하기도 했다. 로드리게스는 약물 스캔들로 인해 양키스 팬들에게마저 조롱당했다. 팬들은 약물 복용을 비꼰 'A-로이드알렉스+스테로이드'라는 문구를 쓰고 로드리게스의 등 번호인 숫자 13 중 1에 주사기 모양을 그려 넣은 플래카드를 흔들며 야유를 퍼부었다. 그가 타석에서 들어서자 관중은 "스테로이드! 스테로이드!"라고 연호하기도 했다. 2015년 8월 30일, 뉴욕 양키스와 애틀랜타 브레이브스의 경기에서는 로드리게스를 야유하기 위해 자리에서 일어난 60대 관중이 흥분한 나머지 중심을 잃고, 12미터 아래로 떨어져 사망하는 끔찍한 일이 발생하기도 했다.

로드리게스는 2016년 6월까지 통산 695개의 홈런을 기록해 MLB 역대 4위의 홈런을 기록한 윌리 메이스Willie Mays의 660개 기록을 깼다. 그가 징계를 받아 2014년 시즌을 통째로 날리지만 않았더라면, 역대 3위인 베이브 루스Babe Ruth의 통산 714개 홈런을 뛰어넘을 수 있는 21세기의 유일무이한 현역 선수가 됐을 것이다.

로드리게스는 이미지 추락으로 명예의 전당에는 입성이 불가능할 것으로 보인다. 그는 2016년 8월 13일, 탬파베이전에서 마지막 경기를 뛰었다. 은퇴 경기에 걸맞게 3루수 출장을 희망했으나 감독에게 거절당하는 등 그동안 쌓아온 기록과 어울리지 않는 대우를 받고 선수 생활을 접었다.

2014년 12월, LA 다저스가 디 고든을 트레이드 시장에 내놓는다는 소식이 전해질 때까지만 해도 그의 연봉은 51만 5,000달러에 불과했다. MLB 최저 연봉을 받은 고든에게 저렴한 몸값 대비 훌륭한 수확을 기대한 마이애미는 6년간 최대 6,400만 달러에 계약을 맺으며 그를 돈방석 위에 앉게 해줬다. 고든은 약물로 원하는 것을 얻었다. 징계가 끝난 이후 약물에 손을 대지 않는다면 연간 1,000만 달러 이상을 벌 수 있었다.

끝장 승부를 보는 메이저리그의 특징이 그대로 드러난 2016년 6월 뉴욕 양키스와 텍사스 레인저스 경기에서 야구팬들은 치열한 승부에서는 자본이 아닌 선수 본연의 실력이 승패를 좌우한다는 것을 느꼈을 것이다. 그러나 선수에게 약물은 매혹적이다. 인터넷 사이트에서 누구나 쉽게 약물을 살 수 있는 상황에서 팬들의 눈을 절묘한 순간까지 속이는 데 성공한다면 제2의 고든이 될 수 있다.

디 고든의 사건 때문에 MLB의 도덕적 해이가 우려된다는 주장이 꾸준히 제기되고 있다. 야구팬들이 약물을 복용한 선수에게 분노하는 이유는 모든 것을 사고팔 수 있는 사회에도 자본이 침투해서는 안 될 신성한 영역이 있고, 그것을 지켜야 한다고 생각하기 때문이다.

　2016년에 한국 국회의원이 딸의 부정 입학 의혹으로 곤혹을 치렀던 것처럼 공평해야 할 경쟁의 영역이 자본으로 인해 침해당했다고 생각할 때 사람들은 분노한다. 그래서 많은 사람이 스포츠만큼은 더욱 공정하기를 바라는 것이다. 그러나 애석하게도 경기장 문만 벗어나면 자본력이 승패를 결정한다고 여겨지는 순간들이 발생한다.

시장주의 사고의 한계

　미국 캘리포니아 주 LA에 위치한 디즈니랜드의 2014년 방문객은 1680만 명이다. 전 세계에 많은 추종자를 거느린 디즈니랜드는 2016년 중국 상하이에도 아시아 최대 규모의 테마파크를 개장했다. 상하이 테마파크는 중국의 관광 산업에 6조 2,000억 원 규모의 경제적 효과를 낼 것으로 전망되며 많은 기대 속에 문을 열었다. 남들보다 일찍 디즈니랜드를 즐기고 싶은 고객들 때문에 직원들은 개장 첫날부터 땀을 뺐다. 일부 단체 관광객들이 줄이 비교적 짧은 개인 방문객 통로에 서는 바람에 단체 관광객 줄은 짧아진 반면 개인 방문객 줄이 인산인해를 이룬 것이다.

　LA 디즈니랜드를 방문했을 때, 아이 어른 할 것 없이 놀이 기구를 타기 전 설레어하는 모습을 쉽게 목격할 수 있었다. 특히 카스 랜드Cars Land에 위치한 라디에이터 스프링스 레이서스Radiator Springs Racers는 관람객들에게 가장 인기가 많았던 코스였다. 사람들은 차분한 모습으로 놀이 기구를 타기 위해 두 시간 이상 묵묵히 줄을 서고 있었다. 내리쬐는 뙤약볕 아래에서 줄서 있는 것은 인내를 요구하는 일이다. 사람들은 곧 놀이 기구를 타게 될 즐거움을 상상하며 기다렸다. 그런데 그들 옆에서 사람들을 분노케 하는 일이 벌어졌다.

LA 디즈니랜드에서 장애인은 줄을 서지 않고 전용 출입구로 들어가 놀이 기구를 탈 수 있다. 디즈니 캐릭터와 함께 사진을 찍을 때도 휠체어를 탄 아이는 기다리지 않아도 된다. 미국인들은 이 상황을 당연하게 받아들인다. 약자를 배려해야 한다는 것을 어렸을 때부터 배우기 때문이다. 그런데 이러한 문화 의식을 교묘하게 이용한 사람들이 있었다. 2013년 5월, 〈뉴욕 포스트New York Post〉가 일부 부유한 관광객이 장애인 투어 가이드를 매수해 장애인인 척했다는 사실을 폭로했다.*2 많은 미국인이 이 사실을 알고 분노했다.

4개월 후 디즈니랜드는 장애인 특별 입장 프로그램을 종료하고 새로운 프로그램을 장애인 단체들과 협업하여 만들었다. 기다리는 사람들을 존중하면서도 장애인과 함께 공존하는 시스템으로 바꾼 것이다.*3 그러나 이번 사건에서 보인 인간의 이기적인 태도는 선진국에서 역시 목격하기 쉬운 인간의 어두운 내면을 드러냈다.

디즈니랜드에서 줄 서지 않은 부자들의 행태는 비행기 탑승권을 일등석으로 구매한 승객이 길게 줄 선 일반석 승객들을 제치고 일찍 탑승하는 것과는 분명 차이가 있다. 미국 의회 공청회를 참관하려는 로비스트들은 바쁜 일정을 놔두고 공청회장 앞에서 밤새 줄을 설 필요가 없다. 노숙자를 고용해 대신 줄을 서도록 서비스하는 기업에 돈을 지불할 여력이 있기 때문이다.

한국에서도 롯데월드가 줄을 서지 않고 빠르게 놀이 기구에 탑승할 수 있는 '매직 패스 프리미엄 티켓'을 선보여 논란이 일었다. 롯데월드의 모든 놀이 기구를 바로 탈 수 있는 '프리권'은 10만 원에 살 수 있으나 연간 회원권이나 자유 이용권을 구매 후 추가로 구입이 가능하다. 만약 자유 이용권을 사고 프리권을 추가 구입한다면 정가 기준으로 1인당 14만 8,000원이 필요하다. 2만 원대의 입장료조차 부담스러운 서민은 오랜만에 기분 좋게 놀러 갔다가 정당하게 새치기하는 사람들을 보고 상대적 박탈감만 얻고 돌아올 수 있는 것이다.

직면한 모든 문제를 시장주의 사고로 해결하려는 현상은 건강, 교육, 국가 보안 등 다양한 부분에서 발생한다. 하버드대학교 교수 마이클 샌델은 이러한 모습을 30년 전에는 목격하기 어려웠다고 지적했다. 그는 지난 세월 인류의 가장 치명적인 변화는 시장과 시장가치를 절대 가치로 내세워 돈으로 살 수 없었던 영역이 급속도로 축소됐다는 점을 꼬집었다.[4]

샌델은 영국 전 총리 토니 블레어와 미국 전 대통령 빌 클린턴과 같은 시장 우호적 자유주의 정치인들이 주도한 것처럼 시장지상주의 시대가 영원할 것 같았으나 2008년에 금융 위기가 터지면서 제동이 걸렸다고 했다.[5] 시장과 도덕을 다시 연결해야 한다는 주장이 일어나지만 시장주의에 물들었던 우리가 과연 돈으로 살 수 없는 영역을 회복시켜 새로운 긍정의 물결을 일으킬 수 있을까? 무엇보다도 후발 주자가 추격하기 힘든 고도의 혁신을 요구하는 저성장 시대에 세상을 놀라게 할 변화를 일으키기 위해 돈을 내세운 동기가 인재를 탄생시킬 수 있을까?

놀이공원에서 시장지상주의의 해결책을 쓴 부모는 자녀의 학습 동기 증진을 위해 책을 읽을 때마다 용돈을 주는 유인책을 사용하기 쉽다. 기업이 업무 효율을 위해 인센티브를 내재적 동기보다 높은 가치로 두는 것처럼 말이다. 이러한 가치를 물려받은 자녀들이 모인 고등학교 3학년 급훈은 "서울에 있는 대학 한 번에 가자!"로 도배될 것이다. 상위권 대학에 갈수록 더 많은 돈을 벌 수 있다고 믿기 때문이다.

이러한 상황에 노출된 아이들에게 학벌은 계층 상승을 가능하게 하는 도구로 여겨질 수 있다. 그러니 뚜렷한 목적이 없는 아이들은 자주적인 혁명가처럼 혹은 복잡한 문제를 해결해 고부가가치를 창출하는 기업가처럼 행동할 용기와 고도의 창의력이 부족할 수밖에 없다. 시간이 흐를수록 시대에 역행하는 불필요한 인간만 탄생시키는 꼴이다.

노동에 대한 참된 가치, 삶에 대한 철학이 형성되지 않은 사람에게 창조 경제를 요구하는 것처럼 억지스러운 일은 없다. 톰 피터스는 신경제에서 살아남는 유일한 답은 자세의 명확한 전환임을 강조한다. "끝났다! 신의 가호가 있기를……. 무엇이 끝났느냐고? 가장 우수하고 명석한 대학 졸업생인 우리가 '대기업'에 의지해 우리의 성공을 '안내'받던 세계!"*6

오늘날 한국에서는 공무원과 대기업 등 당근과 채찍 수준의 동기를 내세워 부를 창출했던 조직을 맹목적으로 좇는 모습이 만연하다. 이러한 모습은 미국, 중국 등 강대국이 우주선을 띄워 무한한 영토를 개척할 때 호미로 다시는 경작할 수 없는 황폐한 밭을 차지하려는 무의미한 싸움을 연상하게 한다. 아이들이 시대를 읽지 못하는 것은 어른들의 독단과 편견, 무지의 결합에서 도출된 결과다. 기성 사회는 자신의 여생을 책임질 청년 인재들을 죽이고 있다.

23앤드미 유전자 시장에서 소개한 것처럼 건강과 교육 등 삶의 모든 영역을 돈으로 바꿀 수 있다고 믿어온 사람들이 오늘날 지구상에 가득하지만, 3장에서 강조했듯이 그 혜택을 누릴 수 있는 사람은 급속도로 줄어들 것이다. 인류가 직면한 문제를 해결하고, 새로운 기술로 부를 창출하는 데는 고도의 내재적 동기가 필요하다. 그러나 어른이나 아이나 구분 없이 공짜 점심에 익숙한 사람들에게 내재적 동기가 존재할 수 있을까?

다양성의 소멸

19세기 유럽인을 향해 영국의 사회학자 존 스튜어트 밀은 인간의 본성은 태생적으로 어떤 틀에 따라 형성된 것이 아니라고 외쳤다. 미리 정해진 일, 연산화할 수 있는 일, 예측할 수 있는 단순노동은 기계에 맡기는 것이 효율적이다. 기계가 인간의 역량에 한참 못 미칠 때 자본가는 인간을 기계로 만들려고 관료제를 창조했다. 관료제 때문에 많은 사람은 온전한 두뇌 작동을 멈추며 살아왔다고 해도 과언이 아니다.

밀은 《자유론》에서 이상적인 사회를 위해 인간의 개성을 존중해야 한다고 주장했다. 그의 말처럼 소수의 권력자가 다수 인간의 개성적인 요소를 파멸시켜 획일화할 때 사회는 활기를 잃고, 생각하는 힘을 잃어버린 사람들로 가득하게 된다. 이런 사람들은 지구에 속한 모든 것을 귀하게 생각하는 능력도, 중장기적으로 해석할 능력도 모두 잃어 결국 공멸을 초래한다. 밀은 인간이 고상하고 아름다운 사색의 대상이 되기 위한 조건으로 타인의 권리와 이익을 고려하여 설정되는 범위 안에서 개성을 양성해 그 힘을 발휘해야 한다고 조언했다.[7]

조선뿐만 아니라 수직적이며 폐쇄적인 문화를 가진 유럽에서도 수평적 가치관을 가졌던 지식인들의 목숨을 건 탈계급 투쟁이 있었다. 이들의 헌신이 오늘날 지구촌 사회의 성숙도를 이끄는 씨앗이었음은 부정할 수 없다. 그 근거는 조선의 문화에도 가득하다. 500년이 넘도록 계급 사회에 짓눌려 온 조선인에게 여성을 남성보다 낮춰 보는 문화가 있었던 것처럼 말이다. 그들은 단순히 서양 여성을 보기 위한 호기심으로 밤낮 없이 숙소의 창호지를 뚫곤 했다.

최재건 연세대학교 신과대학 연구교수는 호러스 그랜트 언더우드의 부인 릴리어스 호튼Lillias Horton이 때로는 피신을 해야 할 정도로 가는 곳마다 사람들이 몰려들었다고 한다.*8 그러나 조선인들은 이러한 행위가 타인을 위협한다고 여기지 않았다. 대문을 잠그지 않고 사는 문화에는 개방성과 상호 신뢰라는 장점도 한편 있었겠으나, 공감의 결여로 유발된 이러한 행위로 피해도 많았다. 그 당시 얼마나 많은 여성이 남성우월주의 때문에, 얼마나 많은 하위 계층이 사회적 지위 때문에 끔찍한 일들을 당했겠는가. 밀이 언더우드와 함께 조선을 방문해 자유론을 설파했다면 조선인들의 돌팔매질에 맞아 죽었을지도 모른다.

언더우드가 신혼여행을 떠났을 때 찍은 사진에는 호튼과 짐꾼들의 표정이 담겼다. 두 손을 모은 짐꾼은 낯빛이 어둡다. 조선의 신분 제도와 수직적이고 폐쇄적인 문화에 억눌린 모습 같다. 이 사진을 통해 1세기 전 조선의 문화를 일부 추측할 수 있었다.

언더우드가 서북 지방 일대로 떠날 때 아내는 말을 탈 수 없었다. 그 당시 조선인들은 말 타는 여자를 기생과 같은 천민 신분으로 여겼기 때문이다. 돈 많은 남자만 말을 타고 자유롭게 여행을 다닐 수 있었던 시절이었다. 언더우드 부부는 백정과 양반을 가를 것 없이 만인이 예수 앞에 평등하다는 사상을 전파했으나, 19세기 조선인들에게는 자기보다 신분이 천한 사람과 함께 예배를 드린다는 것은 상상할 수 없는 일이었기에 소동이 일기도 했다.

자본과 기술로 무장하여 수많은 토착민을 살해했던 유럽 원정대와 달리 그들의 후예일 수 있는 언더우드 일행은 기이한 행동을 했다. 의료 선교사 호튼은 역병이 도는 지역임을 알고도 그곳에 들어가 환자를 치료했고, 언더우드는 자신을 위협하는 도적에게 총을 쏠 수 있었지만 그렇게 하지 않았다고 한다. 수평적 문화를 퍼트린 선교사들의 노력은 오늘날 한국 남성의 가치관에 큰 영향을 끼쳤다. 이제는 한국 남성이 서양 여성의 집 창문을 열려고 시도한다면 범법 행위라는 것쯤은 상식으로 받아들이게 됐으니 말이다. 만약 21세기에 누군가 조선 시대 남자처럼 행동한다면 그는 주거 침입, 사생활 침해, 심한 경우 살인 미수로 구속될 것이다. 하지만 아직도 우리 사회의 가치관에는 과거의 계급적이고 수직적인 조선의 문화 습관들이 남아 있어 기업이 창의적인 혁신과 수평적인 문화로 성장하는 데 걸림돌이 된다.

세계경제포럼WEF이 공개한 2015년 세계 성평등 지수 보고서에서 한국은 145개국 중 115위를 기록했다.*9 116위부터는 잠비아, 쿠웨이트, 부탄 등 중동 국가들이 다수였다. 상위권에는 아이슬란드, 노르웨이, 핀란드, 스웨덴이 자리를 잡고 경제 활동 참여와 기회, 교육, 건강, 정치 네 개 분야에서 성평등을 주도하고 있었다. WEF의 보고서가 전 세계 문화를 정확히 객관화한 지표라고 단언할 수는 없다 하더라도 오늘날 한국에서는 여성뿐만 아니라 사회적 약자에 대한 고압적 태도를 가진 사람들을 쉽게 목격할 수 있다.

2016년 5월, 전라남도 신안군 흑산도에서 세 명의 남성이 초등학교 여교사를 성폭행한 사건이 보도되어 많은 사람을 경악하게 했다. 그런데 가해자들보다 이 사건에 대한 해당 마을 주민들의 인터뷰가 여론의 공분을 더 했다. 그들은 피해 여성의 끔찍한 상처보다 이번 사건으로 입게 될 관광지로서의 경제적 손실과 자식이 있는 가해자의 이미지 손상을 더 우려했다. 서울에서는 '묻지 마 살인'도 일어나는데 젊은 사람들이 술 먹고 그럴 수도 있지 않느냐며 도리어 가해자를 옹호한 것이다. 한 노인은 인터뷰에서 교사가 먼저 유혹한 게 분명하다며 80세 남자라도 그런 유혹을 견디기가 어려웠을 거라는 망언을 서슴지 않았다.

조선 시대 이전부터 이어져 내려온 계급사회는 자연스레 한국인의 문화적 유산으로 자리 잡았다. 약자에 대한 배려가 늘어난 것도 사실이지만, 여전히 계급을 내세운 비정상적인 사건이 빈번히 일어나고 있다. 예전보다 폭력적인 병영 문화가 사라졌다지만 여전히 한국 군대에 남은 악습 중 하나는 '악기바리'라고 불리는 음식 고문이다. 2016년 7월, SBS 김종원 기자는 해병대에서 일병인 피해자에게 가해자 선임들이 양껏 밥을 먹게 한 뒤 빵 여덟 봉지, 초콜릿 파이 한 상자, 우유 세 팩, 컵라면 두 개를 강제로 먹였다고 보도했다.[10] 가혹 행위 피해자는 사흘에 한 번 꼴로 이런 고문을 당하며 죽고 싶다는 고백을 담은 편지를 부모에게 전했다. 이 사건은 여전히 한국의 여러 조직 환경이 수평적 조직 문화를 추구하는 창조경제 시대에 부합하지 않는다는 것을 방증하는 단면이다.

한국식 관료제의 한계

2016년 7월에 공개된 전 교육부 정책기획관의 발언은 여론을 뜨겁게 달궜다. 그는 "신분제를 공고화해야 한다고 생각한다", "어차피 다 평등할 수 없기 때문에 현실을 인정해야 한다", "민중은 개돼지로 취급하면 된다", "상하 간의 격차가 어느 정도 존재하는 사회가 어찌 보면 합리적인 사회 아니냐"*11고 했다. 또한 구의역에서 사고사한 청년을 두고 그게 어떻게 내 자식 일처럼 생각이 되느냐고도 되물었다. 그렇게 말하는 건 위선이라는 것이다. 논란이 확산되자 정부는 그를 파면했다.

돈과 권력, 출신과 배경을 개인의 능력보다 우선 가치로 두는 한국인이 가득한 조직에서는 정의는 차치하고 진실을 밝히고 공동체를 위협하는 위기를 전달하는 일조차 계급과 충돌해 소멸하기 일쑤다. 계층에 함몰된 기업의 조직 문화는 하위 계층에 분노와 공포만을 주입한다. 이러한 리더십이 꼭 틀린 것은 아니다. 소수의 리더가 주도하는 경영 전략은 대량 생산 시대에 적합한 리더십이었다. 이러한 경제적 흐름 속에서 모든 직원에게 자율성이 효과적인 것은 아니었다. 책무를 경시하고 자유를 추구하는 시민에게 건강한 민주주의를 기대하기 힘든 것처럼 말이다.

전통적인 위계질서는 여전히 전 세계 많은 기업이 채택하는 리더십이다. 이러한 조직 문화는 대중에게 평범한 제품을 일사불란하게 전달하는 데 유용했다. 산업화 시대의 근로자는 산업 현장에서 정보를 캐고, 여러 단계의 승인을 거쳐 가장 유용한 정보를 리더에게 전달해도 괜찮았다. 분석과 정리, 보고 수준의 업무는 계층화된 화이트칼라의 생명을 지속시켰다. 부하 직원은 직장 생활의 연장을 위해 상사가 원하지 않는 실제 정보보다 거짓된 감언이설을 올려야 할 때도 있었다. 그 결과, 때로는 최고 경영자에게 현장의 실체와 다른 허상의 수치와 실적이 보고되어 기업의 몰락을 초래하기도 했다.

산업화 시대에 혁신을 위해 연속적인 시간을 갖는 것은 연구 개발 부서의 직원들에게 한정된 특권이었다. 일반 직원은 꿈꿀 수 없는 사치였다. 그들은 시도 때도 없이 울리는 전화와 확인하는 순간에도 쌓이는 이메일, 창의적인 자극이 없는 회의에 시달리며, 상사의 호통 속에 내재적 동기 유발이 절대로 이루어질 수 없는 지시로 가득한 업무들을 수행해야 했다. 그리고 이러한 업무 방식을 관료제에 효율적이고 전사적이며 체계적인 경영 전략이라고 주장해왔다.

그러나 1장부터 지금까지 설명한 것처럼 유연하며 고도로 창의적인 사람들이 주도하는 경쟁에서는 수직적이며 폐쇄적인 조직 문화가 경쟁력을 갖기 어렵다. 현장에서 기업이 원하는 시나리오와 달리 어긋난 사건들이 최고 경영자에게 전달됐을 무렵 이미 현장은 예측 불가능한 상황으로 변해버리는 시대에 살고 있기 때문이다.

2013년 여름, 구글 본사 상무 미키 김Mickey Kim을 만났다. 그는 실리콘 밸리 기업 조직 문화의 특성을 묻는 질문에, 직급에 상관없이 개인에게 책임과 권한을 부여하는 것이라고 말하며, 실리콘 밸리에서는 직급보다 실제로 하는 일이 더 중요하다고 강조했다.

미키 김은 일반적인 한국 직장인과는 다른 분위기를 풍겼는데, 작은 체구지만 말을 한마디 한마디 할 때마다 당당한 자신감이 엿보였다. 필자(이선)는 그에게 수평적인 소통 구조가 저성장 시대를 맞이한 기업 조직 문화에 적합하지 않느냐고도 물었다. 그는 수직적 조직 문화를 고수하는 한국 기업들이 유연하게 변화하기 위해서는 직함을 삭제하는 것도 좋은 방법이라고 대답했다. 실제로 구글에서는 지위를 나타내는 상징물들을 없애기 위해 끊임없이 노력을 기울인다고 했다.

참고로 직함이 아닌 이름을 사용하는 것은 일반적인 미국 문화다. 미국 회사에서 보수적인 조직에서 격식을 따지는 행사가 아닌 이상 일반적으로 직책과 상관없이 이름first name만 부른다. 격식에 얽매이지 않은 상황에서는 친근한 애칭으로 상사를 '보스boss'라고 부를 수도 있다. 이러한 문화는 구성원들이 거리낌 없이 토의하고 자유롭게 질문하는 데 유용하다.

1982년에 출간된 톰 피터스의 《초우량 기업의 조건》에 등장하는 초우량 기업들이 활동했던 시기는 지금보다도 계급의식이 투철했던 때였다. 미국도 일부 기업의 수직적인 경영 조직에 관한 효율성 논란이 있었다. 그러나 그 당시 초우량 기업들은 불황일 때도 하위 계층이라는 이유로 종업원을 무작정 해고하지는 않았다. 직원 교육이 당연시되지 않았던 시대에도 초우량 기업들은 관리자부터 하위 직원에게까지 존중을 기초로 한 수평적인 공동체 의식을 강조하고 훈련했다. 종업원을 인격체로 인지하고, 그들이 존재해야 관리자가 존재한다는 사실을 초우량 기업들의 구성원은 모두 충분히 이해하고 있었기 때문이다.*12

때로는 직급이 낮아도 더 중요한 역할을 할 수 있다든지, 역할에 대한 권한이 직급보다 우선시된다든지 하는 것이 수평적인 기업 문화의 보편적인 현상이다. 그러나 쉽게 제거되지 않는 한국의 수직적인 문화유산은 수평적인 문화를 가진 구글이나 애플 같은 21세기 초우량 기업의 탄생을 원천적으로 가로막는다.

이러한 요소를 제거하기 위해 국내 대기업들이 시도한 전략은 반바지 입고 출근하기, 업무 시간 외 문자나 메신저 메시지 보내기 금지, 권위적인 직함 삭제하기 정도였다. 수직적 문화에 익숙한 기성세대 리더가 여전히 기업에 가득한 상태에서 난데없이 자율성을 강조하는 모습은 마치 어제까지 술주정을 부리며 아이에게 폭력을 휘두르던 아버지가 기분이 좋을 때 사탕 하나를 물려주는 것 같은 모양새다.

게리 하멜은 신경제로 인해 혁명을 맞이한 기업이 번영하는 데 필요한 조건을 이렇게 내세웠다. 최고 경영자에서부터 하위 관리자까지 모두 기존 전략에서 조금씩 부를 쥐어짜내는 것 이상의 일을 해야 한다는 것이다. 즉 내일의 기회를 창출하고자 하는 도전의식을 조직 내부로 충만하게 스며들게 하는 전략을 고민하라는 말이다. 수직적 문화가 팽배한 한국 기업 조직이 창조경제에 적합한 모델로 진화하기 위해서는 장유유서 문화를 수정할 필요가 있다. 수직적 리더십이 필요 없다는 것이 아니라 우리의 조직 문화가 지나치게 경직되어 있다는 뜻이다.

멸사봉공을 외치는 기업의 위험성

WEF 성평등 지수에서 101위를 기록한 일본 역시 군대식 조직 문화를 고수하다 부작용을 겪는 중이다. 일본 노무라종합연구소는 2007년 영국의 조사 기관인 FDS 인터내셔널이 23개 국가, 1만 3832명의 직원을 대상으로 벌인 연구 조사에 주목했다. FDS 인터내셔널에서 발표한 2007년도 〈일과 삶의 균형에 대한 조사 보고서A Worldwide Study of Attitudes to Work-Life

Balance〉를 보면 세계인들의 일에 대한 가치관을 알 수 있다. 그중에서 여섯 가지의 특징, 즉 승진, 일에 대한 흥미, 사회의 인정, 연봉, 일과 삶의 균형, 직장 안정성을 비교한 자료가 흥미롭다.

한국과 중국은 직장을 구할 때 안정성을 가장 우선시하는 것으로 나타났다. 안정성이 가장 중요한 사람은 상사가 시키는 일에 반기를 들기 어렵고, 기업 경영에 의문을 품기 힘들다. 그저 매일 생존의 시간을 늘리는 것이 전략이 된다. 이와 달리 미국, 호주, 캐나다, 독일, 프랑스, 일본, 러시아, 스위스는 일에 대한 흥미가 직장을 구할 때 가장 중요하다고 답했다. 그만큼 그들에게는 대기업인가, 중소기업인가 하는 기준보다 어떤 일인가가 더 중요하다는 것이다. 그 외에 그리스는 승진이 제일 중요하다고 답했고, 브라질과 스페인은 사회의 인정, 영국은 일과 삶의 균형이 가장 중요한 것으로 조사됐다.

FDS 인터내셔널 조사 보고서의 연구 결과는 일본의 창조경제가 어려운 환경이라는 것을 암시한다. FDS 인터내셔널은 일본인이 느끼는 일에 대한 만족도, 노사 관계에 대한 신뢰감, 일과 삶의 균형 등 모든 항목에서 23개국 중 최하위를 기록할 만큼 부정적으로 변화했다고 진단했다. 노무라종합연구소는 특히 일본 청년들이 살아가는 사회의 전제가 다른데 그들에게 과거의 대의나 근로 규율을 일방적으로 강요해봐야 작동하지 않는다고 지적한다.

노무라종합연구소가 조직의 동기에 관해 연구한 결과물《모티베이션 경영》의 골자는 멸사봉공의 인내, 조직에 대한 충성심, 상하 관계의 규율 등과 같은 수직적 개념은 더이상 통하지 않는다고 말한다.*13 오늘날 일본의 직장인들은 과거와 달리 상사가 주도하는 일방적인 명령의 개념을 받아들이고 따르기만 해서는 희망찬 미래가 불가능하다는 것을 깨닫는 중이다. 그러나 사람은 쉽게 변하지 않는다. 세계 경제는 기업의 빠른 변화를 요구한다. 그러므로 수직적 문화에 익숙한 화이트칼라는 이러한 변화에 본질적으로 위협당할 수밖에 없는 것이다.

에리크 쉬르데주Eric Surdej 전 LG 프랑스 법인 사장은 LG전자가 해외 지사 현지인을 임원으로 임용한 첫 사례라고 한다. 2003년에 LG전자 영업 마케팅 책임자로 프랑스 법인에 합류한 그는 10년 동안 겪어본 한국 기업을 성과와 결과라는 강박관념에 사로잡힌 집단이라고 평가했다. 리더 계층이 이 정도로 체감하는 수준이라면 일반 직원들은 어떨지 쉽게 짐작할 수 있다.

경영 현장이 일본 경영자들이 생각하는 전장과 비슷한 개념이라지만 이런 방식으로는 창조경제를 끌어낼 수 없다. 쉬르데주는 프랑스에서《한국인은 미쳤다!Ils Sont Fous Ces Coreens!》를 출간해 하루에 10~12시간 동안 의문을 품지 않고 상사가 시키는 일을 맹목적으로 수행하는 한국 직장인들의 특성을 폭로했다.

이 책은 한국에서도 출간됐는데, 여기서 쉬르데주는 성장 후 위기를 맞은 LG의 아킬레스건으로 "매우 강제적인 경영 방식이나 도덕주의보다 서열의 무게가 전체적인 기업 운영에 독이 될 수 있다는 사실을 이해하지 못했다는 것"*14을 지목했다. 또한 이 책에는 상사가 던진 물건이 고성과 함께 부하 직원의 머리를 향해 날아간 일화와, 한 한국인 직원이 노발대발해 사람들 앞에서 프랑스인 직원의 얼굴에 의자를 던진 장면이 등장한다. 당시 프랑스인 직원은 폭력적이고 폐쇄적인 기업 문화에 동조할 수 없다며 경찰에 신고하려 했다고 한다. 이 책의 한국어판 소개 기사에는 네티즌들이 올린 한국 기업 문화에 관한 비난 댓글 수천 개가 달려 있었다. 쉬르데주는 한국 재벌 기업의 전체주의를 꼬집으며 독자들이 인간적인 기업 문화란 무엇인지 생각하게 하려고 이 책을 썼다고 말했다.

물론 모든 한국 기업이 그런 건 아니겠지만, 이러한 조직 운영은 업무에서 창의성을 향상시키는 데 걸림돌이 된다. 기업의 대외 변수가 잠잠할 때는 군대와 같은 수직적인 조직이 승리를 얻기 쉽다. 위기가 오기 전까지 근로자는 군대식 기업 조직 속에서 자기 역할에만 충실하면 그만이다. 그러나 1장부터 지금까지 강조했듯이 경영의 역사는 급진적으로 전환하고 있다. 게리 하멜은 이제 경영학의 역사가 전환점에 다다랐다고 생각한다.[15] 그는 20세기 경영의 교훈을 발판으로 삼아서는 미래에 필요한 조직 역량을 구축할 수 없다고 강조했다.

쉬르데주는 스파르타식 교육에서 안정감을 얻는 한국인들에게 두려운 이름은 바로 '미지未知'라는 스트레스라고 지적한다.[16] 뛰어난 효율성을 추구하는 문화에 길들여진 사람들에게 강점이 치명적인 약점이 되는 시대다. 그는 LG에서도 똑같은 일이 벌어졌다고 소개한다. 게리 하멜은 고도로 잘 짜인 제품 개발 과정을 통해 아이팟에서 업그레이드된 아이팟을 만들어낸다고 생각하는 한계성을 비판했다. "엄격하고도 기계적인 과정은 아이팟 자체를 생각해낼 수 있는 토양을 만들지 못한다. 21세기에서 규칙성은 더 이상 성과를 올리지 못한다."[17]

전체주의와 같은 수직적인 조직 문화를 고수하는 기업에서는 누구도 강요한 적 없지만 해야 하는, 비생산적이며 강압적인 추가 업무의 부당함에 대해 말하기 힘들다. 과거 한국을 대표하는 기업의 한 임원은 업무 효율성을 높이기 위해 전 직원에게 새벽 6시 출근을 강조했다. 이에 대해 여성 직원들이 반발하자 화장을 한 채로 자고 출근을 준비하라고 한 일화도 있다. 이러한 인식을 가진 사람들이 기업의 상위 계층에 존재하는 한 창조경제는 일으킬 수 없다. 산업화 시대에나 어울리는 일방적인 하향식 조직 문화로는 현대 경영에 산적한 문제를 풀 수 없다.

경영 현장에서도 직원들의 여유로운 철학적 사고가 가능할 때 세상을 놀라게 할 작품이 등장한다. 그러나 짧은 업무 시간에 수많은 연락과 간섭이 직원들의 숨통을 조인다. 단순한 분주함은 어떤 새로운 것도 낳지 못한다. 이러한 현상은 관료제가 낳은 병폐다. 일렬로 선 군대와 같은 관료제의 정렬은 하위 계층의 어떠한 이견이나 마찰도 용납하지 않는다. 리더의 생각이 곧 시장의 생각과 일치하기 때문이다. 그러나 열병식처럼 어떠한 이탈도 허락하지 않는 조직은 AI 등 고도의 창의적인 기술 혁신과 같은 격변으로 쉽게 무너질 수 있다.

기업 입장에서 전통적인 위계 조직은 겹겹이 자리를 차지하는 화이트칼라 때문에 많은 비용이 지출되는 구조다. 이들보다 저렴하고, 더 빠른 속도로 광범위한 업무 역량을 선보이는 소프트웨어는 기업에 매력적인 요소가 아닐 수 없다. 3장에서 강조했듯이, 영원할 것 같던 자원은 온난화와 무분별한 소비로 인해 희소해지고 있다.

산업화 시대에 우후죽순 탄생한 기업들은 한 영역에서 자기 위치를 지키기도 어려운 무한 경쟁에 빠져 있다. 이러한 상황은 글로벌 안정기가 무한

정 지속될 수 없다는 것을 쉽게 예측하게 한다. 만일 자본가들에게 익숙하고 보편적인 관료제를 기계화와 자동화로 대체할 수만 있다면, 평생을 명령과 통제 속에 보낸 화이트칼라의 미래는 암울할 수밖에 없다.

게리 하멜은 비즈니스 세계의 선구자들이 선천적인 천재는 아니지만 보통 사람과 달리 사물을 자세히 지각하는 습관이 있다고 말했다. 이것이 업계의 정설을 뒤엎고, 경쟁사들이 보지 못하는 기술을 창조하며 신시장의 흐름을 포착할 수 있게 해준 것이다. 애석하게도 21세기 산업은 이 정도 수준의 역량을 보유한 사람들에게게만 기회를 허락하는 시대로 흐르고 있다.

보통 기업에서는 인재 교육을 강조하지만, 경영의 세계를 들여다보면 현실은 냉엄하다. 기업은 저성장 시대를 타개하고자 적합한 인재를 교육하며 기다리는 것보다, 이미 세계 무대에서 활약 중인 검증된 인재를 사 오는 것을 선호한다. 그러므로 개인은 이 잔인한 현실 앞에서 나는 준비된 인재인지 자문하며, 그 진화의 속도를 스스로 민감하게 측정해야 한다.

삼성전자에서 구글이나 애플 출신의 인재를 영입하고, 중국 기업 샤오미에서도 구글 직원을 영입하는 것이 요즘 추세다. 영리 기업은 결코 직원이 인재로 성장할 때까지 기다려주지 않는다. 기업이 이미 급변하는 경영 환경에서 자율성이 보장되는 만큼 책무를 지고 성과를 도출해내는 인재를 원한다는 것은 수직적 환경에 익숙한 화이트칼라에게 불리한 상황일 수밖에 없다.

이런 시대에 내재적 동기 부여는 근로자 개인의 생존 확률을 높여주는 전략이다. 그러나 전통적인 위계질서 속에 살던 직원들은 자신이 한낱 부품에 불과하다는 느낌을 받으면서도, 진정으로 자기 것을 찾는 몰입을 업무 중에 하기는 힘들다. 매번 찾아오는 실적에 대한 압박감 때문에 창의적인 역량을 개발하는 것보다 단기적인 성과에 함몰되어왔기 때문이다. 결국 이들은 내재적 동기라는 말을 단어로만 알 뿐이다.

돈으로도 살 수 없는 팀워크

필자(데이비드 서)가 패니메이에서 일할 당시 회사는 성장 가도를 달리고 있었다. 필자 또한 개인적으로 크게 성장한 시기였다. 패니메이는 경영 사상가 짐 콜린스Jim Collins의 대표작 《좋은 기업을 넘어 위대한 기업으로Good to Great》에서 위대한 기업으로 선정된 바 있다. 패니메이는 1938년에 공기업으로 출범해 1968년에 민영화된 이후에도 승승장구해왔다. 그러나 2008년 당시 서브프라임 모기지 사태로 쓰러졌고, 그 이후 미국 정부로부터 막대한 공적 자금을 지원받았다. 패니메이는 2011년에 169억 달러약 18조 원의 적자를 냈지만, 2012년 상반기에는 78억 달러약 8.5조 원의 이익을 내면서 흑자로 전환했다.*18

참고로 2008년부터 미국 정부는 패니메이에 총 1,161억 달러약 132조 원를 구출 자금으로 댔고, 그 대가로 80퍼센트 지분을 인수해 통제권을 가졌다. 패니메이는 2016년 1사분기까지 1,485억 달러약 163조 원를 배당금으로 미국 정부에 제공했다. 특이한 점은 배당금은 구출 자금 액수를 낮추지 않으며, 순익금 100퍼센트를 정부가 가져가는 조건이었다는 것이다. 따라서 일반 투자자들에게는 배당금이 제공될 수 없었다.*19

필자의 성장에 큰 기여를 한 사람은 패니메이 입사 5년 만에 만난 상사 콘 케니Con Kenney였다. 1996년에 그는 상무이사였는데, 새로운 프로세스 혁신팀을 만들기 위해 인재를 찾고 있었다. 필자는 그때 IT 디비전에서 소프트웨어 개발 프로젝트 매니저 코칭 역할을 맡고 있었다. 그 당시는 패니메이가 '오브젝트 오리엔티드object oriented'라는 소프트웨어 방법론을 대대적으로 도입한 시기였다. 교육 부서에 있던 필자는 임직원 교육을 위해 프로그램을 기획, 디자인, 운영하는 업무를 담당했다. 새로운 컴퓨터 프로그램 방법론을 IT 개발자들과 매니저들에게 전수하는 일이 주된 업무였다. 충분히 보람차고 흥미로운 일이었기 때문에 매우 열정적으로 일했다.

필자는 케니와 처음 인터뷰했던 그 순간을 지금까지도 잊을 수가 없다. 따스한 봄날, 우리는 워싱턴 D.C에 위치한 패니메이 사옥 부근의 한적한 잔디밭 길을 나란히 걸으며 많은 대화를 나눴다. 형식적으로는 인터뷰였지만, 마치 신뢰하는 선배와 진지한 대화를 나누는 것처럼 편안한 느낌이었다. 긴 대화를 마친 후 케니가 말했다. "당신을 보니 마치 철학자가 일등병 군복을 입고 있는 것 같소." 그는 군복 같은 조직의 틀 안에 가려져 있던 필자의 가능성을 처음으로 알아챈 사람이었다. 케니는 내 안의 잠재력을 거울로 비추듯 공감해줌으로써 나의 능력을 최대한 이끌어내는 데 성공했다. 그는 소통과 공감을 할 줄 아는 전문가였다.

그 후 케니는 파격적인 연봉 인상과 함께 필자를 자신의 팀으로 불렀다. 나는 그곳에서 내 인생사에 기록될 만큼 열정적으로 일했다. 내가 미처 알지 못했던 잠재된 가능성들이 실제로 발휘되어 크게 성장했던 것이다.

이전까지 필자는 컴퓨터 소프트웨어 프로그램 개발자였다. 교육하는 일과 창의적이고 참여적인 회의 진행 방식을 주도하는 퍼실리테이션Facilitation 일은 필자가 교육팀에서 5년을 일하는 동안 공식적으로 배우며 익힌 일이다. 케니와 일하면서 조직 변화와 조직 개발 그리고 퍼실리테이션을 더 익힐 수 있었다. 2004년에 한국에 온 이후 기업체를 대상으로 강의하고 대학 교수로서 일하게 된 것도 패니메이에서 일한 경험이 밑거름이 됐다.

케니와 함께 일하는 동안 격주로 정기적으로 일대일 미팅을 가졌다. 그의 개인 사무실에서 미팅을 할 때도 있었고, 회사 복도 혹은 워싱턴 거리를 걸으면서 미팅을 겸한 산책을 할 때도 많았다. 그 시간은 상사와 부하 직원이 업무 보고를 하는 시간이 아니었다. 주로 개인적인 성장을 위한 자기계발 조언과 상담이었다.

케니는 멘토로서 자신의 고충을 털어놓았고, 회사의 내부 사정도 긴밀히 전해주곤 했다. 상호 신뢰는 아주 빠르게 이루어졌고 유지됐다. 팀의 방향성과 회사의 상황, 상사의 가치관에 대한 이해도가 아주 높았기 때문에 업무를 따로 지시할 필요를 우리 둘 다 느끼지 못했다. 두 시간 정도 그와 미팅을 하고 나면 항상 새로운 에너지가 충전되어 일하고 싶은 욕구가 샘솟았다. 이런 종류의 내적 동기 부여는 인센티브가 충족시킬 수 없는 영역이다.

짐 콜린스는 패니메이 직원들이 담보 대출 모기지를 유동화 상품으로 만들어 파는 작업 자체에는 열정이 없다고 분석했다. 대신 계급, 출신 배경, 인종에 관계없이 모든 사람이 내 집 마련이라는 '아메리칸 드림'을 실현할 수 있게 돕는다는 미션에 대한 열정이 위대한 기업으로 성장하는 데 중요한 역할을 했다고 주장했다.*20 직원들의 건전한 생각이 모여 조직의 내적 동기를 강력하게 발동시켰다는 것이다. 콜린스는 비교 기업군을 향해 가장 혁신적인 사람들이 혁신적인 기업에 서서히 스며드는 관료제와 계층제가 역겨워 떠날 때, 창조성의 마법은 빛을 잃기 시작한다고 지적했다. "신나던 창업 회사가 특별히 내세울 게 전혀 없는 또 하나의 회사로 변해간다. 평범함이라는 암세포가 본격적으로 자라나기 시작한다."*21

우리 팀의 주된 업무는 프로세스 혁신이었지만 그 외에 조직 개발 특임도 맡았다. 필자는 회사 조직을 발전시킬 수 있는 조직 개발에 더욱 관심을 갖게 됐고, 대학원에도 진학해서 열심히 공부했다. 또한 회사의 지원을 받아 미국 전역에서 열리는 혁신과 조직 개발에 관한 각종 워크숍에도 참석할 수 있었다. 이렇게 워크숍에서 배운 내용들을 회사에 소개하고 적용하는 역할도 업무 중 하나였다. 새로운 정보와 지식을 배우고 익히는 것은 즐거운 일이었다. 그뿐 아니라 미국 전역의 훌륭한 경영 전문가나 컨설턴트로부터 개인적으로 교육받을 수 있는 기회를 얻은 것도 행운이었다.

양자 물리학자 데이비드 봄David Joseph Bohm이 창안한 대화법에 대한 필자의 의견을 수용한 케니는 이를 우리 팀의 미팅 때 정기적으로 활용했다. 우리는 한 달에 두 번씩 봄 대화법을 적용한 미팅을 가졌는데, 팀원 모두 그 시간을 손꼽아 기다릴 만큼 좋아했다. 봄 대화법의 특징 중 하나는 우선 편안한 의자와 소파에 앉아 마음 분위기를 전환하는 트렌지션transition의 시간을 가지는 것이다. 눈을 감고 명상하듯이 복식호흡을 하면서 온몸의 긴장을 푼다. 그 뒤 허심탄회하게 자신의 현재 상황과 마음속 생각들을 털어놓는다. 판단과 편견은 무장 해제하고, 호기심 가득한 자세로 질문을 던지고 이야기를 들었다. 이 시간을 통해서 우리는 상대방의 생각과 고심, 불만 등을 긍정적이고 수용적인 자세로 접할 수 있었다.

그 결과는 놀라웠다. 팀원들 간에 상호 이해의 폭이 넓어져서 유대감이 저절로 형성됐고 팀워크가 좋아졌다. 오해로 인한 갈등도 생기지 않았다.

업무 효율도 높아졌다. 우리 팀은 따로 비용을 들여 워크숍을 하지 않아도 될 만큼 결속력이 좋았다. 예를 들어 상사가 어떤 사람이 진행하던 프로젝트를 다른 사람에게 넘겨도 아무런 갈등이 생기지 않았다. 자신의 공헌을 생색내지 않았고, 다른 사람을 깎아내리려는 시도도 없었다.

패니메이에서는 1년에 한 번 연봉 협상을 했는데, 그때 유사한 일을 하는 직원들을 수십 명씩 모아 그룹을 만든 뒤 1등부터 꼴등까지 성과도와 기여도를 측정해 평가를 내렸다. 그 시기가 되면 모든 부서가 보이지 않는 팽팽한 긴장감에 휩싸였다. 하지만 우리 팀은 평소와 다름없이 평화로웠다. 승진이나 연봉 협상의 결과로 희비가 엇갈리면서 다른 부서는 한동안 무거운 분위기 속에 있었지만 우리 팀에는 아무런 갈등이 없었다. 상사의 평가를 모든 팀원이 기쁘게 받아들이자고 사전에 충분히 의견을 모았기 때문이다. 그만큼 서로를 신뢰하고 이해했다. 우리 팀에서는 매우 창의적인 아이디어들이 자연스럽게 쏟아져 나왔다. 회사에서 발생하는 신경전이나 개인적인 이익 추구에 에너지를 빼앗기지 않고 온전히 일에만 집중할 수 있었기 때문이다.

12WHY 기법

패니메이에서 근무할 때 한국 정부 기관 컨설팅을 위해 파견 근무를 나온 적이 있었다. 다른 미국 직원 몇 명과 함께 한국에 왔는데, 한국 기업의 임원급 관리자는 필자를 만나자마자 가장 먼저 다른 직원들의 나이부터 물었다. 하지만 나는 동료들의 나이를 몰랐다. 수년 동안 함께 일했지만 나이를 알 필요가 없었기 때문이다. 어느 대학을 졸업했는지도 몰랐다. 중요한 것은 그 사람이 지금 하는 업무를 얼마나 잘 수행하고 있느냐 혹은 할 수 있느냐뿐이었다. 하지만 한국에서는 업무를 시작하기 전에 상대방의 나이와 출신 학교 따위의 정보를 꼭 필요로 한다. 그것으로 상대방과 나의 서열 그리고 정체성을 규정하기 때문이다.

한국에 온 뒤 한 기업에서 임원으로 일할 때, 직원들의 승진과 연봉 문제 때문에 임원 회의에 참석한 적이 있다. 그 자리에서 직원들의 승진을 고려할 때 가장 먼저 언급되는 것은 나이였다. 이 정도 나이면 능력에 상관없이 승진시켜야 하지 않는가 하는 대화들이 오갔다. 어린 직원들 중에 능력이 출중한 사람이 있어도 나이 때문에 탈락됐다. 아직 좀 더 기다려도 된다는 것이었다.

필자로서는 낯선 풍경이었다. 이것은 직원들의 업무 능력을 도리어 저하시키고 창의적인 발상을 억제하는 요인으로 작용하기 쉽다. 그 외에도 과도한 술 접대 문화와 인맥 위주의 성공 전략은 직원들로 하여금 창의적인 혁신보다는 눈치 보기식 안전주의에 빠지게 만드는 위험 요인으로 작용한다.

패니메이에서 근무할 때 IT 부서 이사 중 한 사람이 철학을 전공했다는 사실을 우연히 알게 됐다. 그때 든 생각은 '아, 이 사람은 똑똑하고 생각하는 바가 남다르겠구나'였다. '철학을 공부한 사람이 어떻게 IT 이사를 하지?' 같은 부정적인 생각은 전혀 들지 않았다. 과거의 전공을 물고 늘어지는 것은 시대에 뒤떨어진 발상이다. 과거 어떤 경력을 쌓았는지가 아니라 지금 이 순간 얼마나 똑똑하게 업무를 잘 수행할 수 있는지가 중요하다.

로봇과의 경쟁에서 살아남을 기업과 근로자는 결국 경쟁사의 로봇이 하지 못할 일들을 창조해내야 한다. 그러기 위해서는 인간 고유의 강점을 강화해야 한다. 다니엘 핑크는 인간의 본성 중 자율성이라는 능력이야말로 내재적 동기의 핵심이라고 강조한다. 자율성이 로봇의 영역, 저임금 근로자의 영역을 뛰어넘는 인재의 탄생, 창의적 성과, 업무 태도에 강한 영향력을 행사하기 때문이다. 그는 자율적인 동기가 피실험자의 인지 능력 향상을 가능하게 한다는 행동과학 연구 결과에 주목했다. 학생에게 내재적 동기가 작동되면 자기에게 직면한 개념을 잘 이해하게 된다. 열심히 일해도 피로감은 낮은, 심리학적으로 높은 수준의 행복을 가져오는 것이다.

세계 최대의 규모이자 가장 인기 있는 온라인 백과사전으로 급성장한 위키피디아Wikipedia에는 경영자가 따로 없다. 직원들에게 동기를 부여할 방법을 놓고 고민하는 소모적인 회의도 없다. 업무 시간에 상사의 눈치를 보며 온라인 쇼핑을 하는 직원도 없다. 위키피디아를 발전시키는 추종자들은 마이크로소프트에 소속된 작가, 편집자, 경영진처럼 보수를 받지 않는다. 자기 주도적인 동기가 위키피디아를 구성하는 사람들의 업무 행위를 만족시키기에 무상으로 노동력을 제공하는 것이다. 이 과정에서 참가자들의 창의력은 폭발한다. 이들이 지식의 확장 그 자체에 몰입해 종이 사전을 위협하는 모습은 고비용 조직 구조를 가진 전통적 위계 조직에 중대한 위협 요소를 내포한다.

다니엘 핑크의 말대로 리더는 타인을 통제하고 싶은 유혹에 저항하고, 어떤 수단을 동원해서라도 인간의 정신에 깊이 뿌리박힌 자율성을 일깨워야 창조경제를 맞이할 수 있다. 그러나 그는 실제로 많은 기업의 경영 현장에서 이러한 흐름을 따라잡지 못한다고 지적했다. "우리의 회사를 강화하고 우리의 삶을 고양하며 세계를 향상하고 싶다면 우리는 과학이 알아낸

바와 경영에서 실행되는 것 사이의 괴리를 줄여야 한다."*22

유대인들은 하브루타를 통해 어린 시절부터 질문하고 토론하는 문화 속에서 자란다. 외국어 공부도 대화로 한다. 치열한 논쟁을 통해 서로서로 학습 능력을 키워가는 것은 이스라엘의 경쟁력이다. 질문을 놓고 집중적으로 토론하면 깊은 사고를 거쳐 논리적인 답을 찾게 된다. 그리고 그 안에서 가치관과 세계관이 만들어진다. 그만큼 질문에는 보이지 않는 힘이 있다.

필자는 멘토링하는 학생들에게 어떤 중요한 일을 결정할 때 '12WHY'를 해보도록 권한다. 12WHY는 어떠한 당면 문제에 대해서 '왜, 이것이 중요하지?'라는 질문을 열두 번 연속적으로 던져서 답을 적어보는 것이다. 카카오에서 조직 혁신을 위한 컨설팅 업무를 담당했을 때, 한동안 인사 부서의 많은 미팅에 직접 참여해서 그들에게 조언을 주었다. 카카오는 우리나라에서 보기 드물게 수평적으로 잘 조직된 회사다. 그러므로 많은 업무가 상명하달식이 아니라 직원들의 자발성에 기대 운영되는 경우가 많다.

어느 날은 전체 분위기가 많이 가라앉은 한 팀을 참관하게 됐다. 그들과 몇 마디 대화를 나누면서 직원들이 지금 하는 업무에 대한 가치와 의미가 크게 흔들리고 있음을 알아챘다. 그 자리에서 필자는 12WHY를 해보도록 권유했다. 그 결과는 놀라웠다. 팀원들이 그 일을 하는 이유를 쓰는 과정에서 미처 깨닫지 못했던 의미들이 가슴속 깊은 곳에서 이끌려 나왔던 것이다. 한 사람씩 돌아가면서 각자 어떤 내용을 썼는지 발표하는 동안 우리는 놀라운 감동을 체험했다. 그리고 서로에게 충분히 공감해주면서 어느새 하나가 됐다. 몇몇 사람은 눈물을 보이기도 했다. 마침내 팀원들은 업무의 중요성을 모두 공감하고 다시 힘을 낼 수 있었다.

사람이 로봇과 다른 점 중 하나는 의미를 생각하고, 의미를 필요로 하는 것이다. 로봇은 입력된 프로그램에 따라서 변함없이 똑같은 일을 반복할 수 있지만 인간은 그렇지 않다. 로봇이 인간의 일자리를 위협하는 지금, 인간이 선점할 수 있는 부분은 사유하는 인간을 깊이 관찰하고 이해하는 것이다. 그래서 그 인간이 필요로 하는 것을 알아내 창의적인 가치와 기회를 창출하는 것이다.

12WHY 기법을 처음 접한 것은 패니메이에 근무하고 있을 때였다. 그때 만난 경영 전문가 중 한 사람이 거스 저카치August "Gus" T. Jaccaci 였다. 그는 자연에서 이루어지는 성장과 혁신 과정의 패턴을 기업 발전과 조직 개발 과정에 적용하는 연구를 하는 전문가였다. 거스는 자연적 진화 진로가 기업을 조직하고 상품에 대한 전략을 세우는 진화 진로와 어떤 연관이 있는지를 다룬 책《진화 담당 최고 책임자 : 미래의 지도를 그리는 리더Chief Evolutionary Officer : Leaders Mapping the Future》와《일반 주기성 : 자연의 창조적 역동 General Periodicity : Nature's Creative Dynamics》을 집필했다. 거스는 하버드대학교에서 학사와 교육학 석사 과정을 마친 창의적인 기인이었다. 또한 세계적인 예술 학교인 로드아일랜드 디자인 스쿨을 졸업한 화가이기도 했다. 영재 고등학교인 매사추세츠 주 앤도버의 필립스 아카데미에서 예술 교사로 일했고, 보스턴대학교 총장을 도와서 예술 프로그램을 개발했다. 하버드대학교에서 입학사정관 부책임자로 일한 후에는 미래학자로서 기업 컨설팅을 했고, 정치에도 관심이 있었다.

필자는 거스의 책을 읽고 곧바로 연락해서 당신의 지식을 배우고 싶다는 의사를 전달했다. 특별한 개인 컨설팅 시간을 허락받은 필자는 회사의 공식적인 지원을 받아 그가 사는 버몬트 주까지 달려가서 며칠을 함께 보내며 배움의 시간을 가졌다. 그때 그에게 배운 여러 가지 중 하나가 바로 12WHY 기법이다.

우리는 20년이 넘는 나이 차이를 뛰어넘어 금세 좋은 친구가 됐다. 그는 필자에게 전문가적인 권위나 어른으로서의 사회적 지위를 내세우지 않았다. 그와 나는 수평적인 위치에서 소통했고, 그 시간은 내 지식이 혁신적으로 성장하는 데 좋은 자극이 되었다. 그 후로 그는 기업/조직 경영 전략가, 사회 혁신가, 과학자 등 여러 명의 특별한 친구들을 소개해주었고 다른 특이한 모임에도 초대해주었다. 이러한 만남이 필자에게는 성장의 좋은 발판이 됐다.

전 세계의 여러 혁신가를 지원하는 린다 로텐버그는 혼란스러운 일은 누구에게나 찾아오며, 경제적인 격변기가 기업가 정신을 극대화하는 지점이라고 주장했다. 그녀는 《미쳤다는 건 칭찬이다》에서 혼란의 중심에서 생존한 다양한 기업가의 사례를 소개하며 경기 침체기는 새로운 기회임을 강조했다. "카우프만Kauffman 재단의 연구에 따르면 오늘날 포천 500대 기업으로 선정된 곳의 절반 이상은 경기 침체나 하락세가 이어지는 시기에 새롭게 시작했다."*23

창의성과 혁신은 기업의 늘 중요한 가치였지만, 제품의 수명이 급격히 짧아진 초경쟁 시대, 뉴 노멀의 시대에서는 그야말로 몰락과 생존의 벽을 넘는 기술이다. 그런데 여전히 많은 사람이 기술이 부재한 상태에서 살아간다. 새로운 시대를 맞이할 동기를 찾지 못했기 때문이다. 우리는 지금부터 기성세대 화이트칼라의 일자리를 앗아가고, 공무원 준비보다 어려운 창업을 성공시킨 새로운 물결에 대해 이야기하고자 한다.

넷세대: 기성세대의 일자리를 앗아가는 청년 기업가들

제16회 세계지식포럼에서 장년의 경영 대가들과 어깨를 나란히 한 30대 청년 기업가가 있었다. 그는 1981년생인 브라이언 체스키Brian Chesky로, 2008년 8월에 동갑내기 친구 조 게비아Joe Gebbia와 함께 에어비앤비를 샌프란시스코에 설립했다. 에어비앤비는 호텔이 아닌 일반인의 빈집, 빈방을 여행자에게 빌려주는 공유 경제 서비스를 제공한다. 여행자는 비용 절감의 효과를, 집주인은 잉여 공간을 활용해 부가 수익을 누릴 수 있다. 이들은 간단하고 탁월한 아이디어와 능숙한 인터넷 기술로 2013년 한 해에만 뉴욕의 호텔들로부터 약 100만 번이나 숙박 예약을 빼앗아 그들의 영업에 막대한 타격을 입혔다. 에어비앤비는 현재 192개 국가에서 60만 개 이상의 숙박 시설을 중개하고 있다.

지구촌 경제의 흐름에 막대한 영향을 끼치는 청년 기업가들이 속속 등장하고 있다. 페이스북을 위협한 소셜 네트워크 서비스 기업 핀터레스트는 이미지 공유 및 검색 사이트다. 2015년 3월에 외신들은 투자자들이 핀터레스트의 기업 가치를 110억 달러로 매겼다고 보도했다. 핀터레스트의 창립자 벤 실버먼Ben Silbermann은 1983년생이다.

페이스북과 협력 관계인 온라인 결제 서비스 플랫폼 스트라이프의 기업 가치는 2014년 기준 35억 달러였다. 스트라이프의 공동 창업자이자 아일랜드에서 천재로 불렸던 패트릭 콜리슨Patrick Collison은 1988년생, 동생 존 콜리슨John Collison은 1990년생이다. 에어비앤비, 핀터레스트, 스트라이프 같은 사례는 디지털 세대 기업가들의 탁월한 영감이 자본을 만나면 기성세대의 부에 막대한 타격을 입힌다는 것을 상징한다.

돈 탭스콧은 디지털 환경에서 자라나 성인이 된 본격적인 디지털 세대를 넷Net 세대, N세대Net Generation, 디지털 네이티브Digital Native로 정의했다. 1982~1991년에 태어난 사람들인 넷세대는 디지털 환경을 공기처럼 자연스럽게 받아들이는 디지털 친화적 세대다.*24 이들은 기성세대가 만든 거대한 기업 못지않은 강성한 젊은 기업을 만들고 있다. 탭스콧은 넷세대의 뇌 구조는 기성세대와 다르다고 지적한다. 인류 역사상 처음으로 넷세대와 같은 어린아이들이 기술 전문가가 되었다는 것이다. 이들을 이해할 때는 특정 연령대로 한정 지어 분류하기보다 공통적인 문화를 가진 집단으로 보는 것이 좋다.

탭스콧은 넷세대의 여덟 가지 기준과 특징을 다음과 같이 정의했다. '최고의 가치는 선택의 자유다', '내 개성에 맞게 맞춤 제작한다', '철저하게 조사하고 분석한다', '약속을 지키고 성실함을 중시한다', '협업에 익숙하다', '일도 놀이처럼 즐거워야 한다', '매사에 스피드를 추구한다', '혁신을 사랑한다.' 기성세대가 넷세대 인재들을 오랫동안 붙잡는 방법은 이들의 특징을 연구하여 실행하는 것이다. 이를 에어비엔비에 적용해보자. 넷세대 최고의 가치는 선택의 자유이며 어떤 것이든 자기 개성에 맞춰 제작하는 것인데, 에어비앤비 창업가들과 에어비앤비 추종자들에게서도 이러한 특징이 발견된다. 이런 특징을 따라가다 보면 이들이 어떻게 성공을 이끌어냈는지도 찾을 수 있다.

탭스콧은 《위키노믹스》, 《매크로위키노믹스Macrowikinomics》, 《디지털 네이티브*Grown up Digital*》 등 한국 독자들에게도 익숙한 책들을 집필했다. 그가 자주 사용하는 '위키노믹스'라는 단어는 집단 혁신의 예술이자 과학을 뜻한다. 《매크로위키노믹스》는 위키노믹스의 활동이 더욱 증가한 현상을 상세히 담았다. 이 책에서 사용한 집단 혁신이라는 용어의 뜻은 "자신이 선택한 동등 계층 커뮤니티 내에서 다른 사람들과 어울리고, 즐거움을 주고, 거래하는 새로운 방법을 뜻한다."*25 탭스콧은 더 강력해진 위키노믹스가 비즈니스를 넘어 일상까지 바꾸고 있다고 분석했다. 그는 기업이 모든 생산 과정을 직접 처리하며 내부 상황만 중요하게 여긴다면 죽어가는 것이라고 진단했다. "어떤 산업, 혹은 어떤 부문에 속해 있든, 조직의 규모가 크든 작든, 내부 역량과 소수의 협력 관계만으로는 성장과 혁신에 대한 시장의 기대를 충족할 수 없다."*26

넷세대의 혁신을 무시하며 창조적인 사람을 대수롭지 않게 생각하던 미국의 기성세대에게 경종을 울리는 사례가 있다. 1997년 8월, 미국 동부 메릴랜드 주에서 태어난 잭 안드라카*Jack Andraka*는 60년이나 된 오래된 췌장암 진단 기술이 정확도가 떨어져 환자를 좌절시키는 모습에 의문을 품었다. 소년은 가족 같았던 아버지의 친구가 췌장암으로 세상을 떠난 이후, 많은 사람에게 고통을 주는 이 질병을 해결하자고 다짐한다. 슬픔에 무너져 좌절하는 사람과 달리 비판적이고 방법적인 사고로 세상과 씨름하기 시작했다는 모습에서 화이트칼라에게 필요한 생존 전략을 발견할 수 있다.

늘 에너지 넘치는 모습으로 연설을 선보였던 스티브 잡스를 피골이 상접하게 만든 병도 췌장암이었다. 우주에까지 흔적을 남기겠다던 그의 열정도 췌장암 앞에서는 무력했다. 췌장암은 조기 진단이 어려워 생존율이 2퍼센트에도 미치지 못했던 끔찍한 질병이다. 의료계는 췌장암을 난공불락으로 생각해왔으나 미국의 한 고등학생은 고칠 수 있다고 믿었다. 대다수 전문가라는 사람들은 소년이 제시한 탁월한 발상을 터무니없게 여겼다.

안드라카는 의학 전문가 집단에 200통의 이메일을 보냈고 199통의 거절 메일을 받았다. 상처를 입고 좌절할 법한 어린 나이에도 그는 쉽게 꺾이지 않는 집념을 보였다. 유일하게 존스홉킨스대학교의 병리학과 교수이자 혈액종양내과 교수인 아니르반 마이트라Anirban Maitra가 답변을 했고 기회를 제공했다. 소년이 발명한 방법은 검사에 걸리는 시간을 5분으로 단축했다. 기존보다 168배 빠른 속도이자 2만 6000배 이상 저렴한 성과다.

세계 최대 규모의 과학 경진 대회인 인텔국제과학경진대회의 최우수상은 인텔 창립자 고든 무어의 이름을 딴 고든 무어 상이다. 2012년 안드라카는 고든 무어 상을 수상하며 CNN, BBC 등 세계 각국의 언론이 주목하는 인재로 부상했다. 소년은 기성세대로 가득한 의료 분야의 권위자들에게 철퇴를 휘두른 것이다. 그는 어떻게 해서 199명의 전문가가 어림없다고 생각한 영역에서 혁신을 가능하게 했을까?

익숙한 길을 무심코 걷다 보면

잭 안드라카는 의대생이 아니었다. 그는 인터넷을 이용해 췌장암을 조기에 발견할 수 있는 방법을 창조해냈다. 안드라카의 집에는 수준 높은 책들이 가득했다. 안드라카는 부모님이 읽는 어려운 책들을 자연스럽게 접하고, 부모님과 토론하면서 창의적인 사고를 키웠을 것이다. 어느 날 그는 컴퓨터 모니터를 바라보다 자신이 풀지 못한 모든 문제의 해답이 인터넷에 있다는 것을 깨닫고 췌장암에 관련된 지식을 찾기 시작했다. 그리고 인터넷에서 얻은 다양한 지식과 책에서 얻은 지식을 융합하여 마침내 어른들이 생각도 못 한 일을 해낸 것이다.

인터넷의 발전 덕분에 안드라카와 같은 넷세대의 활약 소식은 계속해서 등장할 것이다. 넷세대는 새롭게 연관된 링크들을 기성세대보다 훨씬 많이 발달시킬 수 있는 시대를 살고 있다. 넷세대가 기성세대보다 탁월한 아이디어를 탄생시킬 수 있는 것은 환경적 요인의 차이 때문이다. 넷세대는 베이비붐 세대와 달리 연결된 웹 안에서 살아왔다. 인터넷 시대에는 기업 바깥에서 오히려 내부 문제를 더 잘 알고 적극적으로 해결하려는 사람들이 있다. 그들은 기회를 활용하는 방법을 기업 안에 있는 사람들보다 더 잘 알기도 한다.

인터넷은 광대한 수평적 참여 네트워크다. 그 안에 구현된 집단의 풍부한 지식의 양과 지혜의 농도를 상상해보라. 안드라카는 그것들을 지혜롭게 동원하면 개인이라도 기업 하나가 해낼 수 있는 것보다 훨씬 더 큰 성과를 낼 수 있음을 증명했다. 잡스가 안드라카를 일찍 만났거나 안드라카가 좀 더 일찍 췌장암 진단기를 발명했다면 애플의 미래는 지금과는 전혀 달랐을지도 모른다.

안드라카는 인터넷을 심심풀이로 쓰는 구태를 벗고 세상을 바꾸는 도구로 활용한 탁월한 인재다. 날카로운 타깃 적중 능력을 갖춘 다윗이 덩치만 믿은 골리앗을 이겼듯이 기성세대가 생각하지 못한 것을 가능하게 하는 어린 세대들이 등장하고 있다. 검색 능력이 다윗의 돌맹이 역할을 하는 것이다. 과학 저술가 스티븐 존슨은 탁월한 아이디어를 얻기 위해서는 인간을 창조적으로 만들어주는 서로 연결된 여러 가지 환경에 마음을 열어야 한다고 강조한다. 그래야만 더욱 창조적으로 생각할 수 있다는 것이다. 안드라카처럼 그리고 존슨이 지적한 것처럼 인터넷을 진정한 도구로 사용할 수 있는 역량을 가진 존재는 화이트칼라에게 위협적이다.

뉴욕대학교 부설 최고의 교수법 연구소 소장 켄 베인은 30년 넘게 창의적인 천재들에 대해 연구해온 결과를 저서 《최고의 공부》에 담았다. 그는 비판적이고 창의적이며 융통성까지 보유한 각계각층의 전문가들을 인터뷰하면서 확실히 알게 된 사실이 있다고 밝혔다. 그들은 높은 성적 같은 외적 동기를 무시하고, 공부해야 하는 이유를 자기 안에서 찾았다는 것이다. 안드라카는 스스로 최고의 공부 전략을 찾고 실행한 것이다.

베인은 《최고의 공부》에서 창의성에 두각을 나타내는 인재들과 달리 보통 사람은 공부 범위가 정해져 있다는 특징을 밝혔다. 산업화 시대에 활약했던 성실하기만 한 학생은 사실 깊이 있는 사고를 할 여유가 없었다. 진도를 따라잡고, 암기해야 점수를 받을 수 있었던 구조에서는 피상적인 내용 파악에만 매달릴 수밖에 없었다. 평생을 이렇게 살아온 사람들이 기업에 가득하다. 선두 주자를 모방하고, 추격하기만 했던 시대에는 성실한 혁신이 시장에 먹혔으니 그들은 창의적인 혁신에 더욱 둔감해졌다.

더와이즈먼그룹의 회장 리즈 와이즈먼Liz Wiseman의 책 《루키 스마트Rookie Smarts》에는 21세기 산업 현장에서 성공하는 루키들은 베테랑보다 더 많이 듣고, 도움을 구할 가능성이 더 크고, 배울 것이 훨씬 더 많다고 생각하며, 더 빨리 배운다는 사실이 담겨 있다. 그녀가 소개한 루키는 연령이나 경험 수준으로 정의되는 것이 아니다. 늘 새로운 것을 배우려는 정신 상태의 유무가 기준이다. "어렵게 얻은 전문성을 통해 익숙한 길을 무심코 걷다 보면, 우리는 종종 과거의 덫에 걸리고 만다. 여기에서 벗어나려면 면밀한 사고와 행동이 필요하다."*27

우리의 생각보다 더 치열한 경쟁에 놓인 선두 기업의 세계는 준비된 사람을 요구하지, 준비가 덜된 사람을 기다려주지 않는다. 경쟁을 무조건 나쁘게 여기거나 혹은 무조건 찬양하는 이분법적 사고에서 벗어나 21세기 경쟁의 실체를 이해하는 것에서부터 공존을 외칠 수 있고, 대안을 이야기할 수 있다. 좋은 기업이라고 추앙받는 곳에서는 기업의 숭고한 철학, 민활한 이해력, 얽매이지 않는 창의력 등 고도의 기준을 가지고 함께 일할 동료를 선택한다. 이들이 뽑은 루키는 당장 성과가 없는 것일 뿐, 그들의 두뇌에는 폭발적인 잠재력이 있다.

오늘날 선두 기업들이 루키들의 역량이 폭발하는 지점을 눈여겨보는 것을 외부에서는 단순한 기다림의 미학으로 착각할 때가 있다. 그들 역시 치열한 경쟁 속에서 인간의 내재적 가치를 연구해 더 나은 성과를 고대하는 것은 일반 기업들과 같다. 저성장 시대를 맞이한 기업이 성과를 내는 방법은 점진적인 혁신보다 수직적인 혁신을 가능하게 하는 역량을 보유한 루키를 포섭하는 것이다.

에어비앤비는 대형 부동산도 소유하지 않았고, 수천 명이 할 일을 직원 열 명으로 해결했다. 이를 두고 《슈피겔Der Spiegel》 기자들은 디지털 세계에서는 사무실에 모인 열 명 남짓한 직원만으로 지구의 절반을 정복할 수 있다고 표현했다. 에어비앤비에 투자한 앤드리슨 호로위츠의 공동 대표 마크 앤드리슨Marc Andreessen은 부동산으로 돈을 버는 에어비앤비의 내부 구조는 구글이나 마이크로소프트와 유사하다고 표현했다. 이 기업들은 수평적인 조직 문화 안에서 인재들에게 자율성을 보장하기로 유명하다. 이곳에 속한 인재들 역시 막중한 실적의 압박에서 완전히 자유로울 수는 없지만 경쟁을 즐길 수 있다는 것, 즐거운 업무를 추구한다는 것이 구세대 근로자들과 다른 점이다.

탭스콧은 넷세대가 주도하는 혁신이 기존 세대에 심각한 문제로 다가오는 것은 단순히 기술적인 발전에 있지 않다고 지적한다. "다수의 기업이 여전히 세상을 통치자와 피통치자로 나누는 구태의연하고 비생산적인 위계질서에 집착하고 있다."*28 지금도 세계 최고의 기업으로 성장하기를 갈망하는 기업의 중역 가운데 '독수리 타법'으로 세상을 지배하려는 임원도 존재할 것이다. 또한 지시와 복종에 익숙한 나머지 세상의 변화를 인지하지 못한 상태로 교도소 같은 사무실에 머무는 직원들 역시 많을 것이다.

인터넷이 발달할수록 시공간을 초월하는 일들이 탄생한다. 새로운 시대는 새로운 가치관과 전략과 감각이 필요하다. 즉 웹의 진화와 연결 경제의 감각을 극대화해야 한다. 무엇보다도 이곳에서 활약하는 넷세대의 본질적인 특징을 이해해야 한다. 상호 연결성이 강화된 시대에도 전통적인 관료제 방식의 업무 태도와 리더십이 개인의 생존에 도움이 될까?

화이트칼라가 개인의 생존을 위한 전략적 사고를 한다면, 과연 내가 창의적이라고 말할 만한 업무를 하고 있는지, 그것을 지향하는 조직 문화에 속해 있는지 냉정하게 볼 필요가 있다. 탭스콧이 연구한 결과에 따르면 일하는 미국인들 네 명 중 한 명은 직장을 독재 조직으로 간주하며, 직장이 창의성을 이끌어낸다고 생각하는 사람은 절반도 안 됐다. 다수 기업이 신경제에서 두각을 나타내지 못하는 이유는 한국 경영의 현장에도 즐비하게 나타난다. 이제 우리의 현실을 들여다보자.

기업의 혁신 속도를 이해하지 못하는 한국 교육

17세 소년 한우림이 초등학교 시절에 그린 그림은 인체 구조를 로봇에 접목한 독특한 화풍이 돋보이는 작품이었다. 5년 전까지만 해도 미술 영재로 촉망받던 이 소년은 근래 자신감을 잃은 상태다. 그는 예술계 고등학교가 아닌 일반 인문계 고등학교에 다니고 있다. 개성 강한 인재로 성장할 것 같았던 우림을 주눅 들게 한 것은 획일적인 기준을 요구하는 입시 제도였다. 정해진 시간 안에 학교와 학원이 원하는 명암, 구도, 묘사 등을 기계처럼 그려내야 한다는 것이 자유롭게 그림을 그리고 싶어 하는 소년의 내재적 동기의 불씨를 꺼트렸다. 전 세계 탁월한 넷세대 친구들이 무한한 상상과 정밀한 실증에 열을 올리고 있을 때 말이다.

2013년, 미국 언론인 데이비드 실링David Shilling은 현재 세상에 존재하는 정보의 총량은 약 18개월마다 두 배로 늘어난다고 밝혔다. 그 과정에서 정답이라고 인식했던 상당수 지식이 오답, 무용지물, 수정이 필요한 것들로 변하고 있다. 그동안 설명했듯이 21세기 유럽 원정대의 후예들이 창조한 기술은 지식을 폭발적으로 증가시켰으며 상아탑에서만 고수할 수 있다고 여겼던 지식마저도 쓸모없는 것으로 만들고 있다.

미치오 카쿠는 《불가능은 없다》에서 당대 정상적이라고 믿었던 과학 기술들의 오류와 통념을 깨뜨리는 다양한 사례와 가설을 담았다. 그는 150년 전의 과학자들이 미래를 예측할 때 터무니없다고 주장했던 상당수 기술들이 오늘날 우리 생활에 일부가 됐다는 점을 강조했다.*29 그가 존경했던 아인슈타인마저 블랙홀이 절대로 생성될 수 없다고 했으며, 원자폭탄의 제작이 불가능하다고 믿었다. 그러나 NASA의 허블 망원경과 찬드라 엑스선 망원경이 수천 개의 블랙홀을 찾아냈고, 과학자 레오 실라르드Leo Szilard가 원자폭탄의 구현 방법을 알아냈다.

전문가, 베테랑으로 칭송받던 지식 근로자의 정보와 지혜가 사실상 일시적이며 고루한 것이 되기 쉬운 시대다. 급변하는 시대에 '안다'는 것과 '경험'한다는 것은 어떻게 정의할 수 있을까? 이런 시대에 정답을 요구하는 입시 제도는 과연 창조경제를 외치는 한국 교육의 성공적인 전략일까?

SBS 〈영재 발굴단〉에 출연한 우림은 모든 미술 수험생이 빠른 속도로 정확하게 그려내야 할 아그리파 석고상 앞에서 그리다 멈추기를 반복하며 좌절하는 모습을 보였다. 그는 초등학생 때 19세기 유럽의 표현주의 화가들처럼 선 하나하나에 생명을 불어넣는 능력이 탁월하다고 평가받던 영재였다. 입시 미술의 트라우마로 슬럼프를 겪는 우림을 구해준 것은 한국예술종합학교 미술원 조형예술과 곽남신 교수다. 그는 좌절한 우림이 앞에서 석고상을 바닥에 던져 깨뜨렸다.

아그리파의 눈, 귀, 코가 산산조각 나 바닥에 흩어졌다. 곽남신 교수는 소년에게 원하는 대로 자유롭게, 즐겁게 그려보라고 했다. 소년의 두 눈은 밝게 빛났다. 그는 전과 달리 흥분하며 빠른 속도로 그림을 완성했고, 교수가 작업실로 다시 돌아왔을 때 소년의 그림은 개성과 세밀함을 되찾은 상태였다. 교수는 우림에게 일러스트레이션과 관련된 재능을 발전시키라고 조언했다.

클레이튼 크리스텐슨 하버드대학교 경영대학 교수는 오늘날 경영 부진에 빠진 기업의 문제를 조직 관리에서 찾았다. 직원에게 편안한 업무 환경, 생계를 위협하지 않는 충분한 보상은 인간이 노동을 수행하게 하는 필수 요소다. 그러나 그동안 관료제는 이 정도 요인들만 관리하며 직원들의 동기 부여를 제한했다. 그는 도전적인 일, 인정, 책임, 개인적 성장 등에 관련된 동기 부여를 이끌어내야 한다고 강조한다.

그는 이러한 리더십을 발휘하지 못하는 경영진은 단순히 근로자들이 업무를 기피하지 못하게 하는 수준이라고 지적했다. "일에 의미 있는 기여를 하고 있다는 느낌은 일 자체의 '본질적' 조건에서 나온다. 동기는 외부의 독촉이나 자극보다는 우리 내면과 우리가 하는 일 안에 있는 것과 더 많이 관련 있다."*30 이러한 수준의 일들을 가능하게 하는 것이 인류 문명에 도움이 된다고 생각하는 사람들이 모여 흥미로운 교육 기관을 설립했다.

캘리포니아에 있는 싱귤래리티대학Singularity University, SU 은 학위도 주지 않고 대학도 아니지만 혁신적인 교육을 하는 기관이다. 피터 다이아몬드Dr. Peter H. Diamandis와 레이 커즈와일이 공동 설립자이며 구글, NASA, 노키아 등의 기업이 후원한다. SU는 우주첨단과학, 미래학 등을 가르쳐 다음 세대의 인류가 맞을 중대한 도전에 대비할 인재를 양성하는 것이 설립 목표다. 이를 위해 세계적으로 명망 있고 성공한 창업자들이 힘을 모아 1급 교수진을 꾸렸다.

레이 커즈와일이 미래학, 마크 굿맨Marc Goodman이 정책·법·윤리, 데이비드 로즈David S. Rose가 금융과 기업가 정신, 존 게이지John Gage와 브래드 템플턴Brad Templeton이 컴퓨팅 시스템, 레이먼드 맥콜리Raymond McCauley와 앤드류 헤셀Andrew Hessel이 바이오 공학을 가르친다. 또 랄프 머클Ralph Merkle 과 로버트 프라이타Robert Freitas, Jr.가 나노공학, 다니엘 크라프트Daniel Kraft 와 마이클 맥컬러프Michael McCullough가 의학 및 신경과학, 닐 야콥슈타인 Neil Jacobstein과 라지 레디Raj Reddy가 인공지능 및 로봇, 그레그 매리냑Gregg Maryniak이 에너지 및 생태계, 댄 배리Dan Barry가 우주공학 및 자연과학을 가르친다.

SU의 정규 과정은 〈글로벌 솔루션 프로그램〉이라는 10주간의 여름 단기 과정이다. 수업 내용은 실질적인 문제 해결 중심으로 구성되어 있고 정규 수업 외에도 기업 탐방, 특강, 토론 수업 등 강도 높은 프로젝트들이 운영된다. SU의 가장 흥미로운 점은 학생들을 선발하는 과정이다. '글로벌 그랜드 챌린지 열두 가지'의 주제를 정해놓고, 이것에 대한 아이디어를 받는다. 먼저 각 나라에서 경진 대회를 연다. 여기서 우승한 사람은 후원 기업으로부터 장학금을 받을 수 있다. 기업 입장에서는 좋은 인재를 찾을 수 있으니 좋고, 학교 입장에서는 등록금을 후원받으니 좋다. 그러다 보니 이 대학에 지원하는 학생들은 도전의식이 강하다는 특징이 있다. 이런 특이한 학생들이 많이 모여 아이디어를 주고받으며 프로젝트를 함께하기 때문에 시너지 효과를 내 서로 발전할 수 있다.

학생들은 지구 역사에 발자국을 남길 만한 중요한 과제를 가지고 기술적인 기반 위에서 융합과 창조를 통해 비즈니스 모델을 만드는 작업을 한다. 그들의 관심 분야 역시 인류의 당면한 문제와 관련이 있다. 예를 들면 아프리카의 물 부족 문제를 해결하기 위한 방법과 전기를 만들 동력을 얻기 위한 다양한 해결 방법들을 모색한다.

정규 과정 때 학생들은 기숙사에서 지내며 공부에 몰두한다. 10주 프로그램이 끝나면 자신이 만든 아이디어로 창업하려는 사람들을 위해 'GSP 런치패드Launchpad'라는 창업 프로그램을 8주 동안 더 진행한다. 이때는 수업을 하는 것이 아니라 창업 아이디어를 더 발전시키는 데 집중한다.

WEF는 2014년 기준 144개 조사국 중 한국의 교육 양은 호주, 브라질, 핀란드, 그리스, 슬로베니아, 아랍에미리트, 미국과 함께 세계 1위라고 평가했다.*31 11위에 싱가포르, 27위 벨기에, 28위 스웨덴, 31위 이스라엘, 38위 영국, 39위 독일, 41위 일본, 46위 캐나다, 56위 대만, 78위 중국, 94위 카타르, 115위 스위스, 132위에는 우간다가 선정됐다. 한국 교육 시스템의 질과 학교 운영의 질에서는 각각 73위를 기록했다. 교육에 투자하는 정성과 비교하면 질적인 부분은 공허한 지표다.

교육 시스템의 질 부문에서는 1위 스위스, 2위 핀란드, 3위 카타르, 4위에는 싱가포르가 선정됐다. 미국은 27위, 일본 33위, 중국 52위, 대만 56위, 이스라엘 69위, 우크라이나 72위, 에스토니아는 74위다. 학교 운영의질은 1위에 스위스, 2위 벨기에, 3위 스페인, 4위 포르투갈, 5위 영국, 6위싱가포르, 7위 캐나다, 8위 프랑스, 9위 네덜란드, 10위 카타르, 11위 미국, 12위에는 핀란드가 선정됐다. 독일은 29위, 이스라엘 32위, 일본 72위, 루마니아 74위, 중국은 85위다.

단순노동을 효율성 높은 생산 기술로 대체하려고 하는 속성은 경제의기본 논리다. 한국 교육의 문제는 대체 가능한 지식과 능력에 너무 많은 국가적 에너지를 쏟는다는 것이다. 기계의 실적이 인간보다 나은 업무 분야가 급증하는데도 그것을 목표로 하는 교육 방식이 존재한다는 것이 한탄

스러울 뿐이다. 여기에는 여러 문제가 있지만 인식의 문제가 가장 크다고 본다.

기업과 개인 모두의 문화적 유산이 시대적 변화를 받아들이지 못하게 만든다. 창조경제는 사유의 힘이 원동력이다. 한국의 교육열은 세계 어느 나라에도 뒤지지 않지만, 교육 방식은 학생의 창의성을 억누른다. 그런 상태로 기업에서 할 수 있는 일은 갈수록 줄어들 것이다. 반복적인 노동은 인간보다 기계가 잘한다.

이미 사망한 앨빈 토플러가 한국에는 살아 있는 이유

2016년 6월 27일, 앨빈 토플러가 사망한 뒤 전 세계 많은 독자가 그의 행적을 다시금 추억하고 있다. 일부 한국인도 토플러를 그리워했다. 그가 2000년대 초반부터 예언한 한국의 긍정적인 미래와 부정적인 미래 중 후자가 현실화됐기 때문이다. 토플러는 중국의 전 총리 자오쯔양趙紫陽, 소련의 전 대통령 미하일 고르바초프 등의 멘토였다. 2001년 6월 30일 당시 김대중 대통령에게 〈위기를 넘어서: 21세기 한국의 비전〉이라는 보고서를 전달해 한국 정부를 위해 훌륭한 통찰을 제공했다는 평가를 받기도 했다.*32

토플러가 작성한 이 보고서에는 한국이 1990년대 말 경제 위기를 겪은 이유가 1990년대 초 미국을 중심으로 새로운 가치가 창출됨에 따라 한국의 산업화 시대를 주도한 경제 발전 모델이 더는 효력을 발휘하기 어려워졌기 때문이라고 기술되어 있다. "한국은 더는 산업화 시대 경제에 안주하지 말고 혁신적인 지식 기반 경제에 주도적으로 참여해야 한다."

그는 훌륭한 21세기 교육 시스템이란 학생들이 어느 곳에서나 혁신적이고 독립적으로 생각할 수 있는 능력을 배양해 새로운 환경에 적응할 수 있는 능력을 길러주는 것으로 정의했다. 그는 "한국의 학생들은 하루 15시간 동안 학교와 학원에서 미래에 필요하지도 않은 지식과 존재하지도 않을 직업을 위해 시간을 낭비하고 있다"고 일침을 가하기도 했다.

토플러가 《부의 미래Revolutionary Wealth》에서 기업의 속도를 시속 100마일, 학교의 속도를 10마일로 비유한 것처럼 산업화 시대의 성과에 익숙한 교육 체계에서는 제아무리 성실한 학생도 10마일 속도가 최고라는 현실을 인정해야 한다. 성실하지만 창의력은 부족한 유형의 사람들이 기업에 가득하다면, 창조경제의 개념조차 이해하기 어려울 것이다. 기업의 혁신 역시 체계적으로 탄생하지 않는다. 관료제는 구성원을 쥐어짜 시속 100마일에 도달할 수는 있어도 101마일 이상의 속도는 내지 못한다.

마크 저커버그의 멘토 피터 틸은 청소년에게 학교 교육보다 학습을 우선하라고 주장해 미국을 논쟁에 빠트리기도 했다. 그 역시 토플러가 100마일로 달리는 기업의 속도를 학교가 쫓아가지 못한다는 주장에 공감할 것이다. 그가 세운 틸 장학금 10만 달러를 받을 수 있는 조건은 대학교를 중퇴하고 창업하는 것이다.

한국에는 산업 경제를 이끈 인재들이 풍성하다. 그러나 과거의 성공 방식이 더는 통하지 않는다는 것을 인지하는 창조경제 유형의 인재는 부족한 것 같다. 창조경제의 본질, 새로운 시대를 이끄는 넷세대의 굵직한 특징을 이해하지 못하는 사람들이 기득권에 가득하기 때문이다.

세계적인 기업들이 자신의 자리를 고수하기 위해 고부가가치 생산으로 빠르게 진화하고 있을 때 이 땅의 귀한 인재들의 재능을 사장해버리는 것은 유형 자산, 계층, 단기적 성과에 집착하는 한국 기성세대의 인식이다. 단순한 모방으로 선두 주자와의 격차를 어느 정도 좁혔던 산업화 시대와 달리 저성장 시대에서는 선두 주자가 수직적인 창조, 고도의 창의성과 정밀한 기술의 융합으로 후발 주자의 추격 의지를 꺾어버린 상황이다.

한국인은 대부분 한국이 지진으로부터 안전한 지대라고 생각했다. 한국 정부는 내진 설계 적용 의무화를 1988년이 되어서야 실행했다. 2016년 7월 2일, 〈연합뉴스〉는 부산에서 1988년 이전에 지은 건물이 60.3퍼센트에 달한다고 보도했다.*33 부산 지진 대피소 302개의 수용 가능 인원은 14만 명으로 부산 전체 인구의 4퍼센트에 불과하다. 그런데 이 지진 대피소 역시 절반 이상은 내진 설계가 되어 있지 않아 지진 발생 시 무용지물이라는 평가를 받았다. 지진 전문가들은 규모 7 이상의 지진이 발생하면 도심 건물 내진 설계 비율이 27퍼센트 불과한 서울을 비롯해 전국의 상당수 건물이 붕괴할 것이라고 경고한다.

이 보도 뒤 사흘 만인 7월 5일 오후 8시 33분 경, 울산 동구 동쪽 52킬로미터 해상에서 규모 5의 지진이 발생했다. 이 지진으로 80층짜리 초고층 빌딩이 몰린 해운대 고급 아파트촌을 포함해 부산 일대까지 지진동이 감지됐다. 국민안전처는 이날 오후 9시까지 지진 관련 신고가 모두 6679건 들어왔다고 밝혔다.*34 부산 기장군에는 원자력 발전소 고리 1, 2, 3, 4호기가 있다. 인근에는 신고리 1, 2호기도 가동 중이다. 울산 울주군에는 신고리 3, 4호기가 있다. 2016년 6월 23일, 57차 원자력안전위원회는 신고리 5, 6호기 건설 승인안을 통과시켰다. 이로써 부산과 울산에는 열 개의 원자력 발전소가 들어서게 된다.

미국 핵규제위원회는 원자로 위치를 인구 중심지로부터 32~34킬로미터 이상 떨어뜨려야 한다는 규정 TID^{Technical Information Document} 14844를 세계 각국에 제시하고 있다. 신고리 5, 6호기 건축 예정지는 주거지와 겨우 4킬로미터 떨어져 있다. 원전과의 거리는 부산시청이 27킬로미터, 울산시청은 23킬로미터다. 세계 여러 기관이 우려를 표명하는데도 상당수 한국인은 기존의 관습과 철 지난 혁신에만 몰두하고 있다.

일부 국민은 여전히 부산 지역 부동산 투기에 열을 올리고 있다. 부산에서 남동쪽 12킬로미터 지점에 활성 단층이 존재한다고 한다. 한국해양과학기술원이 이곳 해저 지질을 탐사한 결과 알아낸 사실이다. 사실 이것보다 더 끔찍한 문제는 일광 단층이 고리 원전 단지에서 불과 5킬로미터밖에 떨어져 있지 않다는 것이다.[35]

우리가 영원하지 못할 물질을 붙잡으려 상당한 에너지를 낭비하고 있을 때 NASA는 우주의 영토 확장을 위해 고군분투 중이다. 2011년 8월 지구를 떠난 NASA의 목성 탐사선 주노^{Juno}가 28억 킬로미터를 날아가, 2016년 7월 목적지인 목성 궤도에 진입해 탐사 임무를 수행하고 있다. 1분에 1000킬로미터가 넘는 속도로 달렸음에도 5년이라는 시간이 걸렸다.

주노가 궤도 진입에 실패할 수 있다는 불안한 상황에서도 미지의 영역을 개척하는 것이 익숙한 유럽 원정대의 후예들은 그 어느 때보다 흥분한 상태였다.[36] 그들은 목성의 대기 중 산소와 수소의 비율이 얼마인지, 지구 세 배 크기의 거대한 폭풍 대적점^{The Great Red Spot}이 정확히 어떤 모습인지, 목성에 핵이 존재하는지 등 지금껏 선조들이 탐구해온 과제들을 이어받아 하염없이 풀어내길 원한다.

부동산 투자에 열정적인 관심을 보이는 일부 한국의 화이트칼라는 목성을 보고 싶어 하는 과학자의 열망에 시큰둥한 반응을 보일 수 있다. 저 멀리 떨어진 행성을 보며 왜 의문을 품는지 이해가 안 갈 것이다. 당장 돈을 벌 수 있는 행위도 아닌데 말이다.

미국은 왜 많은 돈을 들여 실패할 확률도 높은 우주선 제작에 공을 들일까? 1961년 5월 25일, 존 F. 케네디 미국 대통령은 의회에서 연두교서를 발표했다. 이곳에서 그는 1960년대가 끝나기 전에 미국은 달에 갈 것이라고 선포했다. 소련이 1957년에 인류 최초로 인공위성 스푸트니크호 발사에 성공하자 자존심이 상했기 때문이다.

그러나 우주까지 영역을 개척하는 본질적인 이유 중 하나는 신기술을 보유했다는 것만으로도 경쟁국에 위협이 되기 때문이다. 불안감을 조성하는 자와 불안에 떠는 자의 차이는 두뇌 회로의 활발한 작동 여부에 있다. 통신위성을 개발해 상업용 원격 영상 기술을 키워나가면 상대를 겁줄 수도 있고 재산을 빠르게 축적할 수도 있기 때문이다. 로켓 발사 시도는 대륙 간 탄도 미사일의 정확한 타격을 위해 좋은 응용 기술이 될 수 있다. 결국 유럽 원정대의 후예들은 오늘도 불철주야 돈과 권력을 유지하기 위한 기술 개발에 열을 올리는 것이다.

주노가 목성을 향해 달려가기 시작할 무렵, 교육과학기술부와 한국직업능력개발원에서 2011년 학교 진로 교육 현황을 조사한 결과는 많은 한국인이 고부가가치, 기술 시대를 열어갈 역량에 관심이 없다는 것을 깨닫게 한다. 이들은 유럽 원정대부터 이어져 온 탐욕스러운 탐구 정신과 자본의 결합이 가져올 미래를 상상하기 어려울 것이다.

이 조사에서 학생들이 희망하는 직업은 1위 교사(11퍼센트), 2위 공무원(4.2퍼센트), 3위 경찰관(4.1퍼센트)으로 집계됐다. 부모가 희망하는 자녀 직업은 1위 공무원(17.8퍼센트), 2위 교사(16.9퍼센트), 3위 의사(6.8퍼센트) 순이다. 경제 위기로 인한 불안감 때문에 나타난 선택이라는 것도 일리는 있지만, 창의적인 기업가나 자본가는 이러한 수준의 생존 전략을 용납하지 않을 것이다.

2015년 4월, 창업가들이 모이는 중국 선전의 카페 싼더블유3W를 방문했다. 그곳에는 중국 최대의 전자 상거래 업체 알리바바의 마윈馬雲 회장이 아닌 스티브 잡스의 대형 사진이 걸려 있었다. 이곳에 모인 창업가들은 애플 제품을 선호하고 잡스를 뛰어넘겠다는 포부를 드러냈다. 한국 기업을 경쟁 상대로 지목한 이들은 만나기 어려웠다.

선전의 전자 상가들이 몰려 있는 화창베이는 창업의 꿈을 품고 중국 각지에서 모인 청년들로 가득했다. 중국 스타트업 기업에 초기 자금과 컨설팅을 전문적으로 제공하는 미국 회사 헥스 액셀러레이터HAX Accelerator의 유리문을 열자 무언가에 심취한 사람들의 열기가 느껴졌다. 건물은 아직 인테리어가 마저 끝나지 않아 시멘트가 그대로 드러난 곳도 있었다. 주로 미국인과 중국인이 삼삼오오 모여 모니터 속 정보를 확인하며 토론하거나 개발 중인 제품을 점검하는 데 골몰해 있었다. 마치 세계 증시의 변화에 편집증 환자처럼 반응하는 월가의 증권 거래소 문을 연 기분이었다. 잠은 제대로 자는지, 먹는 것은 어떻게 하는지 모르겠지만 몸은 피곤해 보여도 눈빛은 다이아몬드가 박힌 것처럼 빛났다. 이들은 각자 자신이 개발한 물건과 서비스로 세상을 놀라게 할 준비 중이다.

중국 국무원에 따르면 2014년 기준 창업자 수는 약 291만 명이다. 중국 공산당 중앙군사위원회의 지휘하에 있는 인민해방군(약 230만 명)보다 많은 수다. 같은 해 한국의 중소기업 개수는 약 300만 개다. 2014년 중국에서는 매일 1만 개씩 기업이 탄생한다. 지금까지 다룬 것처럼 필자(이선)는 중국의 실리콘 밸리라는 선전의 여러 기업을 취재하면서, 기술 발전과 확장성을 가진 인간의 본성은 그 누구도 결코 막을 수 없다는 사실을 실감했다.

인류 역사에서 끊임없는 경쟁과 전쟁, 학살은 결국 기술력 차이이며, 그것은 오늘날 우리의 현상을 적나라하게 비출 때 확연히 드러난다. 유럽 원정대의 후예부터 중국의 청년들까지 우리를 위협하는 기술과 문명은 끊임없이 발달하고 있다. 우리는 이 책이 한국 직장인들이 겪는 위기의 본질을 깨닫는 데 도움이 되기를 기대한다. 우리가 직면한 문제를 균형 잡힌 시선으로 이해하는 것이 격변을 헤쳐나가는 데 가장 중요한 전략이라 생각하기 때문이다.

Chapter 5

대안

Alternative

생존을 위해 필요한 여덟 가지 행동 강령

넓은 의미에서 샐러리맨은 모두 비즈니스맨이다. 입사하기 전에는 나 자신을 좋은 인재로 팔아야 하고, 회사에 입사해서는 상품이나 서비스를 소비자들에게 팔기 위해 저마다 역할을 담당한다. 비즈니스맨이 격변하는 시대를 이해하고, 기회를 모색하기 위해 기본적으로 고민하고 실행해야 할 굵직한 강령은 무엇일까? 다음 여덟 가지 행동 강령은 싱귤래리티대학교 학장 피터 디아만디스Peter Diamandis가 격변에서 생존하고, 기회를 모색하기 위해 구글의 광고 부문 수석 부사장 수전 워치츠키Susan Wojcicki의 말을 빌려 구글의 8대 혁신 원칙을 기억하고 실행하라고 조언한 것이다.*1 이와 관련해 참고할 만한 전문가들과 저서들은 필자(이선)가 보충했다. 필자가 운영하는 거시경영연구소는 매주 경영 세계에 영감을 주는 대가들의 책을 분석해 강의와 토론을 진행하고 있다.

1) 이용자에게 집중하자 Focus on the user

규모에 상관없이 사업을 성공으로 이끄는 데 필요한 비즈니스맨의 자세는 언제나 시장을 이해하는 것에 있다. 미래에도 마찬가지다. 앞으로 다가올 미래 시장의 흐름을 파악하고 소비자들의 필요를 예측하는 것은 생존을 위한 필수 과제다. 즉 고객 중심 비즈니스 구축의 중요성을 이해하면서 이용자에게 초점을 맞추는 것이다. 이러한 전략 훈련에는《당신의 전략을 파괴하라》에 나온 미국 다트머스대학교 리처드 다베니Richard D'Aveni 교수의 글, 펜실베이니아대학교 와튼스쿨 애덤 그랜트 교수의《오리지널스》, 하버드대학교 경영대학원 신시아 A. 몽고메리Cynthia A. Montgomery 교수의《당신은 전략가입니까The Strategist》등이 도움이 될 것이다. 이들의 저서와 이론을 분석해보면 전략과 비전의 괴리를 충족시키지 않는 사람은 망상에 빠진 것이라는 사실을 깨달을 수 있다.

2) 공유해야 승리한다 Open will win

웹의 진화 덕분에 우리는 고도로 연결된 사회에서 살아간다. 유연한 소통과 창의적인 조직 개편 등이 중요시되는 사회에서 혁신적인 아이디어 구축을 위해서는 모든 것을 공유하려는 시도가 중요하다. 이러한 전략 훈련에 도움이 되는 저서로는 탭스콧 그룹 회장 돈 탭스콧의《매크로위키노믹스》, 오럴로버츠대학교 데이비드 버커스David Burkus 교수의《경영의 이동Under New Management》, 경영 사상가 리즈 와이즈먼의《멀티플라이어Multipliers》등이 있다. 무엇보다 고도로 연결된 사회에서 무분별하게 일어나는 것 같은 현상 속에서 세상은 생각보다 단순하다고 여기는 전문가들이 있다. 복잡계 전도사 마크 뷰캐넌의 《우발과 패턴*Ubiquity*》, 카오스 이론을 소개한 언론인 제임스 글릭James Gleick 의 《카오스*Chaos*》, 시카고대학교 부스경영대학원의 리처드 H. 탈러Richard H. Thaler 교수의 《넛지*Nudge*》 등을 참고하라.

3) 어디서든 아이디어를 얻을 수 있다 Ideas can come from everywhere

크라우드 소싱처럼 정보와 통찰을 얻을 도구가 생겼다. 그러므로 어디서든 아이디어를 얻고 실행할 수 있게 됐다. 이러한 전략 훈련에 도움이 되는 저서로는 피터 디아만디스의 《볼드*Bold*》, 구글 회장 에릭 슈미트Eric Emerson Schmidt 의 《새로운 디지털 시대*The New Digital Age*》, 과학 저술가 스티븐 존슨의 《탁월한 아이디어는 어디서 오는가》 등이 있다.

4) 크게 생각하고, 작게 시작하자 Think big, but start small

작은 회사를 설립해도 10년 후에는 수십억 명에게 긍정적인 영향을 주자는 싱귤래리티대학의 철학처럼 크게 생각하고, 작게 시작하라. 진정한 기업가 정신을 얻고자 한다면 싱귤래리티대학 설립자인 레이 커즈와일의 《특이점이 온다》, 40년 이상 인지과학 분야를 연구한 아키 브라운Archie Brown 의 《인튜이션*Sources of Power*》, 하버드대학교 교육심리학 교수인 하워드 가드너Howard Gardner 의 《열정과 기질*Creating Minds*》, 심리학자 미하이 칙센트미하이Mihaly Csikszentmihalyi 의 《몰입의 경영*Good Business*》 등을 탐구해보라.

5) 실패해보자 Never fail to fail

신속한 새 버전의 출시를 위해서는 실패를 경험해봐야 한다. 이러한 전략에 도움이 되는 저서로는 경영계의 아인슈타인이라 불리는 하버드대학교 경영대학원 클레이튼 크리스텐슨 교수의 《혁신 기업의 딜레마*The Innovator's Dilemma*》, 올리버와이만의 수석 부사장 에이드리언 슬라이워츠키Adrian Slywotzky의 《디맨드*Demand*》, 프랑스 인시아드 경영대학원의 김위찬과 르네 마보안 교수의 《블루오션 전략》, 미국 UCLA 앤더슨 경영대학원 리처드 루멜트Richard P. Rumelt 교수의 《전략의 적은 전략이다*Good Strategy, Bad Strategy*》, 경영 사상가 짐 콜린스의 《위대한 기업은 다 어디로 갔을까*How the Mighty Fall*》 등이 있다. 이들의 이론을 연구하면 실패를 줄이고, 성공을 높이는 경영 전략 감각을 얻게 될 것이다.

6) 상상력으로 불꽃을 지펴라, 다만 데이터로 불질러라 Spark with imagination, fuel with data

기계 학습과 알고리즘을 이용해 신속한 의사 결정이 가능한 성공적인 스타트업처럼 상상력의 불꽃을 지피고, 데이터로 불지르자. 지구를 넘어 우주에까지 기업을 세우려는 사람들이 있다. 이들의 생각에 지대한 영향을 끼친 책으로 이론 물리학자 미치오 카쿠의 여러 저서들, 나노과학의 창시자 에릭 드렉슬러Eric Drexler의 《창조의 엔진*Engines of Creation*》, 과학 저술가 미첼 월드롭Mitchell Waldrop의 《카오스에서 인공 생명으로*The Emerging Science at the Edge of Order and Chaos*》 등을 추천한다.

7) 플랫폼이 되자 Be a platform

에어비앤비, 우버 등 플랫폼을 이용해 수십 억 달러의 가치를 가진 기업들처럼 플랫폼이 되어라. 미국 3D로보틱스의 CEO이자 롱테일 이론을 정립한 크리스 앤더슨Chris Anderson의 《메이커스Makers》, 효고현립대학교 가와카미 마사나오川上昌直 교수의 《모델》, 와튼스쿨 조나 버거Jonah Berger 교수의 《컨테이저스 전략적 입소문Comtagious》, 경영 사상가 다니엘 핑크의 《파는 것이 인간이다To sell Is Human》 등을 참조하라.

8) 중요한 미션을 품어라 Have a mission that matters

어떠한 순간에도 우직하게 전진할 수 있는 철학이 있어야만 진보를 견인할 수 있다. 그러므로 중요한 미션을 품는 것이 중요하다.*2 마케팅의 아버지라 불리는 필립 코틀러의 《마켓 3.0》, 창업가들을 지원하는 비영리 단체 인데버 창립자 린다 로텐버그의 《미쳤다는 것은 칭찬이다》 등의 이론과 사상을 이해해보는 것도 이 강령을 실천하는 데 도움이 될 것이다.

모바일 혁명 덕에 우리는 언제 어디서든 다양한 정보를 캐낼 수 있는 시대를 살고 있다. 물론 앞서 설명한 대로 4차 산업혁명에 대한 외침에 대해 필자(이선)도 일부 영역에서는 회의적인 시선을 가지고 있다. 그러나 IT 관련 기술의 혁신을 보면 우리는 분명 기하급수적인 속도에 노출되어 있다. 다만 피터 디아만디스의 지적처럼 우리의 마음이 산술급수적이기에 변화를 인지하지 못하고 있는 것일 수 있다. 변화의 속도를 이해하고, 그 흐름 속에서 무언가 가치를 창출하려면 우리가 처한 상황을 인지하는 정보와 지식을 발견할 수 있는 능력이 필요하다. 구글의 8대 강령은 결국 본질에 집중하는 것이다. 무엇을 위해 성공하고, 어떻게 꿈을 이뤄야 할지 고민하는 사람들에게 존재하는 공통점이기도 하다.

박근혜 대통령의 울먹이는 2016년 기자회견을 듣자니 55년 전 미국 대통령이 했던 연설이 떠오른다. "1960년대가 끝나기 전에 미국은 달에 갈 것이다." 우리는 언제쯤 우주의 주술적 기운에 의존하는 대통령이 아닌, 우주의 본질을 이해하는 대통령을 만나게 될까?

2016년 12월, 구글에서 'South Korea'를 검색하면 연관 검색어로 스캔들, 프로테스트 등이 나올 정도다. 미국 언론은 한국 대통령이 샤먼shaman, 포춘 텔러fortune teller의 영향 아래 있다고 연일 보도했다. 과학과 기술을 추종하는 일부 미국인의 정서로는 일부 한국 사회의 주술적이고 비상식적인 행동을 쉽게 이해할 수 없었을 것이다.

성실한 우리 국민들은 왜 군 복무를 회피하고, 외국 은행 계좌가 있고, 해외에 부동산을 소유한 정치인들을 선출하는 것일까? 국민들은 세월호와 최순실 국정 농단 사건 등을 통해 이 시대의 정치가 얼마나 부패했는지를 보면서 실망을 넘어 절망하고 있다. 그와 함께 우리를 둘러싼 정보의 질과 진실 여부가 얼마나 중요한지를 다시금 깨닫는 중이다. 우리가 지지했던 정치인의 이중성을 보면서 거짓된 정보의 홍수에 노출되어 있다는 것도 깨닫지 못한다면, 그들은 어느 몰지각한 고위 관료처럼 국민을 짐승으로 보는 시각을 쉽게 바꾸지 않을 것이다.

위정자의 실망스러운 모습을 국민의 한 사람으로서 알게 된 필자(이선)는 대한민국 국민으로 알 권리를 수행하며 사는 것이 얼마나 어려운 일인지 체험 중이다. 우선 국민들이 진실을 파악해가는 과정을 들여다보자. 국회 청문회 방송을 보면서 위정자들이 무엇을 잘못했는지 살펴보고, 혹시라도 놓친 중대한 장면이 있다면 유튜브에서 다시 찾아본다. 세계 언론은 한국을 어떻게 평가하는지 검색해보고, 보수와 진보 인사 들이 진행하는 팟캐스트를 통해 다양한 생각을 들어본다. 광화문에 나가 주권도 행사해야 하고, 외모가 잘생긴 정치인은 무작정 착하리라 생각하는 부모의 편견도 바로잡아야 한다. 맹목적인 애국심으로 국내 뉴스를 들여다보는 교포를 설득하면서 업무도 해야 한다. 그래도 이러한 수고를 겪은 덕분에 자신이 얼마나 많은 세월을 거짓된 미디어와 오피니언 리더의 세 치 혀에 속았는지 알게 됐다.

우리는 상상할 수 없을 만큼 많은 양의 정보에 노출되어 있다. 구글이라는 선박을 이용해 대양과 같은 지식의 세계를 탐험할 수 있는 시대다. 구글의 바닷속에는 세계에서 손꼽히는 기관의 연구 자료와 석학의 강연 등이 숨겨져 있다. 웹의 진화가 일어나지 않았다면 우리는 이 정도 수준의 정보를 얻기 위해 상당한 시간과 자본을 소진해야 했을 것이다.

빠르고 값싼 인터넷이라는 도구는 고급 브랜드나 보급형 브랜드의 스마트폰 모두에 탑재되어 있다. 에릭 슈미트의 말대로 어떤 사람에게는 저가의 스마트폰을 구입하는 것이 삶의 질을 약간 개선하는 정도의 수준에 그칠 수 있지만, 이를 제대로 이용해 파급력을 누리고자 하는 누군가에게는 무인 자동차를 타고 출근하는 것만큼 중대한 문제일지도 모른다. 이 좋은 도구를 사용할 때 문제가 되는 것은, 예를 들어 구글의 대양에 숨겨진 정치와 경제, 기술 등에 관련된 값진 정보들을 공짜로 끌어올릴 수 있는 미끼, 즉 사용자가 가진 키워드 용량이 극히 적을 수 있다는 것이다.

반면 이 책을 집필하면서도 느낀 것이지만, 국내 포털 사이트가 제공하는 정보의 양은 구글의 정보 축적량과 매우 큰 차이가 있다. 예를 들어 국내 저서의 키워드는 쉽게 찾을 수 있고 관련 내용도 줄줄이 쏟아져 나오지만, 해외 저서에서 찾아낸 키워드는 국내 포털 사이트에서 검색하기 힘들다. 국내 포털 사이트에서 찾은 정보들이 문제가 되는 것은 검색의 깊이가 국내 수준을 크게 벗어나기 힘들다는 점이다. 이런 식으로 정보를 축적하면 격변의 본질을 이해할 수 있는 사유 체계가 성립되기 어렵다. 태평양 같은 넓은 세계에서 필요한 정보를 얻으려면 결국 원하는 영역의 세계 최고 수준의 전문가를 분별할 수 있는 눈이 있어야 한다. 그리고 찾은 정보를 직접 읽고 이해하는 수고도 당연히 필요하다. 중요한 키워드를 한 개 찾으면 연결해서 다른 정보들도 발견할 수 있다. 그 속에서 관련된 여러 가지 키워드를 발견하고, 관련 자료를 다양하게 얻게 되는 것이다.

예를 들어 비즈니스 세계를 이해하는 데 도움이 되는 사람은 누구일까? 기성세대는 일반적으로 경영학의 아버지 피터 드러커를 생각해낼 것이다. 미국의 대다수 비즈니스 스쿨에서는 《하버드 비즈니스 리뷰*Havard Business Review*》에 논문을 게재하는 것을 교수의 중요한 실적으로 인정하지 않는다고 한다. 한국에는 이것을 경영학 학술지로 여기는 일부 비즈니스맨들이 있다. 《하버드 비즈니스 리뷰》는 학술지가 아니다. 물론 여기에 게재되는 논문은 새로운 경영 분석 기법 및 최신 기업 전략 등을 다뤄 유용할 때가 있다. 그렇지만 개인적인 경험과 생각만으로 구성된 내용이 가득하기에 기업 운영에 즉각 도입하기에는 위험이 따를 수도 있다.

오늘날 경영학자들은 자신의 이론이 경영학으로 인정받기 위해서는 자세한 과학적 분석이 포함되어야 한다는 사실을 안다. 그런 차원에서 피터 드러커는 현대 기업에 경영학자로서 큰 도움은 되지 않는다고 본다. 물론 그의 업적을 과소평가할 생각은 없다. 단지 변화된 경영학적 흐름을 짚고 넘어가고 싶을 뿐이다. 그를 경영학자가 아닌 저술가로 받아들일 때는 깊은 통찰을 얻을 수 있다. 그런데 여전히 한국에서는 경영학자 피터 드러커에 열광하는 세미나가 열린다.

피터 드러커는 2001년에 씽커스 50에서 세계 1위의 경영 대가로 선정됐지만 그 뒤로는 순위에서 빠르게 사라졌다. 하버드대학교 경영대학원 교수 클레이튼 크리스텐슨은 2011년, 2013년에 1위로 선정됐다. 그는 이미 1997년경 다양한 단체에서 최고의 경영 도서로 선정한 《혁신 기업의 딜레마》로 경영계를 흔들었다.

2015년 1위는 마이클 포터, 3위는 김위찬, 4위는 돈 탭스콧, 5위는 마샬 골드스미스Marshall Goldsmith다. 오늘날 선두 기업은 피터 드러커의 책을 경영학의 눈으로 이해하지 않는다. 지식에도 반감기가 있다. 기업에 속한 독자라면 언제나 트렌드에 민감해야 할 텐데 보고 듣는 것이 빈약한 것처럼 안타까운 일도 없다. 오늘날 경영 사상가로 활약하는 전문가들의 이론은 누구나 의문을 품으면 인터넷에서 찾아낼 수 있다. 조금만 적극적으로 생각해보면 현재 기업들에 가장 많은 영향력을 행사하는 전문가를 검색하는 것도 어렵지 않다.

정보 탐색을 통해 기술 트렌드를 이해하기

빌 게이츠는 많은 기업가 중에서 특히 독서를 사랑하는 이로 알려졌다.

그는 2016년 한 해 동안 가장 감명 깊게 읽은 책 다섯 권을 추천하고 분석했다. 데이비드 포스터 월리스David Foster Wallace의 《끈 이론String Theory》, 필 나이트Phil Knight의 《슈독Shoe Dog》, 아키 브라운Archie Brown의 《강한 리더의 신화 The Myth of the Strong Leader》, 싯다르타 무케르지Siddhartha Mukherjee의 《유전자: 은밀한 역사The Gene: An Intimate History》, 그레첸 바케Gretchen Bakke의 《더 그리드 The Grid》가 그것이다. 게이츠는 이 책들을 읽으면서 자신이 생각지도 못한 저자의 이론을 통해 통찰을 얻는다며 지혜를 공유한다. 그는 매년 추천 도서를 자신의 블로그 〈게이츠 노트gatesnotes.com〉에 업로드한다.

한국의 베스트셀러 목록을 살펴보면 독자들이 실용서나 소설처럼 단기적 혹은 감성적인 콘텐츠를 선호하는 경향이 있다는 것을 알 수 있다. 미국을 비롯한 경제 강국은 사실을 기반으로 서술된 경제, 경영, 과학 등에 관련된 서적이 높은 순위를 차지하는 것과 대조적이다. 물론 모든 책이 그런 것은 아니지만, 베스트셀러에 오른 몇몇 책들은 상대적으로 얇은 정보로 독자들의 감성을 자극한다. 얇은 지식에 머물게 되면 변화의 본질을 정확하게 꿰뚫어볼 수 없다. 그러므로 미래에 관한 성찰이 필요한 독자라면 베스트셀러에 의존하기보다 개인적 관심사를 적극적으로 파헤쳐서 양질의 정보를 담은 책을 골라내는 능력이 필요하다. 우리가 궁극적으로 경쟁해야 할 대상은 바로 옆에 앉은 동료가 아니라 무한한 창의력을 발휘하는 세계인이기 때문이다.

그렇다면 인식의 전환을 위해 필요한 지식들은 무엇이며 어떻게 찾아야 할까? 예를 들어 2016년에 인공지능 열풍을 일으켰던 알파고를 떠올려보자. 알파고가 세간의 관심사로 떠오르자 인공지능 전문가가 아닌 사람들이 알파고가 몰고 올 파장에 대해 너도 나도 한마디씩 언급하기 시작했다. 일부 언론은 알파고를 마치 살상 무기처럼 묘사했고, 일부 기업들은 기술 예찬을 펼치며 인공지능이 가져올 부의 효과를 열심히 피력했다. 일단 이러한 정보의 홍수 속에서 양질의 정보를 선별하기 위해서는 모든 정보를 무작정 받아들이기보다 의심하는 비판적 사고가 필요하다.

비판적 사고를 하기 위해서는 기본적인 지식이 필요하다. 기본적인 지식을 쌓기 위해서는 우선 서점이나 도서관에 가서 인공지능에 관련된 주요 서적들을 찾아 독파해야 한다. 어려운 용어나 내용은 따로 메모해 구글로 검색해 찾아보고 완전히 이해하도록 노력한다. 그렇게 하다 보면 인공지능의 전체적인 현황이 어렴풋이 눈에 들어올 것이다. 그다음 해야 할 일은 자신에게 필요한 정보를 집중적으로 공략해서 파헤치는 일이다. 마치 기본적인 교양 수업을 끝낸 후 전공 수업을 시작하는 것과 비슷하다. 그러기 위해서는 나에게 어떤 정보가 왜 필요한지 인식하고 목표를 설정해야 한다. 목표를 설정하면 좀 더 깊이 있게 관심 분야를 연구할 수 있기 때문이다. 관심 분야에 대한 양질의 지식과 정보를 습득하기 위해서는 그 분야를 깊이 있게 연구하고 올바르게 진단하는 전문가를 찾아내야 한다.

미국 경제지 《포춘》의 편집장 제프 콜빈은 《재능은 어떻게 단련되는가?》에서 전문가를 탄생시키는 지식은 세월이 지난다고 마냥 쌓이는 것이 아니라며, 전문적인 지식 쌓기를 업무 경험의 부산물로 여기는 사람과 직접적인 목표로 설정하는 사람들의 미래를 각각 예측해보라고 했다. 진출하고자 하는 분야에서 당대 최고의 실적을 보유한 사람은 누구인지, 그 분야에 영향력을 행사해온 문화와 지식은 무엇인지 고민하고 분석해보라는 것이다.

콜빈은 이런 형태의 지식 근로 가치를 깨달았다면 당장 시작하라고 조언한다. 일반적인 지식의 수준에서 조금 더 깊이 들어가면 각 분야의 전문가는 저절로 파악할 수 있다. 전문가들을 찾아냈다면 그들의 견해를 집중적으로 탐구하고 연결과 융합의 시선으로 정확히 바라보려고 노력해야 한다. 그때서야 비로소 비판적이고 회의주의적인 시선으로 세상을 바라보는 것이 가능하다. 아무런 정보도 없이 몇 권의 책을 읽고 혹은 인터넷 기사 몇 개를 읽고 나서 얄팍한 지식으로 무턱대고 비판적인 시선을 갖는 것은 매우 위험한 일이다. 비판적인 시선은 그만큼 충분한 지식을 기초를 해야만 올바른 무게와 힘을 가질 수 있기 때문이다.

지금 우리에게 매우 민감한 주제인 인공지능에 대해서 좀 더 깊이 들어가보자. 스탠퍼드대학교 법정보학센터 교수 제리 카플란Jerry Kaplan 등 인공지능학자들의 의견을 종합해보면 AI의 발달 현황과 이것이 어느 직군에게 치명적일지 좀 더 구체적으로 추론할 수 있다. 카플란과 같은 전문가들은 빌 게이츠, 스티븐 호킹, 일론 머스크 등 일부 명사들의 초지능superintelligence이 인류의 종말을 불러일으킬 것이라는 위협에 회의적인 반응이다.*3 영국 옥스퍼드대학교 철학 교수 닉 보스트롬Niklas Boström은 《초지능 Superintelligence》에서 사람의 지능을 현격하게 능가하는 존재를 '초지능'이라고 정의했다.

보스트롬은 기계가 초지능이 되기 위한 조건으로 인공일반지능과 마음 업로딩을 제시했다. 2016년 7월 이인식 소장과의 만남에서 그는 인공일반지능의 기술 현황은 인간 지능의 특정 기능을 기계에 부여하는 수준에 머물고 있다고 강조했다. "인간 지능의 모든 기능을 한꺼번에 기계로 수행하는 기술, 곧 인공일반지능은 걸음마도 떼지 못한 정도의 수준이다."*4 그는 누군가가 과학을 잘 모르는 대중에게 과장해서 발언한 내용을 언론이 여과 없이 전달하는 것에 비판적이었다. 물론 그의 관점에 비판을 제기하는 전문가들도 있다.

대중은 인공지능을 하나의 시선으로 바라볼 때가 있지만, 인공지능 연구는 독립적이고 상충되는 영역이다. 인공지능 전문가들은 사람 수준의 인공지능을 갖춘 기계를 창조하기 위해 상반된 두 가지 방식이 존재한다고 밝혔다. 첫째, 왓슨처럼 특정 분야에서 전문가들의 문제 해결 능력을 본뜬 컴퓨터 프로그램은 하향식 또는 계산주의 방식으로 탄생한 것이다. 계산주의의 기본 전략은 자연어라는 비형식적인 상징들을 형식적 상징으로 다루는 것이다. 자연어에서는 단어들의 의미의 경계가 명확하지 않다. 인공지능에 회의적인 시선을 가진 피터 카산Peter Kassan은 인간 수준의 AI 프로그램이 다뤄야 할 자연어는 사고 언어도 아니며 형식적인 상징으로도 다룰 수 없다고 주장했다. 예를 들어 문장을 의미론적으로 포착하지 않는 한, 자연어를 구문론적으로 분석할 수 없다. 마치 그림이 없는 사전으로 언어를 배우려는 것과 같다는 것이다.

카산은 계산주의 방법론에서는 언어 처리에 앞서 구문론적 분석을 선행해야 한다고 지적했다. 마치 문장을 이해하기도 전에 그 문장을 이해하고 있어야만 하는 것처럼 보인다는 것이다.*5 리처드 도킨스, 제러드 다이아몬드 등이 회원으로 있는 미국 스켑틱 협회에서 발간하는 교양 과학 잡지 《스켑틱SKEPTIC》 2006년 12권 2호에서도 피터 카산은 인공지능이 실패할 수밖에 없는 이유를 담았다. 하향식 접근 방식에 한계가 드러나자 1980년대 후반부터 상향식 또는 연결주의가 주목받기 시작했다. 연결주의는 심리학과 인지과학에서 다루는 이론이다. 신경 세포가 정보를 처리하는 방식으로부터 영감을 얻었다는 인공신경망이 상향식 접근법의 결과물이다.

최근 구글이 거금을 투자해 인수한 딥마인드의 딥러닝도 신경망 이론을 바탕으로 설계된 기계 학습 분야다. 인공지능 전문가들은 현재 인공지능이 인간 지능의 특정 부분을 제각각 실현하고 있지만, 인간 지능의 모든 기능을 한꺼번에 수행하는 기계가 등장하려면 조건이 있다고 주장한다. 인공일반지능은 하향식과 상향식이 결합해야만 실현될 것이라는 전망이다. 그런데 알파고가 등장했을 때 일부 한국인은 이를 인공일반지능으로 생각했다. 알파고의 사례는 우리가 정보를 접근하는 방식에 문제가 있었다는 것을 보여준다.

1903년, 라이트 형제는 모든 비행기의 시초인 동력 비행기를 제작하여 비행에 성공했다. 이전부터 열렬히 창공을 사모해 새의 깃털을 모아 날갯짓을 시도하다 죽은 개척자들의 꿈을 끝내 이루어낸 것이다. 그 당시만 해도 인간이 비행기를 제작해 하늘을 날 수 있으리라는 것은 망상에 지나지 않았다. 그러나 세상의 모든 탁월한 발상이 보통 수준을 뛰어넘었다고 해서 현실이 된 것은 아니다. 과학과 기술의 역사에는 성공보다 실패 사례가 압도적으로 많다.

대중이 우려하는 강한 AI의 출현 가능성은 AI 전문가들 사이에서 뜨거운 감자다. 물론 무한한 상상의 영역이 기술로 등장하는 것처럼 강한 AI의 출현을 회의적으로 바라보는 사람들의 생각도 틀릴 수 있다. 인공지능 논쟁의 변천사를 들여다보면 바벨탑을 제아무리 높게 쌓았다 하더라도 하늘의 천장에는 닿지 못했다고 생각하는 사람들을 발견할 수 있다. 미국의 철학자 휴버트 드레이퍼스Hubert Dreyfus는 1972년에 출간한 저서 《컴퓨터가 할 수 없는 것What Computers Can't Do》에서 AI에 부정적인 견해를 보이며 인간 수준의 지능적인 행동을 기계에 기대하는 것은 불가능하다고 주장했다. 드레이퍼스의 지적은 그 당시 인공지능 예찬론자들에게는 지탄받았지만, 인공지능이 지향하는 목표의 장애 요인들이 무엇인지 짚어보는 데 유용하다고 평가받는다.*6

미국에서 언어철학과 심리철학을 전문으로 하는 철학자 존 설John Rogers Searle은 사람처럼 생각하는 기계를 탄생시키고자 했던 인공지능 예찬론자들을 혹독하게 비판한 인물이다. 그는 1980년 〈마음, 뇌, 프로그램Minds, brains, and programs〉이라는 논문에서 강인공지능Strong AI의 오류를 밝히며 신랄하게 비판했다. 그는 인공지능 학자들이 정보 처리의 개념을 혼동하고 있다고 지적했다. 예를 들면 컴퓨터는 '1+1=2'라고 인간처럼 계산은 할 수 있어도, 2의 의미는 알지 못한다는 것이다.

이인식은 이를 두고 "강인공지능은 마음의 시뮬레이션과 마음의 복제를 혼동하는 실수를 함에 따라 정보 처리의 측면에서 인간의 뇌와 컴퓨터 사이에 개념적으로 유사성이 있는 것으로 착각하고 있다"고 서술했다.*7 존 설 이후에도 미국의 인공지능 학자 테리 위노그래드Terry Winograd는 1986년 《컴퓨터와 인지의 이해Understanding Computers and Cognition》에서 인공지능을 반박했다. 옥스퍼드대학교의 로저 펜로즈Roger Penrose 교수는 1989년 《황제의 마음The Emperor's New Mind》에서 인지과학 자체를 비판했다.

AI가 사람처럼 생각하고, 감정을 느끼며 자의식이 있는 것처럼 판단될 때 비로소 강한 AI가 등장했다고 말할 수 있다. 물론 인공지능에 회의적인 사람들의 주장이 과학적으로 옳은지 가려내기 위해서는 시간이 좀 더 필요할 것 같다. AI 전문가인 제리 카플란과 미첼 월드롭Mitchell Waldrop의 저서를 함께 읽기를 추천한다.

강한 AI의 등장이 불가능하다고 주장하는 것이 아니라, 정확하게 세상을 보려는 노력이 우리를 구원한다는 말을 하고 싶다. 직면한 위기들을 폭넓게 바라보고 회의적인 시선을 유지해야 전략적인 대응을 펼칠 수 있다. 자신을 위협한다고 생각했던 것이 누군가에게는 기회가 될 수 있기 때문이다.

시간과 물질을 전략적으로 써야 할 때다

지금은 우리가 정치적 문제를 바로잡는 것 못지않게 경제적인 생존 전략을 모색하는 것 역시 그 어느 때보다도 중요한 시기다. 예컨대 중국은 미국 정부 부채의 단일 최대 보유국이다. 제아무리 트럼프라도 중국의 심기를 막무가내로 건드릴 수 없는 상황이다. 2000년 이후 2010년까지 중국의 GDP는 약 4조 달러 늘었다. 이는 같은 기간 인도의 일곱 배, 이탈리아의 세 배, 프랑스의 두 배와 비슷한 규모로 GDP가 늘었다는 말이다.

막대한 현금을 보유한 중국은 세계 각국의 자원과 기술 강국의 기업들을 쟁탈하기 위해 지금도 동분서주한다. 아프리카의 많은 광산과 유전 그리고 유럽의 많은 하이테크 기업이 중국에 팔렸다. 현재 독일 기업들은 통계상 매주 한 기업씩 중국에 팔리고 있다고 한다. 중국은 세계에서 가장 많은 산업용 로봇을 사들이며 제조 강국의 자리를 두고 독일과 경쟁하려 한다. 일본은 세계 4대 산업용 로봇 기업 중에 화낙, 야스카를 보유한 기술 강국이다. 일본의 비즈니스맨들은 삼성전자 정도는 인정하지만, 일반적인 한국 기업들이 사용하는 기술은 일본을 비롯한 선진국에서 개발한 기초 기술에 불과하다는 인식이 강하다. 실제로 여전히 일본 기업만큼 높은 기술력을 가진 기업들이 몰린 나라는 찾기 힘들다.

경쟁국, 경쟁사, 경쟁자는 언제 어디에나 존재한다. 그들은 항상 분주하게 혁신한다. 다들 가만히 있지 않으니 늘 먹고살기 힘든 것이다. 어떤 사회를 지배하는 혁신의 물결이 한 방향이라면 우리는 힘들여 책을 읽고 사유할 필요가 없다. 우리는 웹과 항공 기술의 발전으로 반강제적인 세계화 시대를 맞이했다. 동시에 우리는 다양한 차이와 근접해 살아가며 복잡다단한 생각과 탐욕의 충돌에서 벗어나기 힘들다. 미국과 중국이 벌이는 G2 전쟁, 반도체, 조선, 자동차 등 한국 주력 산업을 노리는 중국 기업의 공격, 중국에서 일어나는 스타트업 열풍, 세계적인 제조 기업의 위치를 놓치지 않으려는 일본과 독일의 현황도 늘 한국 경제를 위협하는 요소다.

후진국에서 중진국으로 성장하는 방식은 효율 경제를 추구하는 것이다. 즉 열심히 일하고, 대기업 중심으로 성장하고, 원가 중심으로 전략을 설정하고, 실패는 무조건 나쁘다는 것이 기존의 방식이자 성장 동력이다. 이 방식이 문제가 되는 것은 이러한 역할을 바로 중국, 베트남 등이 우리나라보다 더 잘하는 시대가 됐기 때문이다.

소득 대비 주거 비용이 세계 최고 수준을 기록한 우리나라 국민은 사실상 상당수가 치솟는 집값에 억눌려 에너지를 소진한다. 시간과 물질의 덫에서 헤매느라 창의적인 사유와 창업은 시도조차 해볼 수 없는 것이다. 오늘날 주거 불안의 근본적인 원인은 부동산 투기꾼들이 시장을 교란한 것도 있지만, 우리의 탐욕도 상당한 원인을 차지할 것이다. 타인의 시선 때문에 감당할 수 없는 대출을 받아 부동산을 사거나, 소수가 투자에 성공한데 눈이 멀어 부동산에 온 에너지를 투자한다면 성공할 확률이 적은 일에 인생을 낭비하게 된다. 자신의 생산적인 업무 능력 향상에 투자하지 못하는 것인지, 안 하는 것인지를 냉정하게 구별해보자.

저성장을 겪는 많은 기업이 구조조정을 실시하는 상황에서 미국과 중국을 비롯한 강대국들은 인공지능, 사물인터넷, 3D 프린팅, 신소재, 재생 에너지 등 하이테크 혁명을 모색 중이다. 특히 인공지능 로봇의 진화는 노동하는 존재로서의 인간을 위협한다. 로봇의 위협은 현장에서 일하는 블루칼라뿐만 아니라 중산층인 화이트칼라에게도 마찬가지다. 주변의 익숙한 일자리는 차츰 로봇으로 대체되고, 해고당한 많은 중산층의 소비력은 갈수록 감소할 것이다. 이러한 기술적 실업에서 벗어날 수 있는 국민은 그다지 많지 않다. 이제는 국민이 직접 기술적 실업에 대한 고민과 대책을 마련하지 않으면 생존하기 어려운 시대다.

2016년 2월에 오바마 대통령이 의회에 보낸 보고서에는 시간당 20달러 미만의 일자리는 2040년 이후 컴퓨터나 로봇으로 대체될 확률이 83퍼센트에 달한다는 예측이 담겨 있다. 시간당 임금이 20~40달러인 경우 자동화 리스크는 31퍼센트에 그쳤다. 이보다 더 많이 버는 사람은 겨우 4퍼센트만 해당됐다. 급변하는 세상에서는 대학에서 공부하고, 한 회사에서 평생 일하는 것이 더는 의미가 없다. 전문가들은 전문적이고 인간적이며 단순한 업무가 아닐수록 미래에도 안전한 일자리일 것이라고 예상한다. 결국 끊임없이 지식을 축적하는 것이 빈곤의 늪에 빠지지 않는 전략이다. 그러나 우리나라의 교육은 고착화된 교육 방식으로 오로지 명문 대학 입학만을 향해 달리도록 키워왔으니 격변 앞에 무기력한 인력만 끊임없이 양산하는 꼴이다.

기계공학 전문가들은 디지털화의 혁신 때문에 위협받지 않는 직종은 거의 없을 거라고 경고한다. 최첨단 기술을 선호하는 세계 여러 기업은 직원이 단순 업무의 고통으로부터 해방되고, 좀 더 창의적이며 생산적인 업무에 집중할 수 있도록 도와준다고 말하지만 실업률은 갈수록 높아만 간다. 수십 억 개의 문서를 순식간에 분석하고, 더 많은 정보를 우리보다 빠르게 축적하고 대안을 제시하며 쉬지도 않는 인공지능과 일자리를 두고 경쟁한다는 것은 고도의 전략적 사고와 냉철한 의지를 요구한다. 일부 기민한 사람들은 새로운 기술을 재빨리 받아들이려 하고, 실력을 연마한 덕분에 노동 시장에서 생존해 새로운 부를 창출하지만, 이런 사람들은 언제나 소수다.

지금처럼 개인이 모바일과 컴퓨터로 다양한 정보를 손쉽게 얻을 수 있었던 때가 언제였을까? 사색하고 전략을 모색할 수 있을 때, 산업의 흐름을 공부하고 어느 정도 격변의 본질을 이해해야 위정자들을 조금이나마 압박할 수 있다. 그래야 살 수 있다. 많은 날을 1차원적인 비판만 쏟아내는 데 쓴다면 인류는 공멸하지 않을까? 일부 전문가라는 사람들에게만 의지해서는 안 된다. 인간은 태생적으로 환경에 지배받기 때문에 평생을 엘리트로 살아온 사람은 대다수 서민의 고통을 이해할 수 없다. 그들은 인구의 가장 많은 수를 차지하는 계층이 힘들어하는 이유가 무엇인지, 우리에게 필요한 것은 무엇인지 알지 못한다. 그래서 연일 탁상공론을 할 수밖에 없다. 우리 스스로 생존을 위해 필요한 정보와 지식을 능동적으로 찾아내 실천해야 한다.

2016년 12월, 한국에 금융 부채를 안고 있는 채무자는 1831만 명이다. 이중 다중 채무자가 급속도로 늘고 있다. 빚을 돌려 막는 사람도 156만 명이 넘는다. 빚을 진 사연이야 다양하겠지만, 지금은 그 어느 때보다 돈을 빌리는 걸 지양해야 할 때다. 온전한 돈도 내 것이 아닐 때가 있다. 돈을 버느라 바빠 언론이 제공하는 지식조차 이해하기 벅차다는 사람들이 있다. 그러나 한 해 우리나라 평균 독서량과 소비 행태, 여가 시간 활용 유형을 살펴보면 이 말에는 어느 정도 자기기만과 합리화가 깃들어 있음을 알 수 있다. 당장의 돈과 쾌락을 추구하기보다 연구할 시간을 확보해야 한다. 세계의 금융과 미디어 등을 장악한 권력에 추상적인 생각을 품고 있는 한, 우리는 그들이 만든 개미지옥에서 결코 벗어날 수 없다. 지금은 그 어느 때보다 탐욕을 줄이고 생산적인 일에 힘써야 할 때다. 필요하지 않은 물건과 자존심을 버리고 또 버려야 할 때다.

무엇을 선택할 것인가?

1~4장에서 살펴보았듯이 우리는 곧 닥칠 미래의 공격적인 변화에 '먹히느냐, 살아남느냐'가 결정되는 절체절명의 상황에 놓였다. 시중에 미래의 위험을 경고하는 책들이 수없이 쏟아져 나오지만, 그래서 지금 어떻게 해야 하는가에 대한 답은 정작 많지 않다. 아무리 실력 있는 미래학자나 세계적인 석학이라고 해도 이 상황을 어떻게 헤쳐나갈지 명쾌한 답을 제시할 수 없는 것이 현실이기 때문이다. 게다가 대한민국 화이트칼라에게 필요한 맞춤식 대안은 더더욱 찾아보기 힘들다. 그렇다. 우리는 슬프게도 답이 없

는 현실과 미래에 내동댕이쳐졌다. 그렇다고 해서 다가올 시간을 좌절과 실망으로 무작정 견디기에는 남은 날들이 너무 길다.

필자(데이비드 서)는 미국에서 오랫동안 교육받고 일류 기업에서 일한 경험을 바탕으로 현재 우리가 처한 상황과 대안에 대해서 진지하게 고민해보았다. 대안을 찾는 데 미국적 방식을 거론하는 이유는 우리가 경쟁해야 할 구글, 애플, 페이스북, 테슬라, 스페이스X 등 여러 세계적인 기업이 대부분 미국에 있고, 그들의 창발적 논리와 감각이 우리 것보다 선진적인 것임을 인정할 수밖에 없기 때문이다. 물론 이미 중국이 세계의 강국으로 떠올랐고, 미국 또한 트럼프의 대통령 당선 등으로 혼란기를 보내고 있다. 하지만 그들이 지금까지 이룬 결과물들과 앞으로 그려가는 기술 혁신의 밑바탕에는 오랜 교육과 훈련으로 세워진 사회적 가치관과 합리적인 규칙이 분명히 존재한다.

그런 관점에서 보면 우리는 여러모로 불리하다. 이미 주입식 교육으로 딱딱해진 사고방식, 편법과 비리가 판치는 정치, 부정부패가 만연한 사회 등이 경쟁을 시작하기도 전에 사기를 꺾어놓기 때문이다. 이런 불리함을 감안하면 지금까지 근성과 노력으로 그나마 이만큼 경제 성장을 이뤄낸 것만도 장하다고 박수를 쳐주고 싶은 심정이다. 그런데 문제는 앞으로 다가올 미래는 '빨리빨리' 정신 속에 묻혀 대충 어물쩍 넘어갈 수 있었던 과거의 방식이 더 이상 유효하지 않다는 것이다.

그렇다면 쓰나미처럼 밀려오는 미래의 기술 변화 속에서 우리는 어떻게 살아남을 수 있을 것인가? 그 대안을 함께 풀어가기에 앞서 이 대안을 필요로 하는 대상을 먼저 확실히 해두는 게 좋겠다. 필자는 이 대안을 고민할 때 상위 1퍼센트는 염두에 두지 않았다. 그들은 이미 나름대로 살아남을 방도를 충분히 연구하고 검토해서 실행하고 있을 터이기 때문이다. 그래서 필자는 '뭔가 하기는 해야겠는데 무엇부터 시작해야 할지 몰라서 막막한 두려움 속에 있는' 많은 화이트칼라 독자를 '우리'라는 묶음에 넣고 함께 고민해보려고 한다.

필자는 기업체 임원 등을 코치해온 전문가로서, 미래를 놓고 고민하는 한 사람의 평범한 화이트칼라 독자를 앞에 두고 코칭한다는 가정하에 이 대안을 풀어가고자 한다.

만약 당신이 필자에게 "앞으로 다가올 불확실한 미래를 대비하려면 어떻게 해야 할까요?"라고 묻는다면 필자는 먼저 당신에게 무엇을 선택할 것인지 결정하라고 말하고 싶다. 지금 당신은 두 가지 중 하나를 선택해야 한다. 무엇을 선택하든 치러야 할 대가는 크다. 내가 말하는 '대가'란 그 선택으로 인해 파생될 모든 사건과 결과를 고스란히 감수하고 인내와 희생을 할 각오가 되어 있는가 하는 의미다.

첫 번째 선택은 나를 바꾸려는 노력을 하지 않고 다가오는 상황을 그대로 견디면서 당하는 것이다. 지금의 직장에서 다닐 수 있을 때까지 버티다가 결국 본인의 의사와 상관없이 퇴직하게 되면 그때 적당한 대책을 강구하는 것이다. 자영업을 시작할 수도 있고, 안 된다면 몸으로 뛰는 일이라도 해야 할 것이다. 생활비, 자녀들의 교육비와 결혼 자금 등 여러 가지 일 앞에서 모아둔 돈이나 직업도 없이 가혹하고 비참한 현실을 고스란히 겪을 용기가 있다면 지금의 방식대로 살아가는 것도 한 방법이다.

두 번째 선택은 이제부터라도 뼈를 깎는 각오로 나를 바꾸는 용기를 내는 것이다. 이 과정 역시 결코 만만치 않다. 엄청난 희생과 인내, 투지가 필요하기 때문이다. 그것은 밭을 갈아엎는 것처럼 나 자신의 고정관념을 하나하나 들춰보며 바꿔나가는 작업이다. 그저 대충 영어 학원에 가서 한두 시간 강의를 듣는 정도의 노력을 요구하는 것이 아니다. 이것이 아니면 죽는다는 정도의 투지와 열정을 필요로 하는 것이다. 그만큼 우리가 타야 할 파도는 높고 거칠다. 어떤 파도든 서핑하듯 유연하게 탈 수 있는 역량과 정신적인 근육을 만드는 일은 고되고 지루하다. 청년들이 탄탄한 근육질 몸을 만들기 위해 맛있는 음식과 술의 유혹을 물리치고 닭가슴살 도시락을 들고 다니며 인내하는 것만 봐도 쉽게 짐작할 수 있지 않은가? 우리는 미래에 각광받을 유연하면서도 단단한 역량의 근육을 만들어야 한다. 그러므로 그보다 훨씬 더 절박함이 담긴 강도 높은 훈련이 필요한 것이다.

이렇게 설명하면 대부분의 독자는 두 번째 안을 선택할 것이다. 필자가 다소 장황하게 이런 선택을 요구하는 것은 그만큼 절실함과 각오가 필요하다는 것을 직시하도록 하기 위해서다.

"정말 노력하면 끝까지 살아남을 수 있을까요? 기껏 열심히 준비했는데 미래에 내가 원하는 직업이 사라질 수도 있잖아요. 정말 확실한가요?" 미래를 준비하겠다고 결단한 독자는 아마 곧이어 찜찜한 표정으로 이런 질문을 할 것이다. 수년간의 코칭 경험을 통해 쉽게 유추할 수 있다. 대한민국 사람들은 그동안 부정적인 경험을 많이 해서인지 해보지도 않고 비관하는 경우가 많다. 이 세상에 확실한 것은 없다. 다만 확률을 높이는 것뿐이다. 하지만 확실히 장담할 수 있는 것은, '어떻게든 되겠지' 하는 안일하고 게으른 마음으로 첫 번째 선택을 한 사람은 무조건 망한다는 사실이다. 노력도 하지 않고 좋은 결과를 바라는 것은 실패자나 어리석은 사람들의 전유물이다. 그보다 더 불행한 사람도 있다. 현실을 직시하는 것을 아예 거부하는 사람이다. "AI 기계화, 기술 혁신이 대체 나와 무슨 상관이 있어? 아직도 먼 미래 일인데 왜 사서 고민이야? 그까짓 거 이렇게 대충 살다가 가는 거지, 뭐. 다른 사람들도 다 나처럼 살 거야. 뭘 할 수 있겠어?" 이런 사람은 폐암 증상으로 기침을 하면서도 나는 절대로 폐암에 걸리지 않을 거라는 믿음으로 병원조차 가지 않는 사람과 비슷하다.

그러므로 지금 내가 처한 상황을 정확하게 인식하고 직시하는 것은 미래의 나를 완전히 바꿔놓을 만큼 매우 중요하다. 그래서 지식이 필요하다. 아는 만큼 보이기 때문이다. 유치원생도 자유자재로 작동시키는 스마트폰의 세계를 시골에서 전화기만 쓰는 노인은 도무지 이해할 수 없다. 마찬가지로 우주 시대를 계획하는 일론 머스크 같은 사람들이 이끄는 미래 시대를 읽으려면 그만 한 지식이 있어야 한다. 책상 앞에 앉아서 기안서의 오자만 잡아내는 것으로 세월을 보내거나, 어떻게 하면 상사에게 잘 보여서 진급할 수 있을까만 고민하는 사람은 절대로 볼 수 없는 세계다.

진보된 기술력 앞에 무참히 파괴된 인류의 역사를 거슬러 올라가 보면 정확하게 현실을 인식하는 힘이 가장 필요하다는 교훈을 얻게 된다. 그 힘은 곧 미래를 내다보는 힘과도 연결된다. 그렇다면 미래학자도 아닌 일반인이 어떻게 미래를 내다볼 수 있을까? 그 해답은 앞서 말했듯이 끝없는 탐구심으로 지식을 쌓는 것이다. 우리는 이미 새롭게 변화하는 현대 사회에서 살아남기 위해 평생 교육의 필요성을 인식하고 있다. 직장인들이 밤늦도록 학원에 앉아 있는 것도 요즘은 일상적인 풍경이다. 다행히 인터넷을 통해 우리는 광대한 지식과 마주할 수 있다. 늘 새로운 정보와 신기술 들이 쏟아져 나오고 마음만 먹으면 얼마든지 새로운 지식을 지적 재산으로 만들 수 있는 세계에 우리는 산다. 미래의 변화 속에서도 끝까지 살아남기 위해 우리가 할 수 있는 일은 준비하는 자세로 인내심을 가지고 묵묵히 역량을 키우는 것이다. 100년에 가까운 시간 동안 주위의 조롱에도 아랑곳없이 방주를 만들었던 노아처럼 말이다.

'필사즉생必死即生 필생즉사必生即死', 죽고자 하면 살 것이요, 살고자 하면 죽을 것이라는 충무공의 각오가 그 어느 때보다 빛을 발하는 시기가 지금이 아닌가 싶다.

싱크로니시티의 희망

많은 사람이 인식하듯이 오랜 주입식 교육과 수직적 문화 속에서 훈련된 우리는 세계 시장에서 경쟁하기 불리하다. 이제 와서 창의력을 키운다는 것은 이미 퇴화된 몸의 어느 기관을 복원시킨다는 말처럼 불가능해 보인다. 게다가 우리는 지금 고령화 사회, 높은 청년 실업률, 수출 부진, 가계 부채 등 여러 가지 악조건 속에 놓여 있다. 신자유주의로 인해 빈부 격차가 최고조에 다다른 지금, 암울한 미래 앞에서 새로운 희망을 이야기하는 것은 매우 조심스러운 일이다. 자칫 신기루처럼 헛된 희망으로 전락할 가능성도 없지 않기 때문이다. 그럼에도 불구하고 싱크로니시티Synchronicity라는 단어가 품은 희망을 독자들에게 소개하고 싶다. 필자는 이 단어를 매우 좋아한다. 이 단어에 담긴 아름다운 의미가 감동으로 다가오기 때문이다. 싱크로니시티는 사전적으로는 '동시성, 동시 발생'이라는 뜻이지만, 실제로는 그보다 훨씬 더 깊은 의미가 있다.

필자는 오래전 미국에서 조셉 자보르프스키Joseph Jaworski가 쓴《리더란 무엇인가 : 싱크로니시티 미래를 창조하는 리더십 내면의 길Synchronicity》을 읽고 코끝이 찡할 만큼 감동한 적이 있다. 제대로 된 리더는 제대로 된 내면의 길을 가야 한다는 책의 내용보다 싱크로니시티라는 단어의 의미 때문이었다. 싱크로니시티는 '은혜 속에 우연'이라는 조금은 신비로운 의미를 담고 있다. 내가 비장한 각오로 열심히 노력하는 가운데 예측하지 못한 미지의 힘이 작동되어 누군가를 만나고, 그 만남으로 기회를 얻는 것이다. 우연이나 행운이라는 단어로 싱크로니시티를 표현하기에는 다소 가볍고 부족하다. 싱크로니시티는 그보다 훨씬 진중하면서 자연스러운 흐름 속에서 만들어진 우연의 기회를 표현하기 때문이다. 다시 말해 싱크로니시티는 선한 의도를 가지고 목표를 향해 최선을 다해 꾸준히 달릴 때 생기는 기회의 틈새다. 이러한 기회는 스스로 만들 수도, 통제할 수도 없다. 그저 예상치 못한 에너지 파장의 틈새에 쑥 빨려 들어가듯 만들어지는 기회이기 때문이다. 노력하는 사람이 직접 기회를 만들 수는 없지만, 싱크로니시티는 항상 창발적이다.

예를 들어 예전에 학생들을 가르치던 시절에는 한 학기가 끝날 때마다 성적을 매겨야 했다. 그때 A와 A+를 받는 학생의 실력 차이는 따지고 보면 그리 크지 않았다. 하지만 A+를 받는 학생의 숫자는 한정되어 있기 때문에 어쩔 수 없이 몇 명을 선택해 점수를 줘야 했다. 그때 필자의 기준이 된 것은 그 학생이 보이는 반짝이는 노력이었다. 그것은 간절함이나 열정이 있는 학생에게서 어떤 순간에 포착되는 차별화된 특징이었다. 장학금 때문일 수도 있고, 그 과목에 흥미를 느껴서일 수도 있다. 어떤 동기에서든지 누군 가에게 기대 이상의 추가적인 탐구 열의를 보았을 때 무심코 "음, 저 녀석 A+감인걸" 하는 생각이 들었다. 어떤 확고한 목적을 가지고 꾸준히 노력 하는 사람에게서 삐져나오는 반짝임은 아무리 숨기려고 해도 감출 수 없 다. 그것은 열심히 경청하는 태도나 질문하는 자세에서도 나타난다. 그런 순간을 매번 포착할 수 있는 것은 아니다. 하지만 A+를 받은 학생 대부분 은 분명 평소에도 꾸준히 남들보다 더 노력했음을 보여주는 시그널이 있었 다. 이것을 단순히 운이 좋다거나 나쁘다고 표현할 수는 없다. 그것은 꾸준 히 노력하는 과정에서 어느 순간 발생하는 선물과도 같은 기회이기 때문이 다. 이처럼 열심히 자기 경쟁력을 높여가는 과정에서 자연스럽게 발생하는 여러 가지 가능성이 바로 내가 말하는 싱크로니시티다. 그것은 당장 눈앞 에 보이는 결과물보다는 꾸준히 연마하고 채워가는 과정에서 동시에 발생 하는 기회들이다. 그것은 우연처럼 보일 수도 있지만 결코 우연이 아니다.

앞서 췌장암 진단기를 발명한 소년 잭 안드라카의 일화를 소개한 바 있 다. 그때 아니르반 마이트라 교수는 잭 안드라카의 이메일을 무시할 수도 있었다. 그런데 무엇이 그로 하여금 소년을 연구실로 초청해 도움의 손길 을 내밀게 했을까? 그것을 단순히 우연이라고, 운이 좋았다고 말할 수 있 을까? 답변을 받을 때까지 포기하지 않고 꾸준히 노력한 잭 안드라카의 열 정과 집념은 미래를 준비하는 우리에게 꼭 필요한 자세다. 보장된 성공이 아니더라도, 성공에 대한 가능성을 열어두고 열심히 노력하는 과정, 그 과 정이 바로 성공의 바탕이 되기 때문이다. 싱크로니시티는 바로 그런 상황의 틈새에서 발생하는 기회와 사건을 말한다. 우리가 역량을 갖춘 인재가 되면 그 향기는 어떤 식으로든 흘러나와 인재를 찾는 기업과의 만남을 주선할 것이다. 또한 그러한 인재는 어떤 상황 속에서도 끝까지 살아남을 수 있다.

미래를 맞이하는 우리 세대와 지금의 경제적 성장을 이뤄낸 과거의 윗세대는 여러 가지 면에서 다르다. 그들에게는 절박한 시대적 상황 때문에 독종처럼 살 수밖에 없는 정신력이 있었다. 반면 지금 우리 세대는 전쟁과 배고픔을 겪어낸 그들보다는 좀 더 편안한 환경에서 살아왔다. 따라서 집요한 노력을 쏟아붓는 인내력, 희생, 끈기가 상대적으로 약하다. 그러므로 의식적으로 자신을 더욱 절제하고 긴장 속으로 몰아넣지 않으면 원하는 결과를 이뤄내기 힘들다. 흔히 미국 직장인들이 한국 직장인들보다 훨씬 더 편안하게 생활할 것이라고 생각한다. 물론 겉으로 보이는 근무 조건이나 여건을 보면 그렇다. 하지만 그들이 일할 때 보이는 집중력은 우리가 상상하는 것보다 훨씬 더 높다. 몰입 없이 대충 다섯 시간 일한 것과 집중적으로 한 시간 일한 것의 차이는 엄청나다. 우리가 앞으로 경쟁할 대상은 동네 축구 선수가 아니다. 월드컵 무대에서 뛰는 세계적인 선수들이다. 그들과 같은 필드에서 뛰려면 얼마나 강도 높은 훈련이 필요할지 생각해보라. 그러면 어렴풋이 답이 나올 것이다. 1년 내내 오로지 훈련에만 집중한 우리나라 국가대표 선수들이 축구 강국들과의 경기에서 어이없는 점수 차이로 무너지는 것을 지켜보며 우리는 이미 그 차이를 처절하게 경험하지 않았는가?

지금까지 해온 게임의 룰을 바꿔야 한다. 고정관념과 편견의 잡초로 뒤덮인 생각의 토양도 갈아엎어야 한다. 지금까지는 결과가 안 좋으면 남을 탓하고, 얕은 뿌리로도 살 수 있는 비닐하우스에 안주했다면 이제는 도전의식을 가지고 거친 토양으로 옮겨 어떤 비바람에도 흔들리지 않는 뿌리 깊은 나무가 되어야만 살아남을 수 있다. 선진국 토양에서 자란 인재들이 지금 세계에서 빛을 발하는 이유는 자신의 생각을 얼마나 논리적으로 주장하는지, 건강한 육체와 열정적인 정신으로 타인과 얼마나 조화롭고 정직하게 경쟁했는지를 평가받으며 자랐기 때문이라고 생각한다. 그들이 지식, 체력, 예술, 문화, 봉사 정신 등을 훈련받으며 성장했다면, 우리는 공부만으로 모든 것이 해결되는 비정상적인 환경에서 성장했다. 그러므로 우리가 미래에 살아남기 위해서는 지독하고 피나는 노력이 필요하다는 것을 다시 한번 강조하고 싶다.

이제 열심히 해보겠다는 굳은 의지가 생겼다면 다음 단계로 어떻게 첫걸음을 뗄 것인지 생각해보자. 이때 권유하고 싶은 것은 팀 프로젝트다. 물론 혼자서 할 수 있는 방법도 얼마든지 있다. 하지만 이 훈련 과정이 긴 게임이라는 것을 감안하면 팀으로 하는 것이 훨씬 안전하고 효율적이다. 혼자 실천하기에는 공부해야 할 양이 너무 많아 지쳐서 중도에 포기하려고 할 수도 있는데, 그때 포기하지 않도록 힘을 주고 버팀목이 되어줄 팀이 필요하다. 필자(데이비드 서)가 한국에 와서 처음 강의한 내용이 프로젝트 관리였다. 미국에 본사를 둔 세계에서 제일 큰 프로젝트 관리 협회인 PMI Project Management Institute에서 오랫동안 자원봉사자 리더로 활동했던 경험 때문에 강의 초청을 받은 것이다. 뿐만 아니라 대학에서 학생들을 가르칠 때도 팀 프로젝트를 자주 활용했다. 물론 팀 프로젝트 안에서 열심히 노력하는 사람 뒤에 숨어 대충 묻어가는 이도 있지만, 그들은 이미 배움의 기회를 포기함으로써 대가를 치렀다고 본다.

팀 프로젝트를 시작하라

팀 프로젝트의 이점은 첫째, 똑같은 노력을 들여서 팀원 수만큼 더 높은 이익을 얻을 수 있다는 것이다. 미래를 준비해야 하는 대부분의 화이트칼라는 시간 여유가 많지 않다. 고시생처럼 모든 일을 접고 시험에만 매달릴 수 있는 환경이 아니기 때문이다. 일상적인 업무를 감당하면서 자투리 시간을 이용해 미래에 투자해야 하는 현실을 생각하면, 팀을 결성해 함께 공부하는 것이 매우 유용하다. 특히 자신이 처한 현재 환경을 이해하기 위해서는 빠르게 변화하는 기술 혁신 과정을 충분히 알아야 한다. 그러기 위해서는 방대한 양의 자료들을 공부해야 하는데, 쏟아지는 새로운 정보를 홀로 이해하고 감당하기는 쉽지 않다. 그래서 팀이 필요한 것이다. 팀원들이 나눠서 각자 연구한 자료와 정보들을 함께 공유하면 한정된 시간 안에 서로 많은 지식을 얻을 수 있다.

둘째, 서로를 객관적으로 볼 수 있다는 이점이 있다. 혼자서는 아무리 계획을 세워도 미루거나 방만할 수 있고, 자기만족에 빠져서 안도하기 쉽다. 하지만 팀 안에서 객관적으로 자신을 바라보면 자극과 도전을 받을 수 있다. 또한 잠재적 능력을 이끌어내는 데도 도움이 된다. 객관적인 조언을 통해 혹시라도 빠질 수 있는 고집과 편견의 함정을 피할 수 있고, 현재 나의 실력을 냉정하고 정확하게 인식할 수 있다.

셋째, 어렵고 힘들 때 서로를 의지하며 함께 갈 수 있다. 앞서 말했듯이 이 훈련 과정은 결코 녹록치 않다. 그러므로 쉽게 지칠 수도 있고, 정말 제대로 가고 있는지 막연한 불안감에 빠질 수도 있다. 모두가 달려가는 방향에서 한 발 벗어나 독자적으로 새로운 길을 찾아간다는 것은 용기가 필요한 일이다. 그럴 때 함께하는 동지는 큰 힘과 격려가 된다. 그리고 한 팀이라는 공동체 의식은 개인에게 에너지원으로 작용한다.

넷째, 의사소통을 훈련하고 배우는 장이 될 수 있다. 팀을 만들면 꾸준한 토론이 가능하므로 지식적인 의사소통을 훈련할 수 있다. 지금도 그렇지만 인공지능과 경쟁해야 하는 미래에는 빠르고 원활한 의사소통이 매우 중요하다. 업무에 필요한 정보와 사실 들을 나열하거나 교환하는 의사소통이 아니라, 근원적인 문제를 심도 깊게 관찰하고 토론하는 의사소통이 필요하다. 의외로 일반 직장인들은 자신의 미래를 설계하고 스스로를 성찰하는 진지한 의사소통에 서툴다. 이러한 토론은 정신적인 근육을 키우는 데도 도움이 된다. 어찌 보면 미래의 경쟁은 정신력 싸움이라고 해도 과언이 아니다. 예상치 못한 문제가 닥친다고 해도 포기하지 않고 문제를 직시하고 집요하게 풀어갈 수 있는 정신력이 필요하다. 과거에 이를 악물고 '할 수 있다'는 머리띠를 하고 공부에 열중하던 것보다 체계적이고 진화된 방식이 필요하다. 또한 기계화 사회에서는 인간적인 사고의 역량이 더욱 중요해질 수 있다. 인간만이 할 수 있는 심리적·감정적 의사소통은 미래에 우리가 공략해야 할 새로운 시장이기도 하기 때문이다.

다섯째, 팀워크 능력을 키울 수 있다. 우리가 살고 있는 초연결 사회에서는 기회도 팀플레이를 할 때 생겨난다. 그래서 팀플레이 능력은 미래 인재가 갖춰야 할 핵심적인 능력 중 하나다. 이 능력은 태도와 마음으로 움직이는 능력이기도 하지만 기술적인 능력이기도 하다. 모든 기술은 반복해서 행동하고 피드백을 받아서 고쳐나가는 과정에서 향상된다. 그러므로 이 모든 과정을 팀으로 하면 일거양득이 된다.

여섯째, 예상치 못한 시너지 효과를 얻을 수 있다. 우리는 모두 창의적인 역량을 어느 정도 가지고 있다. 하지만 그것을 폭발적으로 사용한 사람과 그저 가지고만 있는 사람이 내는 결과의 차이는 하늘과 땅 수준이다. 여러 사람이 한 문제를 같이 연구하고 의견을 나눌 때 거기에서 발생하는 이견이나 차이로 새로운 융합과 혁신이 일어날 수 있다. 그것이 팀원들 사이의 시너지를 이끌어낼 수 있다. 혼자서는 미처 깨닫지 못한 여러 가능성을 발굴할 수 있는 기회의 장이 되기 때문이다.

필자(데이비드 서)는 미국 창의적 리더십 센터Center for Creative Leadership 산하에 1981년경 설립된 혁신관리자협회Associaton for Managers of Innovation에 정규 회원으로 초대되어 수년간 참여한 적이 있다. 그 모임에는 여러 가지 규칙이 있었다. *8 그중에서 내가 가장 좋아한 것은 '서로를 진정성 있게 대하기'였다. 그 외에도 '공동체를 이기적인 의도로 사용하지 않기', '호기심 갖기', '서로 주고받기', '미팅에서 아이디어나 서비스를 판매 혹은 영업하지 않기', '신뢰하기', '세대 간의 차이나 산업 간의 차이, 전공 간의 차이를 존중하는 대화를 추구하고 이로써 발생하는 독특한 관점을 중시하기', '긍정적인 소용돌이를 추구하기', '판단 미루기' 등이 있다.

이 모임은 2박 3일 또는 3박 4일 동안 진행됐는데 각양각색의 대기업에서 혁신 파트를 담당하는 전문가들이 참석했다. 그 모임의 가장 훌륭한 장점이자 특징은 '브래그brag (자랑)', '베그beg(간청)', '셰어share(나눔)' 시간이었다. '브래그'는 자기가 이룬 혁신을 자랑하는 시간이고, '셰어'는 혁신 정보를 공유하는 시간이었다. 가장 흥미로운 시간은 '베그'였는데, 회원들이 서로 문제를 발표하고 해결에 도움이 되는 아이디어를 요청하는 시간이었다. 한 사람이 2~3분 동안 문제점을 발표하면 모든 회원이 이에 대한 아이디어를 종이에 적어 모아주었다. 그때 보통 20~30개 이상의 아이디어가 적힌 쪽지가 모였다. 그 모든 과정은 한 사람당 길어야 5분 정도였지만 많은 회원이 무궁무진한 아이디어들을 모아주니 문제를 해결하는 데 매우 큰 도움이 되었다. 참석자들의 전문 분야와 커리어, 인생 경륜, 지식이 각양각색이었기 때문에 당면한 문제를 풀어가는 방식도 매우 달랐고, 그러다 보니 참신한 역발상이 나오기도 했기 때문이다. 필자 또한 그 모임에 참석해서 다른 참석자들로부터 놀라운 통찰과 아이디어를 얻었던 기억이 있다. 각자의 위치에서 전문가로서 열심히 살아가는 많은 사람과 동료애를 나눴던 것도 좋았지만, 무엇보다 서로에게 자극받으며 성장했던 것이 매우 유익했다.

《고민하는 힘》의 저자 도쿄대학교 강상중 교수는 2009년 건국대학교 새천년관에서 열린 강연회에서 "행복은 사적인 것이지만, 희망은 다 함께 나눠 갖는 것"임을 강조했다. 또한 그는 "여태까지와는 다른 가치관과 삶의 방식을 만들어야 한다"며 아르헨티나의 지역 운동가를 통해서 "희망은 크지 않아도 서로가 서로를 지탱해줄 수 있도록 중규모 기술로 생활 속에서 가능한 것을 만들어나가는 것"임을 배웠다고 했다. 특히 앞으로 다가올 혼란기 때는 자신이 원하는 것이나 생각들을 스스로 정리하는 것조차 쉽지 않을 것이다. 그러므로 팀 안에서 토론을 통해 미래의 진로를 정리하는 것은 매우 좋은 과정이다. 그야말로 일거양득인 셈이다.

팀 프로젝트 진행 방법

인생이 걸린 팀 프로젝트를 결정할 때 가장 중요한 것은 팀원이다. 어떤 팀원과 함께하느냐에 따라서 그 팀의 성패가 결정되기 때문이다. 팀원들이 팀 프로젝트에 숟가락만 얹겠다는 낮은 의식 수준으로 모인다면 아무리 자주 모여도 발전을 기대할 수 없을 것이다. 팀을 사교장으로 여기는 것도 마찬가지다. 그러므로 팀원들은 팀을 결성하고 운영하는 데 정확한 목적의식과 절실함을 가져야 한다. 좋은 팀원을 선별하기 위해서는 다음과 같은 기준을 적용할 수 있다.

· 목적과 문제의식을 공유하는 사람
· 열린 마음으로 공부할 자세를 가진 사람
· 나와 다른 지식과 관심 분야를 가진 사람
· 나와 다른 사고력을 가진 사람
· 팀워크를 할 수 있는 사람
· 선의의 경쟁을 할 수 있는 사람
· 많이 기여하고 많이 얻어가겠다는 열정이 있는 사람

절대로 받아들이면 안 되는 사람들도 있다.

· 받기만 하고 주지는 않으려는 이기주의자
· 팀 협업 소통을 할 줄 모르고 배우려는 노력을 안 하는 사람
· 공부와 모임에 헌신하지 않는 사람.

좋은 팀이 결성됐다면 이제부터는 프로젝트를 통해 활동을 시작해야 한

다. 구체적인 팀 프로젝트 진행 방법을 궁금해하는 독자들이 있을 것 같아서 진행 방법을 조금만 설명하자면 다음과 같다.

처음 팀을 만들 때는 우선 세 명에서 다섯 명 규모로 시작하는 것이 좋다(팀이 자리 잡은 뒤에는 팀원을 좀 더 보강해도 상관없다). 모임은 시간과 장소를 정해 정기적으로 하고, 어떤 이유로든 지체되거나 연기되지 않도록 한다. 그만큼 팀원들이 팀 프로젝트를 삶의 우선순위에 두어야 한다는 뜻이다. 아무리 몸이 아파도 직장에 나가는 것처럼 팀 프로젝트를 단순한 모임이 아닌, 생사를 건 싸움으로 여겨야 한다.

팀의 주요 과제는 미래의 기술 혁신 흐름을 파악하고 스스로 시대에 맞는 인재가 되기 위한 역량을 강화하는 것이므로, 미래의 흐름에 대해 말하는 경영 대가들의 저서(앞서 소개한 도서 목록을 참조하라)를 중심으로 읽고 토론하는 것이 좋다. 첫 모임에서는 이 책을 읽고 각자 느낀 점과 생각을 나누는 것이 적절하다. 그 외 각 주제에 맞는 각종 포럼, 컨퍼런스 자료, 전문지, 인터넷 정보 등을 구해 공부하고 그 내용을 공유하는 형식으로 진행한다.

또한 첫 모임에서는 '나는 왜 이 모임에 참석하는가?', '이 모임이 왜 내게 중요한가?'를 질문으로 삼아서 12WHY(스스로에게 질문한 후 답을 적는다. 적은 답에 다시 '왜?'를 질문하고 또 답을 적는 식으로 열두 가지 답을 적어본다. 각각의 질문은 나를 더 깊은 내면의 세계로 안내한다)를 해본다. 미처 깨닫지 못한 깊은 생각들을 이끌어낼 수 있을 것이다. 그 외 공부할 만한 내용과 과제들은 토론을 거쳐 정하면 된다. 팀 전체의 동의하에 팀 차터Charter(목적, 규칙, 목적 달성을 위한 팀의 권한과 제한)를 만드는 것도 유용하다. 팀을 계속 유지하는 데 도움이 되기 때문이다.

팀 프로젝트를 하는 동안 피드백 요청과 적용의 달인이 될 수 있다. 매번 팀에서 받은 피드백을 적용해 스스로 발전할 수 있는 계기로 삼는다. 팀 프로젝트의 내용은 나중에 중요한 자산이 되므로 빠짐없이 잘 정리하도록 한다.

팀 프로젝트에서 다루면 좋은 주제들은 다음과 같다. 이것은 팀 프로젝트를 통해 개인이 얻을 수 있는 성과물과도 통한다.

· 현재와 미래의 시대적 변화와 위험을 정확하게 인식하고
  문제의식 가지기
· 자신의 현실을 냉정하게 직시하기
· 미래에 생존율을 높일 수 있도록 태도, 생활 습관, 체질을 바꾸기
· 자신만의 맞춤 전략 초안 만들기
· 장점과 강점을 찾아내 강화하기
· 잠재적 능력을 찾아내 강화하고 창의적인 사고로 융합할 수 있는
  인재되기

모든 기업이 미래에 필요로 하는 인재는 이미 알려진 대로 기존의 방식에서 벗어나 새로운 시도와 접근을 할 수 있는 창의적인 인재다. 자기 혁신, 전략적 사고, 정보 관리, 긍정적 사고 등 인재의 특성은 창의적인 인재 안에 모두 포함된다고 해도 과언이 아니다. 그렇다 보니 일반 직장인들로서는 창의적인 인재는 자신과 동떨어진 탁월한 능력의 소유자일 것 같은 괴리감이 드는 것 또한 사실이다. 사실 창의적인 인재가 되라는 것처럼 모호한 말

도 없다. 매일 똑같은 일상에서 업무를 처리하며 현상 유지하기도 바쁜 샐러리맨에게 창의적인 인재가 되라는 것은 마치 타조에게 나는 법을 배워야 살아남을 수 있다고 말하는 것과 비슷하다.

　그래서 창의적인 인재가 되기 위한 가장 현실적인 첫걸음이 무엇일지 살펴보았다. 필자는 인재의 여러 가지 특성 중 유연한 사고방식을 첫째로 꼽고 싶다. 유연한 사고방식은 고정관념 없이 어떤 상황에서든 열린 생각을 하는 것이다. 즉 기존의 지식들을 잠시 내려놓고 새로운 틀을 짜는 것이다. 구태의연한 과거의 방식들을 과감하게 털어내고 '나는 아는 것이 없다, 내가 아는 것이 정답이 아닐 수도 있다'는 겸손한 자세로 처음부터 다시 시작해야 한다. 그런 자세는 새로운 지식들을 끊임없이 습득하는 데 초석이 된다. 또한 유연한 사고방식은 변화에 유연하게 대처하게 해주면서 스스로 진화하게 한다. 창의적인 발상도 유연한 사고방식에서 나온다. 기존의 방식을 다른 시각으로 바라보거나, 기존의 것들을 새롭게 융합할 수 있는 능력이 바로 유연한 사고에서 출발하기 때문이다. 결국 미래의 혹한기를 이겨낼수 있는 무기는 갈고닦은 나의 능력이다.

케빈 워릭Kevin Warwick은 1997년에 펴낸《로봇의 행진March of the Machines》에서 21세기 중반 무렵 지구의 주인은 인간보다 똑똑해진 로봇이 될 것이라고 주장했다. 그는 21세기 중반이 되면 남자들은 거세되어 온종일 노동만 해야 하며, 여자들은 농장과 같은 곳에 수용된 채 아이만 낳게 될 것이라고 예상했다. 2050년이 되면 인류는 정말 기계와의 경쟁에서 패배한 채 살게 될까? 이러한 상황이 닥치면 수많은 기업의 존속 여부도 불투명해질 것이다. 이것은 물론 공상에 가까운 미래일 수 있으나 가능성이 전혀 없다고 단언할 수도 없는 것이, 그와 비슷한 현상이 곳곳에서 드러나는 중이기 때문이다.

21세기 인류의 미래는 과거 그 어떤 세대의 사람들도 생각하지 못한 기계와의 경쟁에 마주하고 있다. 2017년 1월, 구글이 자동으로 학습하여 인공지능 소프트웨어를 만드는 인공지능 소프트웨어를 개발 중이라는 소식이 공개됐다.*1 이미 인공지능의 발달로 소프트웨어가 트럭을 운전할 수 있게 되어 운전사의 일자리가 위협받을 수 있는 상황이라, 이번 소식을 두고 인류에게 위협이 된다고 생각하는 사람들도 있었다.

앞서 살펴봤듯이 인공지능을 지나치게 두려워할 필요도 없지만 관망해서도 안 된다. 오늘날 기술 혁신으로 인해 양극화된 대부분의 노동 시장에서 볼 수 있듯이 진짜 도전 과제는 경제적 유동성에 위협이 될 만한 급격한 기술 발전의 속도를 따라가는 것이다. 그러나 한국에서는 이런 종류의 예측과 대안에 관한 토론 열기가 서구보다 덜하다. 마치 먼 나라의 일처럼 관망하는 이유는 무엇일까?

우리는 패스트 팔로우 fast follow 로 눈에 보이는 제품과 서비스는 만들어봤지만, 유럽인처럼 산업혁명을 직접 경험하고 신기술이 기존 노동 현장에 격변을 일으켜 생존을 위한 러다이트 운동이 일어나는 것과 같은 역사를 경험해보지는 못했다. 안정적으로 보였던 성과가 새로운 기술 혁신이 일어날 때마다 처참하게 무너지는 실패의 경험도 부족하다. 미래를 예측할 때면 우리도 모르게 점진적인 시선으로 세상을 바라보게 된다. 매를 직접 맞아본 사람과 달리 이를 지켜본 사람은 매의 고통을 알 리가 없다. 큰일이다. 기술 강대국들은 3차 산업혁명을 넘어 새로운 기술 혁신을 주창하고 있는데 일부 한국인은 이런 기술 경쟁의 흐름에 대한 본질조차 이해하지 못하고 있다.

매년 중국과 일본에서 열리는 학회나 기술 박람회를 취재하고 나면 꼭 그 나라의 명문 대학에 다녀온다. 최근에는 일본의 도쿄대학교와 중국의 푸단대학교를 방문했다. 학생들의 눈빛을 관찰해봤다. 무섭다. 다들 정말 열심히 공부한다. 교정에서는 자녀와 함께 기념사진을 찍는 부모들을 쉽게 볼 수 있다. 한국 학생들이 명문 대학을 목표로 공부하듯 이들도 교육열이 대단해 우리처럼 입시지옥이 존재한다. 한·중·일 학생들 모두 저마다 다른 전략으로 치열하게 살아간다. 물론 우리가 본문에서 다뤘듯이 결과는 전혀 다른 양상으로 흘렀다. 중국과 일본은 내수가 가능하고, 노벨상 수상자들을 배출했으며, 세계 무대에서 정치적으로나 경제적으로 한국보다 더 큰 영향력을 행사한다.

중국에서 현지 학생들에게 한국의 대기업과 명문 대학을 아느냐고 물어봤다. 놀랍게도 가끔은 한국이 어디에 있냐고 되물어보는 중국인들이 존재했다. 중국은 한국보다 일본을 연구하기 바쁘고, 일본은 한국보다 중국이나 미국을 연구하기 바쁘다. 도쿄나 베이징, 선전 등 중국과 일본의 스타트업이 자리 잡은 곳에 방문해도 이들이 경쟁 대상으로 삼은 기업은 서구에 몰려 있다. 개인이나 국가나 자기를 객관화하는 일은 언제나 어렵다. 우리는 한강의 기적을 일으켰지만, 세상은 한국을 중심으로 흘러가지 않을 때가 대부분이다. 그러나 우리나라 학생들은 이웃 학교들과 경쟁하느라 더 큰 세상을 바라보지 못하는 것 같다. 이들에게는 친구 혹은 친척이 어느 학교에 다니느냐가 자아를 형성하는 데 지대한 영향을 미친다.

과거에는 다국적 대기업이 서로 경쟁하는 명확한 구도였지만, 현재는 전 세계 모든 기업과 개인이 전혀 예상치 못한 분야의 누군가와 경쟁해야 한다. 지금 우리나라 국민 일부는 본질적인 성공 전략에 집중하지 못하고 있다. 3차 산업혁명으로 인해 어떤 한 기업이나 개인이 수백만 명이 사용하는 플랫폼과 데이터를 손에 넣을 수 있게 됐다. 이 기회를 얻은 사람은 폭발적인 수요를 창출한다. 이런 기술을 가진 중소기업이나 신생 기업이 급속도로 발전할 수 있게 만든 것은 사람, 데이터, 자본의 활발한 움직임 덕분이다. 이를 연결하고 융합해 시장을 창출하는 역량을 우리나라 학생들은 키워가고 있을까?

명문 대학 도서관의 책상 위에 놓인 책들을 보면 한결같이 심층적인 배움과는 거리가 먼 것들이다. 실용 지식이 중요하지 않다는 것은 아니지만 큰 포부로 상상의 나래를 펼쳐야 할 세대가 눈에 보이는 성취에만 집중하니 안타까울 따름이다. 경쟁은 갈수록 치열해지는데 한국의 많은 학생은 생각하는 방법을 훈련하지 않는다. 이들은 읽고 또 읽지만 말하고 생각하고 행동하는 방법의 중요성에 대해서는 제대로 교육받지 못하는 것 같다. 세계화와 인터넷의 발달이 교류를 증가시켜 더 잘살게 된다는 말이 옳은 것 같으면서도 이 빠른 속도의 변화를 이해하고 기회를 모색할 수 있는 청년이 얼마나 될지 의심스럽다.

한국 경제의 저성장의 원인에는 다양한 문제가 있겠지만, 한 번도 창의적이지 못했던 사람이 창조경제를 외치고, 퍼스트 무버first mover가 되어본 경험이 없는 기업이 4차 산업혁명을 확신하는 것도 하나의 이유일 것이다. 한국형 관료제에서는 언제나 빈둥거리는 사람이 존재하고, 업무 역량보다 사내 정치에 에너지를 쏟는 일이 빈번하게 발생한다. 효율적인 조직 관리란 이 같은 문제를 짚어내서 해결하는 것인데 인간의 관성이란 블랙홀 같아서 해당 조직이 속한 기업이 망할 때까지 조직 혁신은 쉽게 일어나지 않는다. 문제는 이런 조직에 들어가기 위해 많은 학생이 노력에 노력을 더하고 있다는 것이다. 청년이라면 우주를, 대양과 같은 세계를 꿈꿔야 할 때가 아닌가? 가슴 아픈 일이다.

사내 정치도 능력이고, 아첨과 권모술수도 개인이 생존하는 데 중요한 전략이 된 한국 사회라지만 지금은 기업이나 개인이나 세계와 경쟁해야 할 판이다. 창의적인 사람, 창의적인 기업이 되어야 한다는 것은 어렴풋이 알겠지만 수직적인 패거리 문화에서 평생을 살아온 사람들에게 이것은 죽을 때까지 추상적인 이야기에 불과할 것이다. 그들은 윗자리에 오르고자 하는 욕망에만 초점을 맞춘다.

외부 변화에 따른 변수가 없고 내수가 해결되는 사회라면 이것도 생존을 이어가는 전략일 수 있다. 하지만 지금과 같은 연결 사회에서 가능하기나 한 방법일까? 한 번도 창의성을 발휘해본 적이 없는 사람들이 고성장의 아련한 추억에서 벗어나지 못하고 아랫사람들을 쥐어짜기만 하니 혁신은 언제나 안드로메다에 있다. 세상에서 가장 어려운 것 중 하나가 자기 객관화다. 노력에 대한 평가는 지극히 주관적이기에 서로를 객관화할 수 있는 관점을 가지고 자신의 역량을 파악해본다면 우리는 어쩌면 때로 어두운 진실과 마주해야만 하는 결단의 순간을 맞이할 것이다. 이 책은 그런 격변의 순간마다 중심을 바로잡을 수 있는 사유 훈련을 위해 탄생했다.

최근 중국 상하이에 취재를 하러 갔다가 대한민국 임시정부 유적지를 돌아보게 됐다. 윤봉길 의사의 폭탄 투척 사건으로 상하이를 떠나기 전까지 독립운동을 총괄하는 지휘 본부였던 그곳에는 우리 선조들의 뜨거운 투지와 열망이 그대로 담겨 있는 듯했다. 그들은 조국의 미래를 위한 대안을 찾기 위해 길바닥에 나뒹구는 돌멩이라도 들춰보고 싶은 심정이었을 것이다.

시대마다 해결해야 할 사회적 난제와 개인의 지난한 어려움들이 산적해 있지만 결국 해결해야만 밝은 미래는 현실이 된다.

이 책은 기계와의 경쟁 시대에 살아가야 할 딸을 위해 아빠로서 어떤 준비를 해야 할지 고민하는 과정에서 탄생했다. 1년 넘게 책 속에 여러 문제를 매주 연구소에서 함께 고민하고 토론했던 이진화, 이현우, 한경완 등 동료들에게 진심으로 감사한다. 무엇보다 원고가 완성되기까지 응원해준 사랑하는 아내와 부모님께 진심으로 감사를 전한다. 우리에게 닥친 문제는 아무리 힘들다 할지언정 피할 수 없는 일이다. 함께 고민하고 해결책을 모색하면서 건강한 사회를 만드는 데 이 책이 조금이나마 도움이 되기를 간절히 바란다.

2017년 3월
이선

이 책을 정독한 독자라면 지금 처한 현실이 암울하게 느껴질 수도 있을 것이다. 당장 취업, 결혼, 내 집 마련, 진급 등 당면한 문제도 처리하기 힘든데 미래를 준비하라는 것이 '그림의 떡' 같은 소리처럼 느껴질 수도 있겠다. 사방에서 위기 상황이라고 소리치는 이 순간, 눈과 귀를 닫아버리고 싶은 충동이 일기도 할 것이다.

총알이 빗발치는 전쟁터에서 고향의 봄을 이야기하는 것 같지만, 지금 우리에게 꼭 필요한 정신적 자양분은 함께 협력해서 이 위기를 헤쳐나가는 것이다. 함께 더불어 살아가는 의식과 살고자 하면 죽고, 죽고자 하면 산다는 신념. 그것이야말로 지금 위기에 처한 우리에게 필요한 것이 아닐까?

우리는 온 국민이 암울했던 IMF 위기를 장롱 속의 금 모으기 운동으로 이겨낸 사람들이다. 작은 촛불 하나는 바람 앞에서 힘없이 꺼져버리는 초라한 불빛에 불과하다. 하지만 그것이 모이고 또 모이면 소리치지 않아도 함성이 된다. 미래를 향한 도전 역시 거창하고 떠들썩하게 시작되는 것은 아니다. 지금 나부터, 아주 작은 것부터 바꾸겠다는 작은 날갯짓이 어느 순간 놀라울 만큼 큰 힘이 되어 우리 모두를 받쳐줄 지지대가 될 수 있다고 믿는다.

남이야 어찌 되든 말든 나 혼자 살아남겠다는 이기심은 결국 모두를 파멸의 길로 이끌 것이다. 또 혼자서 하기에는 너무 힘든 과정이니 함께 힘을 모아 통과해야 한다. 필자가 팀 프로젝트를 강조하는 것도 그런 이유에서다. 함께 희망과 노력의 결과를 연대할 수 있는 팀을 만들어 살아남는 길을 모색하는 것은 결국 나도 살고 다른 사람도 살리는 길이다.

패니메이에서 조직 개발 일을 할 때, 필자는 CPSI 컨퍼런스Creative Problem Solving Institute에 참석했다가 가슴 깊이 울림을 주는 한 사람을 만났다. 늦은 저녁 시간에 흰머리에 멋진 수염을 가진 60대 조직 개발 노장이 소파에 기대 쉬고 있었다. 그의 이름은 조지 랜드George Land였다. 그는 조직 개발 분야에서 꽤 명망 있는 전문가였다. 랜드 박사는 창의력과 성장과 변화의 원리를 통합한 변형 이론Transformation Theory의 창시자로서 저서 《성장하든지 죽든지 하라: 변형의 통합적인 이론Grow or Die: The Unifying Principle of Transformation》을 출간해 명성을 얻었다. 그는 자신의 프로페셔널한 일은 본질적으로 '사람을 사랑하는 일'이라고 말했다. 나는 그의 말에 깊이 공감했다. 조직 개발 일은 사람들이 변화할 수 있는 내적 동기를 갖도록 돕는 일이다. 이 일은 내가 상대하는 고객인 회사 사람들을 사랑할 때 비로소 효과적으로 발생한다. 나는 그 이후로 오랫동안 이 이야기를 가슴속 깊이 간

직했다. 그리고 컨설턴트로 일하는 지금까지 좌우명처럼 여기고 있다.

필자는 실제로 팀 프로젝트를 시작하는 이들에게 작은 도움이라도 주고 싶다는 진심이 있다. 이 진심은 랜드 박사가 말한 사람에 대한 사랑에 근거한 것이며, 이 책을 쓰게 된 동기이기도 하다.

패니메이에서 근무한 지 10년쯤 됐을 때, 회사에서 한국에 파견할 직원을 찾고 있다는 사실을 알게 됐다. 많은 직원이 꺼리는 자리였지만, 나는 잠시의 망설임도 없이 자원했다. 한국에 파견 나갔다가 다시 미국 본사로 돌아왔을 때 공백으로 인해 어떤 불이익을 당할지 알 수 없었지만, 스스로 꼭 해야 할 일이라고 생각했다. 그것은 이민자들이 막연히 갖고 있는 고국에 대한 향수 같은 애국심이기도 했고, 그동안 배운 것들을 한국에 전함으로써 작은 도움이라도 되고 싶다는 순수한 열망이기도 했다. 한국 파견 근무를 끝내고 돌아와서 실제로 회사에서 불이익을 겪었다. 원래 일하던 부서가 아닌 엉뚱한 부서로 발령 난 것이다. 하지만 후회는 없었다. 아무도 알아주지 않는 일이었지만 스스로에게 큰 의미가 있는 행동이었기 때문이다. 작은 일에도 의미를 부여해서 최선을 다한다면 어떤 큰 위험이나 위기도 넘어갈 수 있는 힘이 생긴다.

아름다운 인생이란 무엇인가? 그 끝없이 깊고 어려운 문제를 담은 책이 빅터 프랭클Viktor Frankl의 《죽음의 수용소에서Man's Search for Meaning》다. 그는 히틀러의 무자비한 학살 시대에 유대인 수용소에서 끝끝내 살아남아 인류에게 최고의 작품을 선사한 사람이다. 지금 우리가 처한 위기도 어떻게 극복하느냐에 따라서 최고의 작품으로 만들어낼 수 있다. 히틀러가 아무리 유대인들을 몰살하려 했어도 빅터 프랭클 안에 타오르는 삶을 향한 뜨거운 열정을 없앨 수는 없었다. 죽음에 대한 두려움을 극복하고 나서 그의 영혼은 더욱 강해졌다. 그 어떠한 시련도 견뎌내는 힘은 바로 근원적 의문에 대한 끊임없는 성찰에 있다. 도대체 나는 무엇이며, 나의 삶은 누구를 위해 존재하는 것인지에 대한 물음 말이다. 그리고 삶의 의미를 끝까지 탐구하는 것이 중요하다. 프랭클은 그보다 더 건장한 사람들이 절망하며 죽어가는 과정 속에서 작은 촛불 같은 삶의 의미를 놓지 않고 되새기고 또 되새김으로써 끝내 살아남았다. 자기계발과 성공학의 대가로 알려진 지그 지글러Zig Ziglar는 사람들이 자신의 재능을 계발하지 않는 이유를 '무책임감'이라고 했다. 사람들은 자신의 실패를 자신의 잘못이 아닌 다른 것, 혹은 다른 사람들의 탓으로 돌리는 데 익숙하고, 또 그렇게 생각하는 것이 편하다고 생각한다는 것이다. 그는 앞으로 변화하지 않는 사람이 듣게 될 가장 슬픈 말 중에는 이런 것이 있을 거라고 지적한다. "그때 그렇게 했었더라면……"[1]

내가 과거에 어떻게 살았는지는 오늘 나의 모습이 말해주고, 나의 미래가 어떻게 될지는 지금 이 순간 내가 무엇을 하느냐에 달렸다는 격언이 있다. 지금 이 순간이야말로 내가 미래를 위해서 무언가를 준비할 수 있는 가장 빠른 시기다.

이 책이 나오기까지 수고해준 영혼의 짝 아내 최은숙과 딸 애리Celina Suh와 아들 명식Matthew Daniel Suh에게 감사와 사랑의 마음을 전한다.

2017년 3월
데이비드 서

293

주

프롤로그

1 http://news.naver.com/main/read.nhn?mode=LSD&mid=sec&oid=449&aid=0000118053&sid1=001&lfrom

2 http://news.naver.com/main/read.nhn?mode=LSD&mid=sec&oid=001&aid=0008862731&sid1=001&lfrom

3 https://data.oecd.org/healthstat/suicide-rates.htm

4 "Within these walls: inside the legal brothels of Bangladesh", 〈Independent〉, 31 Oct 2016. http://www.independent.co.uk/news/world/within-these-walls-inside-the-legal-brothels-of-bangladesh-a7388676.html

5 https://data.oecd.org/healthstat/suicide-rates.htm

Chapter 1 드론: 기술력 차이가 몰고 온 살상의 역사

1 "In Argentina, a Museum Unveils a Long-Frozen Maiden", The New York Times, 11 Sep 2007. http://www.nytimes.com/2007/09/11/science/11mummu.html?_r=0

2 "New Finds on Inca Child Sacrifice Revealed: Victims Were Drugged Before Death", 〈International Business Times〉, 30 July 2013. http://www.ibtimes.co.uk/child-sacrifice-inca-la-doncella-frozen-mummy-495450

3 미치오 카쿠 지음, 박병철 옮김, 《미래의 물리학》, 김영사, 2012, 478~479쪽 참조.

4 재레드 다이아몬드 지음, 김진준 옮김, 《총, 균, 쇠》, 문학사상사, 2005, 94쪽 참조.

5 게리 하멜 지음, 방영호 옮김, 《지금 중요한 것은 무엇인가》, 알키, 2012, 157쪽 참조.

6 게리 하멜·빌 브린 지음, 권영철·신희철 외 옮김, 《경영의 미래》, 세종서적, 2009, 153쪽 참조.

7 돈 탭스콧·앤서니 윌리엄스 지음, 윤미나 옮김, 《위키노믹스》, 21세기북스, 2009, 40쪽.

8 레이 커즈와일 지음, 장시형·김명남 옮김, 《특이점이 온다》, 김영사, 2007, 30쪽 참조.

9 같은 곳 참조.

10 재레드 다이아몬드 지음, 앞의 책, 73~74쪽 참조.

11 https://www.youtube.com/watch?v=jvwmZX9pMZE

12 레타 테일러에 관한 설명은 다음 웹사이트를 참조하라. https://www.hrw.org/about/people/letta-tayler

13 "Airstrike Transparency We Can't Believe In", 〈Human Right Watch〉, 8 July 2016. https://www.hrw.org/news/2016/07/08/airstrike-transparency-we-cant-believe

14 "Yemenis seek justice in wedding drone strike", 〈aljazeera〉, 21 May 2014. http://www.aljazeera.com/indepth/features/2014/01/yemenis-seek-justice-wedding-drone-strike-201418135352298935.html

15 "US drone strikes killed up to 116 civilians, new report says", 〈DW〉, 7 Jan 2016. http://www.dw.com/en/us-drone-strikes-killed-up-to-116-civilians-new-report-says/a-19373005

16 "Get the data: Drone wars", 〈The Bureau of Investigative Journalism〉. https://www.thebureauinvestigates.com/category/projects/drones/drones-graphs

17 "The Obama Administration's Drone-Strike Dissembling", 〈The Atlantic〉, 14 Mar 2016. http://www.theatlantic.com/politics/archive/2016/03/the-obama-administrations-drone-strike-dissembling/473541/

18 "Nearly 90 Percent Of People Killed In Recent Drone Strikes Were Not The Target", 〈Huffington Post〉, 15 Oct 2015. http://www.huffingtonpost.com/entry/civilian-deaths-drone-strikes_us_561fafe2e4b028dd7ea6c4ff〉

19 "Predator Drone Strikes: 50 Civilians Are Killed For Every 1 Terrorist, and the CIA Only Wants to Up Drone Warfare", 〈Mic〉, 20 Oct 2012. https://mic.com/articles/16949/predator-drone-strikes-50-civilians-are-killed-for-every-1-terrorist-and-the-cia-only-wants-to-up-drone-warfare#.7V9wwQMch〉

20 "Over 160 children reported among drone deaths", 〈The Bureau of Investigative Journalism〉, 11 Aug 2011. https://www.thebureauinvestigates.com/2011/08/11/more-than-160-children-killed-in-us-strikes/

21 "Drone Strikes Kill Innocent People. Why Is It So Hard to Know How Many?", 〈New Republic〉, 26 Oct 2013. https://newrepublic.com/article/115353/civilian-casualties-drone-strikes-why-we-know-so-little

22 "Buzz Kill: The psychological impact of living under drones", 〈Taylor owen〉, 12 Mar 2013. http://taylorowen.com/buzz-kill-the-psychological-impact-of-living-under-drones/

23 미치오 카쿠 지음, 앞의 책, 480쪽 참조.

24 같은 책, 488쪽 참조.

25 유발 하라리 지음, 조현욱 옮김, 《사피엔스》, 김영사, 2015, 401쪽 참조.

26 쇼펜하우어 지음, 김욱 옮김, 《문장론》, 지훈, 2005, 75쪽 참조.

27 같은 책, 80쪽 참조.

28 스티븐 존슨 지음, 박산호 옮김, 《공기의 발명》, 비즈앤비즈, 2010, 37쪽 참조.

29 "Spying Secrets: Is Facebook eavesdropping on your phone conversations?", 〈nbc4i.com〉, 24 May 2016. http://nbc4i.com/2016/05/24/spying-secrets-is-facebook-eavesdropping-on-your-phone-conversations/

30 유발 하라리 지음, 앞의 책, 392쪽 참조.

31 스티븐 존슨 지음, 앞의 책, 21쪽 참조.

32 미치오 카쿠 지음, 앞의 책, 121쪽 참조.

33 제러미 리프킨 지음, 이영호 옮김, 《노동의 종말》, 민음사, 2005, 224쪽 참조.

34 스티븐 호킹 지음, 김동광 옮김, 《시간의 역사》, 까치글방, 1998, 16쪽 참조.

35 유발 하라리 지음, 앞의 책, 564~565쪽 참조.

36 "역사학자의 미래 인류 전망", 〈매일경제〉, 2016년 5월 27일 자 참조. http://news.naver.com/main/read.nhn?mode=LSD&mid=sec&sid1=110&oid=009&aid=0003739182

37 이인식 지음, 《지식의 대융합》, 고즈윈, 2008, 280쪽 참조.

38 스티븐 호킹 지음, 앞의 책, 28쪽 참조.

39 "The 85 Richest People In The World Have As Much Wealth As The 3.5 Billion Poorest", 〈Forbes〉, 23 Jan 2014. http://www.forbes.com/sites/laurashin/2014/01/23/the-85-richest-people-in-the-world-have-as-much-wealth-as-the-3-5-billion-poorest/#204aefd2324b

40 최경영 지음, 《9시의 거짓말》, 참언론시사인북, 2010, 18~19쪽 참조.

41 Solomon Asch, "Opinions and Social Pressure", 19551952. http://www.columbia.edu/cu/psychology/terrace/w1001/readings/asch.pdf https://www.lucs.lu.se/wp-content/uploads/2015/02/Asch-1955-Opinions-and-Social-Pressure.pdf

42 최경영 지음, 앞의 책, 18~19쪽 참조.

43 "서울 아파트, 소득 대비 밴쿠버·도쿄보다 비싸 세계 최고", 〈경향신문〉, 2016년 11월 29일 자 참조. http://news.naver.com/main/read.nhn?mode=LSD&mid=sec&oid=032&aid=0002746134&sid1=001&lfrom

44 톰 피터스 지음, 이진 옮김, 《톰 피터스 자기혁신 iC[어》, 한국경제신문사, 2005, 199쪽 참조.

45 게리 하멜 지음, 앞의 책, 176쪽 참조.

46 같은 책, 70쪽 참조.

Chapter 2 인공지능: 기술 변화에 대해 의문을 품지 못할 때 일어날 일들

1 John Maynard Keynes, "Economic Possibilities for our Grandchildren", 1930. http://www.econ.yale.edu/smith/econ116a/keynes1.pdf를 참고하라.

2 "Brexit crash wiped out a record $3 trillion. Now what?", 〈CNN Money〉, 27 June 2016. http://money.cnn.com/2016/06/27/investing/brexit-consequences-2-trillion-lost/

3 ILO의 2014년 실업률 조사를 참고하라. http://ilo.org/global/research/global-reports/global-employment-trends/2014/WCMS_234107/lang--en/index.htm

4 〈Robot Kills Man at Volkswagen Plant〉, 《Time》, 1 July 2015. http://time.com/3944181/robot-kills-man-volkswagen-plant

5 "Maybe we need an Automation Tax", 〈Alan Winfield's Web Log〉, 30 Jan 2015. http://alanwinfield.blogspot.kr/2015/01/maybe-we-need-automation-tax.html

6 "인공지능 '눈부신 진화'…인류와 숨 막히는 반세기 대결史", 〈연합뉴스〉, 2016년 3월 9일 자. http://news.naver.com/main/read.nhn?mode=LSD&mid=sec&sid1=105&oid=001&aid=0008242525

7 마틴 포드 지음, 이창희 옮김, 《로봇의 부상》, 세종서적, 2016, 13~14쪽 참조.

8 　같은 책, 14쪽 참조.

9 　http://www.ted.com/talks/ken_jennings_watson_jeopardy_and_me_the_obsolete_know_it_all/transcript?language=ko#t-601953를 참고하라.

10 　http://allaboutstevejobs.com/persona/steveatwork.php

11 　http://allaboutstevejobs.com/sayings/stevejobsinterviews/computerworldtxt.php

12 　"Associated Press to Deploy "Robot Reporters", 〈Infowars.com〉, 2 July 2014. http://www.infowars.com/associated-press-to-deploy-robot-reporters/

13 　"More News Is Being Written By Robots Than You Think", 〈Singularity Hub〉, 25 Mar 2014. http://singularityhub.com/2014/03/25/more-news-is-being-written-by-robots-than-you-think/

14 　이나모리 가즈오 지음, 양준호 옮김, 《일심일언》, 한국경제신문사, 2013, 40쪽 참조.

15 　http://www.goodreads.com/quotes/391717-steve-jobs-has-a-saying-that-a-players-hire-a

16 　http://guykawasaki.com/guy-kawasaki/

17 　한병철 지음, 김태환 옮김, 《피로사회》, 문학과지성사, 2012, 32쪽 참조.

18 　게리 하멜·빌 브린 지음, 권영철·신희철 외 옮김, 《경영의 미래》, 2009, 68~69쪽 참조.

19 　켄 로빈슨의 TED 강연을 볼 수 있는 주소는 다음과 같다. http://www.ted.com/talks/ken_robinson_says_schools_kill_creativity#

20 　Libby A. Nelson, 'Gainful employment negotiations wrap up — DOJ drops voucher suit — Harvard president talks quality, value' Politico
http://www.politico.com/tipsheets/morning-education/2013/11/gainful-employment-negotiations-wrap-up-doj-drops-voucher-suit-harvard-president-talks-quality-value-212543

21 　토니 와그너 지음, 고기탁 옮김, 《이노베이터의 탄생》, 열린책들, 2012, 44쪽 참조.

22 　문재승·이석진 지음, 《2012년 대한민국 모바일, 위기와 기회의 징후들》, 커뮤니케이션북스, 2012, 85쪽 참조.

23 　NIM(net interest margin)은 자산 운용 수익에서 조달 비용을 차감해 운용 자산 총액으로 나눈 수치를 말한다.

24 　이 세미나의 영문 제목은 "The Elegant Wisdom of the Joseon Tradition: Reflections on the Gyeongbok and Changdeok Palaces and the Philosophy they Embody"였다.

25 임마누엘 페스트라이시 지음, 《한국인만 모르는 다른 대한민국》, 21세기북스, 2013, 72쪽 참조.

26 제프 콜빈 지음, 김정희 옮김, 《재능은 어떻게 단련되는가?》, 부키, 2010, 155쪽 참조.

27 파리드 자카리아 지음, 강주헌 옮김, 《하버드 학생들은 더 이상 인문학을 공부하지 않는다》, 사회평론, 2015, 102쪽 참조.

28 http://www.educationengland.org.uk/documents/pdfs/2007-childrens-plan.pdf 참조.

Chapter 3 환경 파괴: 대량 생산의 종말

1 https://www.youtube.com/watch?v=emgWeCdkTQ8 참조.

2 "UAE businessman pays out £3.4m for number plate '1'", 〈The Guardian〉, 5 June 2016. https://www.theguardian.com/world/2016/jun/05/uae-licence-plate-1-auction-arif-ahmed-al-zarouni

3 http://news.naver.com/main/read.nhn?mode=LSD&mid=sec&sid1=100&oid=002&aid=0002015487

4 장 지글러 지음, 유영미 옮김, 《왜 세계의 절반은 굶주리는가?》, 갈라파고스, 2007, 38쪽 참조.

5 같은 책, 152쪽 참조.

6 http://m.media.daum.net/m/media/society/newsview/20160701210506071

7 http://www.nature.com/news/man-made-pollutants-found-in-earth-s-deepest-ocean-trenches-1.20118

8 http://www.nature.com/news/organic-pollutants-poison-the-roof-of-the-world-1.12776

9 마리 모니크 로뱅 지음, 권지현 옮김, 《죽음의 식탁》, 판미동, 2016, 166쪽 참조.

10 같은 책, 165쪽 참조.

11 같은 책, 168쪽 참조.

12 "Inside 23andMe founder Anne Wojcicki's $99 DNA Revolution", 〈FastCompany〉, 14 Oct 13. http://www.fastcompany.com/3018598/for-99-this-ceo-can-tell-you-what-might-kill-you-inside-23andme-founder-anne-wojcickis-dna-r

13 "Ruling The World of Money", Nov 1983. http://www.edwardjayepstein.com/archived/moneyclub.htm〉

14 엘렌 H. 브라운 지음, 이재황 옮김, 《달러》, 이른아침, 2009, 5쪽 참조.

15 "BIS Calls Trigger Vicious Cycle", 〈Korea Times〉, 14 Dec 2008. http://www.koreatimes.co.kr/www/news/biz/2013/03/123_36084.html

16 "The 85 Richest People In The World Have As Much Wealth As The 3.5 Billion Poorest", 〈Forbes〉, 23 Jan 2014. http://www.forbes.com/sites/laurashin/2014/01/23/the-85-richest-people-in-the-world-have-as-much-wealth-as-the-3-5-billion-poorest/#204aefd2324b

17 http://news.naver.com/main/read.nhn?mode=LSD&mid=sec&sid1=101&oid=437&aid=0000121054

18 NASA Goddard의 공개 영상은 https://www.youtube.com/watch?v=_eDH2Y_VRvo 참조.

19 앨빈 토플러·하이디 토플러 지음, 김원호 옮김, 《불황을 넘어서》, 청림출판, 2009, 150쪽 참조.

20 쑹훙빙 지음, 홍순도 옮김, 《화폐 전쟁 2》, 랜덤하우스코리아, 2010, 444쪽 참조.

21 같은 책, 445쪽 참조.

22 마이클 샌델 지음, 강명신·김선욱 옮김, 《생명의 윤리를 말하다》, 동녘, 2010, 106쪽 참조.

23 세스 고딘 지음, 최지아 옮김, 《이상한 놈들이 온다》, 21세기북스, 2011, 85쪽 참조.

24 https://www.theguardian.com/environment/gallery/2009/jan/03/maldives-waste-turns-paradise-into-dump

25 https://www.youtube.com/watch?v=xy3HAiOT8Ik

26 https://www.youtube.com/watch?v=Z6OWhsnpIyM

27 김준우 지음, 《기후 재앙에 대한 마지막 경고》, 한국기독교연구소, 2010, 55쪽 참조.

28 http://www.azquotes.com/quote/1427488

29 http://m.media.daum.net/m/media/society/newsview/20160620190752016 참조.

30 피터 틸·블레이크 매스터스 지음, 이지연 옮김, 《제로 투 원》, 한국경제신문사, 2014, 249쪽 참조.

31 http://digitalcommons.ilr.cornell.edu/key_workplace/666/ 참조.

32 피터 드러커 지음, 이재규 옮김, 《프로페셔널의 조건》, 청림출판, 2001, 158쪽 참조.

33 같은 곳 참조.

34 린다 로텐버그 지음, 주선영 옮김, 《미쳤다는 건 칭찬이다》, 한국경제신문사, 2016, 15쪽 참조.

35 같은 책, 25쪽.

36 http://tvcast.naver.com/v/644404

Chapter 4 **자본충성주의: 멸사봉공의 한계, 넷세대의 등장**

1 http://www.spotrac.com/mlb/texas-rangers/payroll/

2 http://nypost.com/2013/05/14/rich-manhattan-moms-hire-handicapped-tour-guides-so-kids-can-cut-lines-at-disney-world/

3 http://www.hollywoodreporter.com/news/disney-halts-program-allows-disabled-634754

4 마이클 샌델 지음, 안기순 옮김, 《돈으로 살 수 없는 것들》, 와이즈베리, 2012, 123쪽 참조.

5 같은 곳 참조.

6 톰 피터스 지음, 김영선·서진영 외 옮김, 《와우 프로젝트》, 21세기북스, 2011, 15쪽 참조.

7 존 스튜어트 밀 지음, 박홍규 옮김, 《자유론》, 문예출판사, 2009, 141쪽 참조.

8 http://news.naver.com/main/read.nhn?mode=LSD&mid=sec&sid1=103&oid=005&aid=0000687066

9 http://reports.weforum.org/global-gender-gap-report-2015/rankings/

10 http://m.media.daum.net/m/media/society/newsview/20160710210510139

11 http://news.khan.co.kr/kh_news/khan_art_view.html?artid=201607082025001

12 톰 피터스·로버트 워터먼 지음, 이동현 옮김, 《초우량 기업의 조건》, 더난출판, 2005, 406쪽 참조.

13 노무라종합연구소 기술조사실 지음, 남동완·임연숙 옮김, 《모티베이션 경영》, 이데일리에듀, 2011, 22쪽 참조.

14 에리크 쉬르데주 지음, 권지현 옮김, 《한국인은 미쳤다!》, 북하우스, 2015, 131쪽 참조.

15 게리 하멜·빌 브린 지음, 권영철·신희철 외 옮김, 《경영의 미래》, 세종서적, 2009, 175쪽 참조.

16 에리크 쉬르데주 지음, 앞의 책, 121쪽 참조.

17 게리 하멜·빌 브린 지음, 앞의 책, 178쪽.

18 http://www.economist.com/node/21560886

19 http://www.fanniemae.com/resources/file/ir/pdf/quarterly-annual-results/2016/q12016_
    release.pdf

20 짐 콜린스 지음, 이무열 옮김, 《좋은 기업을 넘어 위대한 기업으로》, 김영사, 2002, 183쪽 참조.

21 같은 책, 200~201쪽.

22 다니엘 핑크 지음, 김주환 옮김, 《드라이브》, 청림출판, 2011, 280~281쪽 참조.

23 린다 로텐버그 지음, 주선영 옮김, 《미쳤다는 건 칭찬이다》, 한국경제신문사, 2016, 137쪽.

24 http://dontapscott.com/speaking/net-generation/ 참조.

25 돈 탭스콧·앤서니 윌리엄스 지음, 김현정 옮김, 《매크로위키노믹스》, 21세기북스, 2011, 118쪽 참조.

26 같은 책, 119~120쪽 참조.

27 리즈 와이즈먼 지음, 김태훈 옮김, 《루키 스마트》, 한국경제신문사, 2015, 43쪽 참조.

28 돈 탭스콧 지음, 이진원 옮김, 《디지털 네이티브》, 비즈니스북스, 2009, 301쪽 참조.

29 미치오 카쿠 지음, 박병철 옮김, 《불가능은 없다》, 김영사, 2010, 15쪽 참조.

30 클레이튼 크리스텐슨·제임스 올워스 외 지음, 이진원 옮김, 《당신의 인생을 어떻게 평가할 것인
    가》, 알에이치코리아, 2012, 55쪽 참조.

31 World Economic Forum 주관, 2014년 기준 144개 조사국 중 한국의 교육 양 조사 결과는
    http://reports.weforum.org/global-competitiveness-report-2014-2015/
    rankings/#indicatorId=EOSQ131 참조.

32 〈위기를 넘어서: 21세기 한국의 비전〉은 다음 사이트에서 내려받을 수 있다. http://www.kisdi.
    re.kr/kisdi/fp/kr/publication/selectResearch.do?cmd=fpSelectResearch&sMenuType=3&con
    trolNoSer=3&controlNo=7356&langdiv=1

33 http://news.naver.com/main/read.nhn?mode=LSD&mid=sec&sid1=100&oid=001&a
    id=0008514164

34 http://news.naver.com/main/read.nhn?mode=LSD&mid=shm&sid1=102&oid=001&aid=00
    08521373&cid=512473&iid=49212729

35 http://m.news.naver.com/read.nhn?mode=LSD&sid1=001&oid=056&aid=0010336961

36 https://www.youtube.com/watch?v=SgEsf4QcR0Q

Chapter 5 대안

1 http://www.diamandis.com/blog/googles-8-innovation-principles

2 피터 디아만디스 · 스티븐 코틀러 지음, 이지연 옮김, 《볼드》, 비즈니스북스, 2016, 136~138쪽 참조.

3 "초지능 사회가 올 것인가", 〈매일경제〉, 2015년 11월 10일 자. http://news.naver.com/main/read.nhn?mode=LSD&mid=sec&sid1=110&oid=009&aid=0003616522

4 이인식 지음, 《2035 미래 기술 미래 사회》, 김영사, 2016, 125쪽 참조.

5 스켑틱 협회 편집부, 《스켑틱》 VOL 3, 바다출판사, 2015, 133~134쪽 참조.

6 이인식, 《지식의 대융합》, 고즈원, 2008, 68~71쪽 참조.

7 같은 책, 86~87쪽 참조.

8 http://www.ccl.org/leadership/community/ami/history.aspx?pageId=259 http://www.aminnovation.org/values

9 지그 지글러 지음, 이구용 옮김, 《시도하지 않으면 아무것도 할 수 없다》, 큰나무, 2006, 16~17쪽 참고

에필로그 1

1 https://www.technologyreview.com/s/603381/ai-software-learns-to-make-ai-software/?set=603387

에필로그 2

1 지그 지글러 지음, 이구용 옮김, 《시도하지 않으면 아무것도 할 수 없다》, 큰나무, 2006, 16~17쪽 참고.

당신의 직업이 사라진다

지은이	데이비드 서·이선
펴낸이	박숙정
펴낸곳	세종서적(주)

주간	강훈
책임편집	김하얀
기획·편집	이진아
디자인	전성연 전아름
마케팅	안형태 김형진 이강희
경영지원	홍성우

출판등록	1992년 3월 4일 제4-172호
주소	서울시 광진구 천호대로132길 15 3층
전화	마케팅 (02)778-4179, 편집 (02)775-7011
팩스	(02)776-4013
홈페이지	www.sejongbooks.co.kr
블로그	sejongbook.blog.me
페이스북	www.facebook.com/sejongbooks
원고 모집	sejong.edit@gmail.com

초판 1쇄 발행 2017년 3월 30일
　　　3쇄 발행 2017년 12월 13일

ISBN 978-89-8407-620-4 03320

© 데이비드 서·이선, 2017

이 도서의 국립중앙도서관 출판시도서목록(CIP)은 서지정보유통지원시스템
홈페이지(http://seoji.nl.go.kr)와 국가자료공동목록시스템(http://www.nl.go.kr/kolisnet)에서
이용하실 수 있습니다.(CIP제어번호: CIP2017007072)

• 잘못 만들어진 책은 바꾸어드립니다.
• 값은 뒤표지에 있습니다.